全国中医药行业高等教育"十三五"规划教材

全国高等中医药院校规划教材（第十版）

公共管理学

（供公共事业管理、工商管理、市场营销等专业用）

主　编

许才明（浙江中医药大学）

副主编（以姓氏笔画为序）

李坦英（江西中医药大学）　　　　张　宇（天津中医药大学）

赵　静（北京中医药大学）

编　委（以姓氏笔画为序）

王　毅（成都中医药大学）　　　　刘　博（黑龙江中医药大学）

肖圣鹏（山东中医药大学）　　　　吴美珍（浙江中医药大学）

沈秋欢（南京中医药大学）　　　　张玉瑾（河北中医学院）

陈曼莉（湖北中医药大学）　　　　郭宇莎（广西中医药大学）

中国中医药出版社

·北　京·

图书在版编目（CIP）数据

公共管理学 / 许才明主编 .—北京：中国中医药出版社，2017.8

全国中医药行业高等教育"十三五"规划教材

ISBN 978 – 7 – 5132 – 4232 – 5

Ⅰ.①公…　Ⅱ.①许…　Ⅲ.①公共管理—高等学校—教材　Ⅳ.① D035

中国版本图书馆 CIP 数据核字（2017）第 112121 号

中国中医药出版社出版

北京市朝阳区北三环东路 28 号易亨大厦 16 层

邮政编码　100013

传真　010 64405750

赵县文教彩印厂印刷

各地新华书店经销

开本 850×1168　1/16　印张 12.5　字数 312 千字

2017 年 8 月第 1 版　2017 年 8 月第 1 次印刷

书号　ISBN 978 – 7 – 5132 – 4232 – 5

定价　40.00 元

网址　www.cptcm.com

社 长 热 线　010-64405720

购 书 热 线　010-89535836

侵 权 打 假　010-64405753

微信服务号　zgzyycbs

微商城网址　https://kdt.im/LIdUGr

官 方 微 博　http://e.weibo.com/cptcm

天猫旗舰店网址　https://zgzyycbs.tmall.com

如有印装质量问题请与本社出版部联系（010 64405510）

全国中医药行业高等教育"十三五"规划教材

全国高等中医药院校规划教材（第十版）

专家指导委员会

孙忠人（黑龙江中医药大学校长）

严世芸（上海中医药大学教授）

李占永（中国中医药出版社副总编辑）

李秀明（中国中医药出版社副社长）

李金田（甘肃中医药大学校长）

杨　柱（贵阳中医学院院长）

杨关林（辽宁中医药大学校长）

余曙光（成都中医药大学校长）

宋柏林（长春中医药大学校长）

张欣霞（国家中医药管理局人事教育司师承继教处处长）

陈可冀（中国中医科学院研究员　中国科学院院士　国医大师）

陈立典（福建中医药大学校长）

陈明人（江西中医药大学校长）

武继彪（山东中医药大学校长）

范吉平（中国中医药出版社社长）

林超岱（中国中医药出版社副社长）

周仲瑛（南京中医药大学教授　国医大师）

周景玉（国家中医药管理局人事教育司综合协调处副处长）

胡　刚（南京中医药大学校长）

洪　净（全国中医药高等教育学会理事长）

秦裕辉（湖南中医药大学校长）

徐安龙（北京中医药大学校长）

徐建光（上海中医药大学校长）

唐　农（广西中医药大学校长）

彭代银（安徽中医药大学校长）

路志正（中国中医科学院研究员　国医大师）

熊　磊（云南中医学院院长）

秘　书　长

王　键（安徽中医药大学教授）

卢国慧（国家中医药管理局人事教育司司长）

范吉平（中国中医药出版社社长）

办公室主任

周景玉（国家中医药管理局人事教育司综合协调处副处长）

林超岱（中国中医药出版社副社长）

李秀明（中国中医药出版社副社长）

李占永（中国中医药出版社副总编辑）

前　言

为落实《国家中长期教育改革和发展规划纲要（2010–2020年）》《关于医教协同深化临床医学人才培养改革的意见》，适应新形势下我国中医药行业高等教育教学改革和中医药人才培养的需要，国家中医药管理局教材建设工作委员会办公室（以下简称"教材办"）、中国中医药出版社在国家中医药管理局领导下，在全国中医药行业高等教育规划教材专家指导委员会指导下，总结全国中医药行业历版教材特别是新世纪以来全国高等中医药院校规划教材建设的经验，制定了"'十三五'中医药教材改革工作方案"和"'十三五'中医药行业本科规划教材建设工作总体方案"，全面组织和规划了全国中医药行业高等教育"十三五"规划教材。鉴于由全国中医药行业主管部门主持编写的全国高等中医药院校规划教材目前已出版九版，为体现其系统性和传承性，本套教材在中国中医药教育史上称为第十版。

本套教材规划过程中，教材办认真听取了教育部中医学、中药学等专业教学指导委员会相关专家的意见，结合中医药教育教学一线教师的反馈意见，加强顶层设计和组织管理，在新世纪以来三版优秀教材的基础上，进一步明确了"正本清源，突出中医药特色，弘扬中医药优势，优化知识结构，做好基础课程和专业核心课程衔接"的建设目标，旨在适应新时期中医药教育事业发展和教学手段变革的需要，彰显现代中医药教育理念，在继承中创新，在发展中提高，打造符合中医药教育教学规律的经典教材。

本套教材建设过程中，教材办还聘请中医学、中药学、针灸推拿学三个专业德高望重的专家组成编审专家组，请他们参与主编确定，列席编写会议和定稿会议，对编写过程中遇到的问题提出指导性意见，参加教材间内容统筹、审读稿件等。

本套教材具有以下特点：

1. 加强顶层设计，强化中医经典地位

针对中医药人才成长的规律，正本清源，突出中医思维方式，体现中医药学科的人文特色和"读经典，做临床"的实践特点，突出中医理论在中医药教育教学和实践工作中的核心地位，与执业中医（药）师资格考试、中医住院医师规范化培训等工作对接，更具有针对性和实践性。

2. 精选编写队伍，汇集权威专家智慧

主编遴选严格按照程序进行，经过院校推荐、国家中医药管理局教材建设专家指导委员会专家评审、编审专家组认可后确定，确保公开、公平、公正。编委优先吸纳教学名师、学科带头人和一线优秀教师，集中了全国范围内各高等中医药院校的权威专家，确保了编写队伍的水平，体现了中医药行业规划教材的整体优势。

3. 突出精品意识，完善学科知识体系

结合教学实践环节的反馈意见，精心组织编写队伍进行编写大纲和样稿的讨论，要求每门教材立足专业需求，在保持内容稳定性、先进性、适用性的基础上，根据其在整个中医知识体系中的地位、学生知识结构和课程开设时间，突出本学科的教学重点，努力处理好继承与创新、理论与实践、基础与临床的关系。

4. 尝试形式创新，注重实践技能培养

为提升对学生实践技能的培养，配合高等中医药院校数字化教学的发展，更好地服务于中医药教学改革，本套教材在传承历版教材基本知识、基本理论、基本技能主体框架的基础上，将数字化作为重点建设目标，在中医药行业教育云平台的总体构架下，借助网络信息技术，为广大师生提供了丰富的教学资源和广阔的互动空间。

本套教材的建设，得到国家中医药管理局领导的指导与大力支持，凝聚了全国中医药行业高等教育工作者的集体智慧，体现了全国中医药行业齐心协力、求真务实的工作作风，代表了全国中医药行业为"十三五"期间中医药事业发展和人才培养所做的共同努力，谨向有关单位和个人致以衷心的感谢！希望本套教材的出版，能够对全国中医药行业高等教育教学的发展和中医药人才的培养产生积极的推动作用。

需要说明的是，尽管所有组织者与编写者竭尽心智，精益求精，本套教材仍有一定的提升空间，敬请各高等中医药院校广大师生提出宝贵意见和建议，以便今后修订和提高。

国家中医药管理局教材建设工作委员会办公室

中国中医药出版社

2016 年 6 月

编写说明

党的十八届三中全会指出，全面深化改革的总目标是完善和发展中国特色社会主义制度，推进国家治理体系和治理能力现代化。这一目标的确立，为我们学习、认识和研究公共管理提出了新的任务和要求。公共管理学是一个科际整合的交叉学科群，它运用管理学、政治学、经济学等多学科理论与方法来研究公共组织，尤其是政府组织的管理活动及其规律的学科体系。本教材不仅适合公共事业管理、工商管理、市场营销等专业学生学习，而且也适合对公共管理感兴趣的读者参考。

本教材由浙江中医药大学、江西中医药大学、天津中医药大学、北京中医药大学、成都中医药大学、山东中医药大学、黑龙江中医药大学、河北中医学院、南京中医药大学、湖北中医药大学、广西中医药大学等 11 所院校的 12 位老师合作完成。主编许才明负责草拟大纲、撰写部分章节、统稿和定稿等工作。在编写过程中，实行主编总负责，副主编具体负责的制度。编写分工如下："基础理论"篇第 1 ～ 4 章由天津中医药大学的张宇负责，张宇、陈曼莉、张玉瑾和王毅共同撰写完成；"制约与保障"篇第 5 ～ 7 章由北京中医药大学的赵静负责，刘博、沈秋欢、赵静、郭宇莎共同撰写完成；"过程与目标"篇第 8 ～ 10 章由江西中医药大学的李坦英负责，肖圣鹏、李坦英、吴美珍和许才明共同撰写完成。

在编写过程中，我们参阅并借鉴了国内外众多学者的研究成果，有的在正文中做了说明，但大多在参考文献中列出，对此深表感谢；同时也肯定存在疏漏之处，对未列出的成果，我们对作者深表歉意。

本教材的编写和出版得到了国家中医药管理局、中国中医药出版社、浙江中医药大学及国内诸多兄弟院校的大力支持，深表感谢。同时感谢责任编辑农艳的指导和帮助。

恳请各位专家、读者对本教材提出宝贵意见，以便再版时修订提高。

《公共管理学》编委会

2017 年 6 月

目 录

第一篇　基础理论

第一章　绪　论

第一节　公共管理与公共管理学概述

一、公共管理

对于公共管理的理解和研究不仅要理解其概念的内涵，还要厘清公共管理与其他管理的区别。

（一）公共管理的概念界定

关于公共管理的概念界定国内外存在多种观点。

1. 国外学者代表性的观点　皮瑞（Perry）和克莱姆（Kraemer）认为，公共管理是一种新的途径，它是传统公共行政的规范取向及一般管理之工具取向的结合体。公共管理的重点是将公共行政作为一种职业，并将公共管理者视为职业的实践者，而非政客或政治家。奥托（Otto）、海蒂（Hyde）和沙夫里茨（Shafritz）认为，公共管理是公共行政或公共事务的一部分，综合了公共行政的方案设计与组织重建、政策与管理规划、通过预算制度进行资源分配、财务管理、人力资源管理及各种方法和艺术。公共管理将公共行政视为一门职业，将公共管理者视为职业的实践者。公共管理关注那些能够将理念、政策转化为行动规则的管理工具、技术、知识和技巧。休斯（Hughes）则认为，公共行政是服务公众的活动，公务员执行从其他方面产出的政策，公共行政关注程序，将政策转化为行动和机关管理；管理包括行政，但同时意味着以最大化的效率实现组织目标及管理者对结果负责任；公共行政的焦点在于过程、程序及顺序性，而公共管理包括的内容更多。

2. 国内学者代表性的观点　陈振明认为，尽管公共管理也包含了公共行政的许多内涵，但有以最低的成本取得目标及管理者为取得结果负责的内涵。所以公共管理是公共组织提供公共物品和服务的活动，它主要关注的不是过程、程序和遵照别人的指示办事及内部取向，而更多的是关注取得结果和对结果的获得负个人责任。张成福认为，公共管理是以政府为核心的公共部门整合社会的各种力量，广泛运用政治的、经济的、管理的、法律的方法，强化政府的治理能力，提升政府绩效和公共服务品质，从而实现公共的福祉与公共利益。公共管理作为公共行政和公共事务广大领域的一个组成部分，其重点在于将公共行政视为一门职业，将公共管理者视为这一职业的实践者。本教材采用的是后者的观点。

（二）公共管理与公共行政的区别

在过去的 20 年，西方国家的公共部门管理实践发生了深刻的变化，过去被称为公共行政的活动，现在更经常地被称为公共管理活动；过去那些有着行政官员头衔的人，现在更多地被称为管理者，正如英国学者波利特（Christopher Pollitt）所说："在以前他们被称为行政官员、资本官员、财政官员、主任助理，现在人们称他们为管理者。"行政官员一词的过时和管理者一词的流行看似只是时尚与否的问题，但实际上反映了公共部门管理的理论与实践的变化：一种以传统的行政概念为基础的公共服务（公共行政）肯定有别于一种以管理为基础的公共服务（新公共管理）。名称和头衔的变化是相关职位占有者的角色、地位、期望、行为方式及他们与政治家和公民关系变化的一种体现。公共管理与公共行政在以下两个方面存在区别：

1. 提供公共服务的组织存在一定差别　公共管理是公共组织提供公共物品和服务的活动，这里的公共组织既包括政府组织，也包含第三部门、事业单位等；而公共行政是指政府特别是执行机关为公众提供服务的活动。这样看来，公共管理与公共行政活动主体的范围大小不同。

2. 在提供公共服务中所关注的焦点不同　公共管理更多的是关注取得结果和对结果的获得负个人责任；公共行政在为公众提供服务时，行政官员或行政人员在这种活动中主要是执行由别人（政治家）所制定的政策和法理，关注的焦点是过程、程序及将政策转变为实际的活动，并以内部定向关心机构和人员及办公室的管理（传统的公共行政学或公共行政学院主要是为培养政府的职业文官而设的学科或机构）。尽管管理的确也包括了行政的许多内涵，但有以最低的成本取得目标及管理者为取得结果负责的内涵。

（三）公共管理与私人管理的区别

"公共的"与"私人的"相对。通过与私人管理（商业管理）的比较，可以说明公共管理尤其是政府管理的特点，公共管理在许多重要的方面与私人管理存在着差别。按照西方学者的概括，这些差别主要表现在如下几个方面：

1. 公共管理与私人管理的使命不同　公共管理为公众服务，追求公共利益，而私人管理以营利为目的。公共管理的服务导向来自这样一种需求，即行政官僚要帮助由选举产生的政治家反映公众对政治服务所提出的愿望与要求；私人管理以利益为导向，是因为私人部门或组织最终要依靠获利而生存。这是人们经常强调的两种管理的区别。

2. 与私人管理相比，公共管理的效率意识不强　因为政府部门的资金大部分来自财政拨款，政府官员不必为利润担忧，他们并没有太多的削减开支和有效运作的诱因；而商业组织以有效运作为动机，因为他们必须在市场中依靠竞争获得生存与发展的机会。政府提供的是公共物品，而商业组织提供的是私人物品，也正因为公共物品的特征，使得政府活动难以具有高效率。

3. 与私人管理相比，公共部门尤其是政府管理更强调责任　在私人组织中，权威与责任的划分是比较清楚的，而在政府中，诸如运作的规模与复杂性，对官僚机构加以政治控制的要求，对一致性和协调性的寻求等因素导致了责任机制的扩散，这种扩散复杂化了公共决策的过程。

4. 就人事管理方面而言，公共组织的人事管理系统要复杂和严格得多　公共组织尤其是政府中的人事管理系统与私人组织的人事管理相比，无论是在程序还是实践操作中都复杂得多。一般而言，政府工作人员的雇佣和解雇相对比较困难；在公共部门，雇佣和提拔雇员的功绩系统存在着几种标准，这往往超出了技术效率的观点。

5. 公共管理涉及内容的规范性和性质的特殊性　与私人部门的管理不同，公共管理包括广泛而复杂的政府活动，而且公共管理的运作是在政治环境中进行的，因而，它具有明显的政治性或公共性的特征。

二、公共管理学

公共管理学，是运用管理学、政治学、经济学等多学科理论与方法专门研究公共组织，尤其是政府组织的管理活动及其规律的学科群体系。概括地说，公共管理学就是研究公共部门管理过程及其规律的科学，它主要是研究公共部门如何高效率地为社会提供公共服务和公共产品的科学。

（一）公共管理学的研究对象

公共管理是对社会公共事务的管理，它作为一种客观的、独特的社会现象及活动过程，自然也就构成了公共管理学的研究对象，因此，公共管理学就是一门研究公共管理活动规律的学科。若与传统的行政学或公共行政学相比，公共管理学的研究对象或研究范围更加宽泛。公共管理学不仅要研究政府组织的管理问题，而且也要研究作为第三部门的公益企业和事业组织、非政府公共机构的管理问题。政府组织的管理问题与第三部门的管理问题共同构成公共管理学的研究范围或研究对象，它突破了传统行政管理学的学科界限，把当代经济学、管理学、政治学和社会学等学科的相关知识和方法融合进了公共管理的研究中。

因此，具体地讲，首先，公共管理学要研究作为公共事务管理主体的公共组织；其次，要研究政府组织和非政府公共组织的结构、功能及其与环境的关系；再次，要研究公共管理的活动过程及其环节（包括决策、计划、组织、沟通、协调、控制、评估等）；最后，要研究公共组织如何维护、增进与分配公共利益及有效地向民众提供公共产品和公共服务。

（二）公共管理学的学科特征

1. 研究范围的广泛性　就研究对象与范围来说，公共管理学把研究对象扩大到其他政府机关（立法机关和司法机关）和非营利组织或第三部门甚至私人部门的公共的方面。公共管理学也涉及大量公共行政学没有涉及的其他主题，如公共物品、公共选择、委托－代理、学习型组织、多元组织、管理网络、信息管理系统，等等。另外，公共管理学的研究者来自不同的学科，他们充分吸收了当代各门学科的理论和方法，特别是更多地依赖于经济学的理论和方法，并日益与工商管理学相融合。因此，它的基础更扎实，并具有广泛的学科知识框架。

2. 研究焦点的外部性　公共管理学将研究焦点由传统公共行政学的"内部取向"转变为"外部取向"，由重视机构、过程和程序研究转到重视项目、结果与绩效的研究，这使得战略管理、公共管理的政治环境、项目执行、绩效评估、公共责任制及公共管理伦理这样一些在传统公共行政学中没有涵盖的或不被重视的主题成为公共管理学的核心主题。

3. 研究方法的综合性　公共管理学既是实证的（重视经验研究，从经验中汲取知识），又是规范的（提倡研究"应该不应该"的问题，用以规范公共管理行为）。因此，案例分析成为公共管理的一种核心研究方法，这就有别于传统公共行政学过多地局限于规范研究，囿于普遍适应的"行政原则"的探讨。

4. 应用价值的现实性　公共管理学将自身建立在当代公共部门管理的实践尤其是政府改革

的实践基础上，是从这种实践中产生的新理论范式，反过来成为指导这种实践的模式。因此，与传统行政学相比，它更具现实性。

（三）公共管理学与公共行政学（行政管理学）的区别

1. 研究范围不同　公共管理学的研究领域不仅仅包括作为"纯粹的"公共部门的政府组织的管理及其规律问题，而且还应包括作为准公共部门的第三部门的管理及其规律性问题，而行政管理学的研究领域仅仅限于纯粹的公共部门即政府组织的管理及其规律性问题。仅就这一点而言，公共管理学与公共行政学就存在着明显的区别：前者的研究范围要大于后者的研究范围，或者说，前者所探讨的范围是后者的一部分，从这个意义上说，公共管理学与行政管理学的研究范围之间的关系可以看成是整体与部分的关系。

2. 研究任务不同　公共管理学所研究的是纯粹的公共部门与准公共部门管理过程中共有的规律性问题，该规律性问题在纯粹的公共部门与准公共部门之间是存在着明显区别的。既然二者之间存在着区别，它们各自的管理方式及其规律也是有所不同的，也就是说，它们各自都有特殊的管理方式和管理规律，研究这些特殊的管理方式和规律并不是公共管理学的任务，而是公共行政学、公共事业管理学等学科的研究任务。行政管理学的研究对象则仅仅是纯粹的公共部门所有的管理方式和管理规律，从这个意义上说，公共管理学与行政管理学的研究对象之间的关系可以看成是一般与个别的关系。

3. 关注的焦点不同　公共管理学所关注的是公共部门如何高效率地利用现有公共资源为社会提供更多的公共服务和公共产品，它在研究纯粹的公共部门即政府组织时，也是把政府组织当成一个为社会提供公共服务和公共产品的机构，研究的重点是如何把政府机构自身管理好，以便更有效地为社会提供公共服务和公共产品。在公共管理学看来，包括政府组织在内的所有公共部门都是管理的客体，至于政府机构作为管理社会公共事务的主体地位，公共管理学则关注不多，而这一点正是行政管理学所十分强调的，行政管理学把政府机构既看成是管理的客体，又看成是管理的主体，当它把政府机构看成是管理的客体时，它所强调的是要把政府机构自身管理好，当它把政府机构看成是管理的主体时，它所强调的是要求政府把社会公共事务管理好，而在公共管理学的视野里，政府组织与工商企业一样，只是性质及方式不同罢了。因此，公共管理学更强调公共部门自身的管理，而行政管理学则更强调公共部门（纯粹的公共部门）对社会公共事务的管理，这也是公共管理学与行政管理学的区别。

第二节　公共管理理论的产生和发展

一、传统公共行政理论的兴起

在 20 世纪大部分时期，公共部门及其活动的研究，都是在冠之以"公共行政"的这个学科中进行的。20 世纪 70 年代，作为公共行政学一部分的"公共管理"成了本学科一个兴奋点。这时"公共管理"研究的实际内容主要是公营部门的组织结构、管理方法和技术。而到了 20 世纪 90 年代初，西方国家逐渐形成了被称之为"新公共管理"的学派。这个学派企图取代长期处于主流地位的公共行政学，并把过去的公共行政学视为"传统公共行政"。

早期行政存在的三大弊端，促使西方学者寻求治本之策。他们所找到的治本之策就是公共行政学所确立的三大基本原则，即政治－行政两分法、泰勒主义、官僚制理论。由这些要素构成的理论范式确立了传统公共行政的基本框架。

（一）威尔逊与古德诺：政治－行政两分法

西方公共行政的第一个理论支柱，无疑是美国学者威尔逊（T.W.Wilson）所倡导，古德诺（F.J.Goodnow）所阐发的政治－行政两分法的理论。威尔逊当之无愧地成了美国公共行政学的创始人，他在 1887 年发表的论文《行政学研究》也就成了这门学科的奠基之作。

威尔逊的思想来源于欧洲大陆特别是德国行政学者的研究，但威尔逊不是照搬欧洲的行政学说，而是针对美国政府所面临的实际状况而进行理论创建。美国当时所面临的主要问题就是政府权力受寡头资本限制太多，行政能力弱化，管理低效甚至无能，迫切需要在扩大直接民主的基础上建构一个负责的有能力的政府行政系统。威尔逊要求把政治与行政严格地分开，将政策制定（政治任务）与政策执行（行政任务）分开。政治与行政分离原则所解决的问题，一是周期性的政治选举对行政组织稳定性的影响，二是革除政党分肥的弊端。政治－行政两分法把行政从政治中剥离出来，使行政系统成为非政治性的工具，这与韦伯把官僚制当作工具理性的观点是一致的。政治－行政两分法和官僚制理论的提出，使行政学成为一个有其理论范式的独立学科。

古德诺于 1900 年发表的《政治与行政》，扬弃了政治学上立法、司法、行政的三分法，而对威尔逊的政治－行政两分法进行了阐发。他认为，政治是国家意志、公民利益的集中表达，表现为立法过程及政策的制定；而行政是国家意志的执行、政策的实施的过程。政治与行政的分离是相对的，不是绝对的。在建立与政治相分离的行政系统的时候，必须强调政治与行政的协调。古德诺说："分权原则的极端形式不能作为任何具体政治组织的基础。因为这一原则要求存在分立的政府机构，每个机构只限于行使一种被分开了的政府功能。然而，实际政治的需要却要求国家意志的表达与执行之间协调一致。"如何把政党政治的行政控制限制在合理的范围，古德诺提出了一些原则措施。

1. 适度的行政集中原则　美国政治奉行分权原则，这种分权不仅体现在立法、行政和司法的三权分立，而且体现在联邦中央政府与州政府、州政府与地方政府之间的纵向分权。古德诺认为，地方政治共同体倾向于牺牲国家利益，中央政府试图通过立法来控制地方权力，但掌握行政权的地方权力机关便会采取消极不执行的手段使中央政策搁浅，使国家意志无法贯彻。为解决这个问题，就必须在保留立法分权的同时，加强行政系统的权力集中。

2. 法外调节原则　所谓法外调节就是通过政党的意志统一来促进国家的政治与行政、中央与地方的协调一致。在当时的情况下，参加政治竞选的政党，在没有进入国家权力系统之前，只是"民间法团"，在法定体制之内没有任何地位。然而，政党为了竞选成功，必须统一意志、统一行动，实现党内组织控制。一旦这样的政党通过竞选进入中央与地方公共权力系统，政党在竞选中所形成的集中统一就能发挥"上下左右"的协调功能。

3. 把政党纳入法制化管理的轨道　既然政党对政治与行政的协调在实际上发挥着基础性作用，那么就必须以制度化的方式规范政党行为，把政党纳入法制化管理的轨道。同时，要建立健全公民投票选举的制度，防止政党独裁、政党分肥的出现。这就进一步提出了如何处理行政对效率的追求与政治对公平的追求的重大关系问题。

NOTE

至于政治与行政如何协调一致，这一直是人们争论的焦点，至今也没有达成一致的意见，但100年前古德诺提出的这些观点仍具有一定的价值。

（二）泰勒的科学管理理论

泰勒（F.W.Taylor）主义则提供了公共行政的管理方法。美国著名管理学家、经济学家泰勒从工人的作业行为分析入手，引进了动作分解、分工协作、作业标准化和严格管理控制等核心概念。

在《工厂管理》中，他总结出四条提高工作效率的原则：每一个工作日均应有明确的工作；为完成工作须提供标准化的工作环境、设备和工具；凡具有较高成绩者应给予较高的酬金；凡工作失败者便失去待遇和地位。在《科学管理原理》中，他又提出了四项原理，即对一个工人的每一单元工作的研究应该用科学方法来处理；应该在工人的挑选、训练、教育方面运用科学方法；工人之间应精诚合作，以保证所有的工作都能按照科学原理去处理；管理者和工人之间，要实行分工负责，适合管理者的工作不要交给工人。

泰勒主张计件工资制，要求工人在单位时间内完成的定额工作量，按低薪计件，而超额工作量，则按照高薪计件。泰勒认为这种有差别的报酬制能够最大限度地激发人们的工作积极性。为了保证这种科学管理的落实，泰勒认为必须加强作业管理和控制。毫无疑问，泰勒主义追求的是效率，作业分解、标准化管理、绩效报酬等措施都是为了提高产出的效率。而这些管理手段综合起来就是"流水线作业"，这就为大规模标准化生产提供了科学管理的方式。泰勒的科学管理思想被公共管理所接受和运用，是因为它与官僚制的理念相吻合。分工、分类、标准化、作业流程、绩效报酬、严格控制等理念也是传统的公共行政所追求的管理价值。科学管理在1910～1940年期间一直对公共行政起支配作用，使公共行政成为一个学术研究的领域。于是，人们用"泰勒主义"来形容科学管理所产生的影响。而且，这种影响一直延续到了当今十分流行的新公共管理，因为泰勒所强调的物质刺激或绩效工资等管理手段，如今变成了内涵更广泛的绩效管理。

（三）韦伯的科层制理论

马克思·韦伯（Max Weber）是德国著名的社会学家、政治经济学家、行政学家及官僚集权理论的奠基人，被誉为"组织理论之父"，他提出了科层制（又称官僚制）理论。

韦伯的科层制理论是其庞大的政治社会思想的一个有机组成部分。韦伯认为任何一种合乎需要的统治都有着合理的基础，"合理性"是韦伯科层理论重要的学理预设。既然科层制能够稳定地运作，并且呈现出等级制的权力矩阵关系，它必然也是以某种合理性作为其实现前提的。他认为，科层制是特定权力的施用和服从关系的体现。

任何组织的存在都是靠权威来维持的，合法的权威主要有三种类型。第一种是基于习俗惯例的传统型权威。人们认为领袖拥有权力，是因为领袖本人及其祖辈从来就处于统治者的地位，统治者因占据传统所承认的统治地位而具有他人服从的权威，个人是出于由来已久的忠诚而服从一个领袖。在这一类型中，家长制和世袭制是其突出的代表。第二种是基于领袖个人超凡魅力的魅力型权威。服从者对领袖怀有敬畏和完全忠诚的情感，相信领袖具有超凡的禀性、非常的气质或者是魔幻般的才能，认为他因为拥有启迪和喻示的天赋而能够给服从者指明行动的方向，甚至能够创造奇迹。这是最不稳定和最易发生变化的一种类型。第三类是基于理性法规的法理型权威。由成文法律规定了统治者的地位，个人对统治者的服从是根据人们所认可的法律对现实等级制表示承认。服从不是对个人的个性化服从，而是主要体现于对由法律规定的某个职位的服从。

韦伯所认为的科层制不是效率低下与作风不正的官僚主义，而是指按法律原则建立的一种理想化、正规化的组织形式。韦伯指出，每一种权威各有其理想的组织，在传统型和魅力型权威这两种前现代的统治形式中，科层化仅曾经在一些个案中表现出来，而科层制明显是与法理型权威最适宜的组织形式。科层制是一种理性的组织管理制度，通过采取严格的规章制度来约束公共组织成员的行为，以高效完成组织的工作任务。

1. 科层制管理方法的主要内容

（1）组织标准化　为了高效率地完成组织的工作任务，科层制管理在组织中推行标准化方法。包括三个方面的内容：一是分工专业化。科层制管理将组织内每个职位的工作任务尽可能地简化、单一化，把组织活动分解为各项细致的工序。这是组织标准化的基础。二是工作指标化。明确每个工作职位的职责和工作要求，清晰规定其完成工作的数量、质量、时间和程序。三是人员统一化。组织中每个职位的人员必须具有相同的能力，能够达到对职位占有者的素质和能力的统一要求，以保证职位占有者能保质保量地完成职位任务。

（2）工作秩序化　秩序是一切组织存在和发展的基础。科层制管理方法强调在公共组织内部的各要素、各环节之间形成有机的联系，使相关组织之间互相协调、密切配合，形成一个无障碍的工作流。它要求理顺组织内外的各种关系，同时要求组织岗位占有者有非人格化理性特征，要求彻底清除人的随意性和传统组织的杂乱无章，使得公共组织成为一架精密的机器。

（3）管理规范化　科层制是一种理性的组织管理制度，在管理中严格按照规章制度形式，坚决抵制人情关系的干扰。科层组织中的每个人，无论是官员还是职员，都必须依照规章制度，秉公办事。组织成员之间的关系完全以理性主义为指导；所有的人都一视同仁，使组织成员具有平等感和公平感；明确规定每个成员的职权范围和协作形式，减少摩擦和冲突；精确计算组织成员的工作成果，以业绩为依据进行奖惩。

2. 科层制理想类型的结构特征

（1）实行劳动分工　根据组织目标进行劳动分工并专业化，把任务分成大多数人都能够胜任的工作，并根据标准由受过训练的人员执行这种任务。明确规定每一个成员的权利和责任，并将这些责任合法化。

（2）实行等级制原则　科层制中的权利按照职务的阶梯方式根据规章而固定确立，形成了固定的等级制度，组织形成状如金字塔的结构。组织内形成层级节制，每个职员都受到高一级职员的控制和监督。这种职权等级确定了个体的权利和责任，使能力和精力有限的个体，通过科层制结合起来，使得大量有专长的人有效地工作，完成一个复杂的目标，保证了大规模组织的控制和协调。

（3）通过稳定的规章程序运作　科层制通过一些规则体系来控制组织活动，这些规范体系保证了不管多少人从事某项工作，其结果都能一致，且不同的工作之间能得到协调。组织中的任何成员都要遵守一套抽象的规章制度，成员的职务活动受到规则的约束。详细的规章制度是科层的管理基础，保证了组织活动的常规性、稳定性和连续性。

（4）根据标准选拔、挑选成员　科层组织中依据普遍性的用人标准，通过正式考试或者训练和教育而获得的技术资格来挑选组织中所有的成员。组织要量才用人，不能任人唯亲。组织内成员的报酬、晋级和提薪相对固定，取决于个人的能力和表现，与血缘、地位无关。科层组织中就业的人员不能随意被解雇。

（5）组织成员的工作不受个人感情的影响　组织职位的占有者具有非人格化的理性特征。组织中的职务和地位与职位占有者本人的角色应该是分离的，职位体现了地位与角色的内涵，代表了一整套规范和行动模式，不因职位占有者的人员变动、个人偏好而改变，不受职位占有者的任何个人的性格、气质、品德等影响。个人在从事职位工作时，要求将私人关系和公务关系严格分清，不徇私情，只有在不考虑个人的兴趣和感情时才能做到无私无偏。

二、传统公共行政理论的构建与转型

（一）传统公共行政理论的构建

如上所述，传统公共行政的基本范式是由威尔逊和古德诺的政治 - 行政两分法、泰勒主义、韦伯的官僚制所构建的理论框架。这些理论要素经由美国行政学家怀特的系统化、古利克的一体化和福莱特的动态化之后，传统公共行政的理论体系成了 20 世纪西方行政学的主导范式。这种范式在受到新公共管理挑战之前，经历了理论流派的分化与流变的过程。在这个过程中，20 世纪 50 年代初出现的决策学派西蒙和怀疑论者瓦尔多之间的学术纷争，迎来了公共行政学的范式分离、范式竞争和范式危机的阶段。20 世纪 50 年代到 70 年代，西方学术界对公共行政学的认同危机使得这门学科处于对其他学科（如政治学、管理学）的依附地位。在那些以公共政策为主要流派的名牌大学里，公共行政学几乎消失了。

1. 怀特的系统化行政理论　怀特于 1926 年出版了《公共行政研究导论》，成为这个领域的第一本专著，第一次对公共行政学进行了系统的理论建构。怀特提出了建立行政学的四个基本假设：第一，行政具有共性，"行政为单一之程序，无论何处所见到之重要特征，均大体相同"。第二，管理为行政学的基础，"而不宜始自法律之依据"。第三，行政管理是科学，是实践的技术。第四，行政是现代政府的核心问题，行政学的目的就是追求经济和效率。

2. 古利克和厄威克的科学化行政管理及巴纳德的组织与管理理论　1937 年，古利克和厄威克合编的《行政科学论文》迎来了公共行政最辉煌的时期。他们提出了公共行政的七项基本职能，概括了行政的主要工作内容。这七项基本职能就是计划、组织、用人、指挥、协调、报告和预算。这七个字的首字母组合就是"POSDCORB"，成为行政管理实践的指导。巴纳德对公共行政的贡献，主要是他的组织与管理理论。他于 1938 年出版了《管理人员的功能》，提出了系统行政组织理论。巴纳德研究了组织的本质、要素、构成、非正式组织、组织平衡、权威关系、决策、管理人员职能等问题，体现了巴纳德的系统理论思想。巴纳德在管理学的影响大过公共行政学领域。他的理论也可以被看成是一般管理学的研究。

3. 福莱特的动态化行政管理理论　福莱特的代表作有《创造性经验》（1924 年）、《作为一种职业的管理》（1925 年）。福莱特研究了个人与群体及组织的关系，权力、权威、控制与协调的问题，行政领导的情境理论等比较深入的内容。她是最早系统而深入研究行政管理人问题的学者。她对公共行政学的贡献，主要是从人、人所处的社会群体环境、组织环境及人与环境的互动这个视角，提供了动态的公共行政理论。梅特卡夫和厄威克评论："她提出的思想观念不仅超出了她所处的时代，也超过了现代思想家。"她的研究是西方行政学从官僚制模式向行为主义模式过渡的桥梁。

（二）传统公共行政理论的转型

20 世纪 40 年代末，著名的管理决策专家赫伯特·西蒙出版《行政行为》一书。稍后，另一位重要的行政学者怀特·瓦尔多出版《行政国家》一书。两位学者及其著述凸显了行政学中两种学术旨趣之争：实证取向的行政学，还是价值取向的行政学？1952 年，西蒙与瓦尔多之间就此发生辩论。这场著名的"西瓦之辩"正式结束了公共行政学的古典时期。自那以后，美国公共行政学就分裂成许多流派，由此进入一个长达近 50 年的范式分离、范式竞争和范式危机的阶段。

1. 西蒙的批评与公共政策学派的出现 西蒙对行政行为的研究，侧重于决策过程。西蒙有句名言："管理就是决策。"西蒙的决策准则是基于有限理性而非客观理性或古典意义上的绝对理性，提出了满意决策而非最佳决策的要求，区分了程序化决策与非程序化决策。西蒙的决策模式理论推动了公共政策分析的发展。西蒙要求行政学研究应该分清事实与价值、实然与应然，主张实证主义的研究途径。西蒙认为传统公共行政往往混淆了它们之间的界限，因此认为公共行政学的"身份危机"也伴随而来。进入 20 世纪 70 年代后，公共行政学界进一步出现了大分裂，除了古典公共行政学的支持者及西蒙的追随者之外，还产生了新公共行政学、公共政策学派和公共选择学派。

2. 瓦尔多的批评与新公共行政理论的兴起 新公共行政学作为一个学派，主要特点是致力于将公共行政学的研究建立在规范理论的基础之上，强调公共行政应该追求社会公正，不能仅仅追求"效率"。这一学派的代表人物有瓦尔多和弗里德利克森等。为使传统行政学走出理论枯竭、方法陈旧的困境，弗里德利克森等一批年轻的学者在 20 世纪 70 年代发起了"新公共行政运动"。这一学派从规范的意义区分了"公共性"与"私人性"及其对行政的性质、目的、原则、组织和制度的影响。他们批评传统公共行政的"效率至上观"，倡导以社会公平为基础的公共行政，提出了减少官僚制、分权、参与、民主行政、回应制和问责制等原则主张，要求重新审视政治－行政的关系、公务员中立的立场，全面提高政府及公共部门的行政管理水平和公共服务质量。新公共行政学对传统行政学的基本范式提出了挑战，成为公共管理学的催化剂。

三、现代公共管理理论的发展

现代公共管理理论的内容较为广泛，其中包括了公共选择理论、新公共管理理论、公共治理理论及新公共服务理论等。本节要重点分析公共选择理论，其他几个理论将在本教材第十章进行阐述。

公共选择理论在英文文献里通常称作"公共选择"（public choice），又称新政治经济学或政治学的经济学（economics of politics），是一门介于经济学和政治学之间的新的交叉学科。它以微观经济学的基本假设（尤其是理性人假设）、原理和方法作为分析工具，来研究和刻画政治市场上的主体的行为和政治市场的运行。

公共选择理论产生于 20 世纪 40 年代末，并于 20 世纪五六十年代形成了公共选择理论的基本原理和理论框架，20 世纪 60 年代末以来，其学术影响迅速扩大。第二次世界大战后，凯恩斯主义经济学盛行，政府过多干预市场经济运行，导致巨额政府赤字及持续的通货膨胀。然而，凯恩斯主义经济学无法完美地解决赤字和通胀问题。这为公共选择理论创造出了客观的

NOTE

经济环境，加之布坎南的开创性工作，最终使公共选择理论展现在世人面前。其理论来源主要有斯密的经济理论、休谟的政治哲学、维克赛尔的经济思想及意大利公共财政学派的理论，等等。

公共选择理论提出解决问题的观点主要有以下五个方面。

1. 关于组织类型的理性选择 该理论认为，除了政府等公共组织外，私人企业、非营利性公共机构、半独立性公共公司等各种类型的组织都可以提供公共服务。但是在特定情况下，不同组织能够提供比其他组织更好的产品质量和服务，由此产生了人们对组织类型的理性选择问题。

2. 市场机制与个人选择 市场机制主要是竞争机制，公共组织之间、公私组织之间的竞争。这些竞争给公共产品提供了"用脚投票"，即公民自由选择服务机构的机会。公众由此获得了市场的权力，就像顾客通过对产品的选择来决定企业的命运一样，公众对服务机构的选择也同样可以决定某个公共机构生死存亡的命运。这就必然会促使各类公共机构努力改善自己的服务品质以赢得更多的"客户"。

3. 分权化 分权不仅可以达到"权威分割"（fragmentation of authority）的程度，还可以允许不同组织之间在职能和管辖区域上的重叠交叉，以便公众有更多的选择机会。

4. 公共服务组织的小规模化 规模小，数量才有可能增多；一旦数量增多了，就为公民的选择提供了便利。对于规模小的标准有：便于控制、利于提高效率、政治代表性和地方自治。

5. 自由化 自由化的集中表现就是放松规制，即放松对市场和社会的规制。

作为新政治经济学的一个分支，公共选择理论是在批判传统市场理论和凯恩斯主义经济学的过程中逐步兴起和发展的。它以"经济人"假说为其基本行为假设并将之推广到政治市场上进行供求双方行为分析，最终得出"政府失败"的基本结论并提出了矫正"政府失败"的两大思路。应该说，其理论体系、前提假设、基本结论及改革举措还是具有相当启发和借鉴意义的。其应用范围也已远远超出了主流经济学和传统政治学的研究范围，几乎涉猎当今社会所有的热点问题，具有广阔的应用前景。

第三节　公共管理的基础资源

一、公共财政管理

"财为庶政之母"，任何公共组织的管理活动都离不开资金的"收与支"，因此，公共财政管理是公共管理极为重要的领域。

（一）公共财政管理的定义

公共财政管理概念是伴随 20 世纪六七十年代以来，公共选择理论的兴起而产生的。公共财政管理考虑的是如何花钱做事，这也是公共组织管理的核心。美国学者 B·J·里德和约翰·W·斯温（B. J. Reed and John W.）指出"公共财政管理是指处理公共资产与债务，并向公共官员提供有用的相关信息与观点，以使他们能够做出相应的决策"。另一位美国学者约翰·L·米克赛尔（John L. Mikesell）进一步指出，公共财政管理是采用与企业财务管理类似的分析方法、技术和管理工具来进行资源配置与控制的活动，但政府所具有的独有的征税权、禁止权和惩罚权，使公共财政管理远远不同于企业财务管理。尽管如此，并不意味着公共财政管理是一个超越公共财政个性的纯技术性概念，学者们仍然把资源的获取与配置作为公共财政管理概念的内涵。如美国学者艾伦·W·史黛希（Alan W. Steiss）非常明确地将公共财政管理界定为"获取或配置资源，并对配置资源的绩效进行监督评价的活动"。

本教材将采用陈振明给出的定义，即公共财政管理是公共部门为保证公共财政职能的履行，而对财政收支所进行的决策、管理、监督等活动。

（二）公共财政管理的主要内容

公共财政管理的内容主要包括三大部分：公共预算管理、公共收入管理和公共支出管理。公共预算管理侧重于决定"做什么"，公共收入管理和公共支出管理则决定"怎么做"。

1. 公共预算管理 通过公共预算，有效地保持社会总供求的基本平衡，实现充分就业、物价稳定及国际收支平衡，维持经济景气，避免经济波动。

2. 公共收入管理 即通过公共收入管理，有效地对国民收入、财富和社会福利进行再分配，通过转移支付，缩小收入及财富积累上的分化差距，为社会最贫困阶层提供基本生活保障，实现社会相对公平。

3. 公共支出管理 通过公共支出，有效地向公众提供一视同仁的服务，满足社会公共需求，实现政府支配资源的有效配置和市场效率损失最小化的有机结合，进而保证和促进国民经济的持续发展。

（三）公共财政管理的地位

公共财政管理虽然产生的时间仅 200 余年，但已从各方面显示出其在公共管理诸领域中极为重要的地位。在美国和欧洲的主要大学中，公共财政（public finance）或公共财政管理（public finance administration）都被列为 MPA 项目的核心课程。在政府机构内，财政管理部门明显具有核心地位，部门首长也被认为是最具"实权"的官员。公共财政管理获得这种地位绝非偶然，它具有一些必然与现实的理由。

1. 公共财政管理是对公共资源进行直接管理，具有核心地位 现代政府的基本职能是解决市场失灵问题与促进社会公平，而这只有通过资源的重新配置与社会财富的再分配才能达到。公共财政管理的方式、水平直接关系着政府职能的实现，从而必然在政府管理中具有核心地位；并且任何公共管理都离不开资金的支持，这就使公共财政管理部门处于公共组织权力关系的交汇点上，并获得了对资源的"相对垄断权"，由此增加了自身的权力，核心地位更加突显。

2. 公共财政管理成为国家政治生活最重要的舞台之一 在历史上，公共财政是立法权与行政权相互斗争的产物，现代西方国家三权分立的制度强化了这种斗争，从而把公共财政管理（尤其是公共预算管理）进一步作为斗争的"竞技场"。以美国为例，美国自建国以来到 20 世纪初的多数时间内，公共预算的控制权掌握在国会手中。随着行政权力的扩张，国会与总统的矛盾日益尖锐，终于在 1912 年通过《预算及会计法案》，使总统第一次有机会向国会提交自己编制的年度预算草案，并且财政部门成立了预算局（后移交总统办公室管理）；国会也成立了会计总署（GAO），通过履行审计职能来对抗行政权力的扩张。但这并没有解决矛盾，1971 年尼克松成立了行政管理与预算局（OMB）来强化总统的公共财政管理权，而国会则于 1974 年组建了国家预算局（CBO）来抗衡 OMB。这场旷日持久的"战争"至今仍未结束，公共财政

NOTE

管理权的归属问题依旧是每年国会争论的焦点。

3. 公共财政管理较其他领域具有更多的活力   无论哪个财政年度，财政收支的数量都不会相同，公共财政管理的方式、力度也不相同，每年千方百计为实现财政收支平衡而采取的政策措施更是多种多样。而公众对于优质公共财政管理的压力又是如此之大，使得公共财政管理存在着更多的制度创新、技术创新的需求，并以一系列创新成果显示出这一领域的活力，如新公共部门会计准则的提出、公共投资技术的新改进等。

4. 公共财政管理的每一次变革都成为公共管理重大变革的先导   公共财政管理是最富活力的公共管理领域，近三四十年来，该领域出现了一系列变革，这些变革在公共管理领域产生了巨大的"蝴蝶效应"。例如，规划－计划－预算制度（PPBS）的运用，最终在20世纪60年代形成了一场PPBS运动，借助这场运动，系统理论、运筹学、经济学方法、政策分析等在几乎所有公共管理领域都得到了全面推广，使公共管理发生了重大的思维变革。20世纪70年代以来，绩效管理的运用更是直接引起了方兴未艾的新公共管理运动，甚至绩效管理已从一个具有公共财政管理个性的概念转化为公共管理的普遍概念，对公共财政支出的绩效要求带来了公共组织行为市场化的重大变革。因此，研究公共财政管理的理论与历史，是发展现代公共管理的一把金钥匙。

二、公共关系管理

公共关系是20世纪80年代中后期在中国大陆被广泛使用的词语，是改革开放后的"舶来品"，是英语"public relations"的汉语译称。

（一）公共关系管理的定义

关系是指事务内部及相互间的联系。人们在共同活动的过程中彼此间结成的关系被称为社会关系。首先，公共关系本身是实实在在的客观存在的一种社会关系。其次，公共关系是社会组织及其人员与其利益相关公众结成的关系。公共关系属于社会关系的一个种类，公共关系的主体是社会组织，客体是利益相关公众，关系的性质是"公共的"，是社会组织与公众之间的互动，而非私人性质的，这就是公共关系的种差。再次，公共关系是为特定目标而建立和维系的。社会组织与公众建立关系并加以维系，不是盲目的行为，而是有目的、有计划的行动。不同的社会组织有不同的利益需要，同一个社会组织在不同时期、不同情况下有不同的追求。概括地讲，都是为了加强社会联系、协调各种关系、赢得社会各界的支持与合作，在互惠互利的基础上实现自身的生存与和谐发展。最后，社会组织通过对自我主体形象的塑造，对社会组织与相关公众之间的信息进行有效沟通和对双方关系进行协调等方式来达到合作的目的。

基于上述理解，我们将公共关系管理定义为对组织与社会公众之间传播沟通的目标、资源、对象、手段、过程和效果等基本要素的管理。这种管理同样包括一般管理的基本环节，也就是对组织的公众传播沟通活动进行决策、计划、组织、指挥、控制、协调和监督等。

（二）公共关系管理的主要内容

1. 政府与社会各界的关系管理   政府与社会各界的关系属于组织外部关系，是指政府及其各职能机构、政府官员等与社会组织之间的沟通关系。任何一个社会组织都必须服从政府的统一管理，也就必然存在政府与社会各界的关系。政府相对于其他社会组织，在权力、资金、信息等方面有更大优势，因此，政府的支出与辅助对其他社会组织的发展具有十分重要的作用。

2. 企业与消费者及有关客户的关系管理　企业与消费者及有关客户的关系属于组织外部关系，若想处理好企业与消费者及有关客户的关系必须做到：①建立和谐稳定的顾客关系，即树立以顾客为中心的理念；加强与顾客的沟通，以提高组织认知度并了解顾客需要，以便提供优质的服务；努力提高顾客满意度，进而培养顾客忠诚度。②建立良好的媒介关系，即充分尊重和支持新闻媒介工作；积极与新闻媒介建立密切关系；主动向新闻媒介提供有价值的组织信息。③建立并维系良好的社区关系。

3. 领导与员工的关系管理　领导与员工的关系属于组织内部关系。建立良好员工关系需要：①与员工保持良好沟通；②树立"以人为本、员工至上"的价值观；③充分挖掘并及时满足员工的真正需要。

（三）公共关系管理的地位

公共关系的基本属性、职能和在当代社会经济、政治、科技、文化、社会发展中的重要作用，决定了公共关系在社会实践中具有重要的战略地位。

1. 公共关系管理对社会组织的作用具有全局性和方向性的影响　公共关系管理对社会组织的作用是全局性的、方向性的、有重大影响的。社会组织有了良好的公共系统，就有了和平、稳定、可持续发展的外部环境和高效、和谐、优化的内部运转条件，这使社会组织的生存和发展有了坚实的基础。

2. 公共关系管理是一种重要的战略资源　过去，我们把人力、物力、财力、科技等当作重要的战略资源，其实，公共关系也是一种重要的战略资源。它可以使人力、物力、财力、科技等要素结合起来，形成新的功能和合力。它还可以争取合作伙伴，得到所需要的各种外部支持。社会组织拥有良好的公共关系越多，它生存和发展的因素和条件也就越丰富。因此，公共关系管理是一种重要的战略资源。

3. 公共关系管理是一种重要的社会实践活动　公共关系是社会组织与相关公众的互动。这种互动不仅给互动的双方带来了良好的效益，还在社会的各个方面发挥着重要的作用。人的劳动创造活动不能孤立进行，只有结成一定的生产关系，人们才能从事社会生产；只有在一定的社会关系中，人们才能生存和生活；只有借助一定的社会关系，人们才能获得和运用劳动成果。公共关系已被社会组织高度重视、广泛实践，而公共关系管理也成为一种重要的社会实践活动。

4. 公共关系管理是战略管理的重要组成部分　公共关系管理是事关全局和未来的大问题。社会组织的领导人必须把它们放在战略的位置上，通过有效地计划、组织、指挥、协商、激励、控制，对公共关系进行管理。只有内外关系理顺了，社会组织才能处于良好的运转状态，才能谋求发展。

三、公共信息管理

信息的概念可以说是既宽泛又不明确，从一般意义上讲，信息是指已经整理并有用的数据，它不同于数据，数据就是事实、未经评价的情报或信息的原始资料。

（一）公共信息管理的定义

要科学界定公共信息管理的内涵，我们必须先了解公共信息、公共信息资源的基本含义。

1. 公共信息　公共信息是与公共生活相关联的信息。具体而言，指人类公共活动领域中关于主体和客体状况、主体之间与主客体之间关系、主体与客体运动方式及状态的信息，以及公共领域外部与公共生活相关联的信息。它包括公共环境信息、公共系统信息、公共结构信息、公共主体信息和公共事务过程信息等。

2. 公共信息资源　在当今社会，信息是一种资源，同样公共信息也是一种资源，它是相对于只有局部范围内人们可享用的私人信息资源而言的，是在一定时间、空间意义上的社会公众所共同拥有和可能享用的信息资源，包括以政府为主体的一切负有公共事务管理职能的组织在行政管理过程中所生产的、拥有并使用或者有权获得的所有信息。

3. 公共信息管理　公共性是公共信息管理的首要属性。所谓公共性指的是"一种公有性而非私有性，一种共享性而非排他性，一种共同性而非差异性"。公共信息管理的公共性限定要求公共组织在实施公共信息管理的过程中，必须秉承公平、正义的信念，以社会的公共利益为依据，以保障社会公众的信息享有权利为前提，均衡各种信息资源分配行为，确保各种信息资源自由、高效、规范交流，进而为社会公众提供满意的服务。

根据学者们的观点，公共信息管理可以界定为以政府为核心的公共部门为了有效开发利用公共信息资源，依据现代管理方式和应用现代信息技术，对公共信息资源实施计划、预算、组织、指挥、控制和协调的一种管理活动。

（二）公共信息管理的主要内容

1. 过程维度管理　依据霍顿的研究，基于人类需求的信息生命周期，由需求定义、收集、传递、处理、存储、传播和利用七个阶段组成。政府信息资源管理研究的过程维度是从政府信息生命周期出发，以政府信息生成后收集、加工处理、组织、传播和服务的一系列环节为主要对象，研究如何高效优质地实施政府信息资源管理。这样的研究，主要与信息管理科学、情报学和传播学等学科的内容相关。

2. 技术维度管理　研究如何在政务信息的获取、传输、存储、处理和检索，以及在利用政务信息进行决策、控制、指挥、组织和协调等各方面充分运用现代信息技术，从而实现有效开发和利用信息资源的目标。政府信息资源管理的技术应用领域主要包括电子政府信息系统建设、电子政务网络系统建设和数据库建设等，它与管理信息系统、应用信息技术等领域的研究密切相关。

3. 经济维度管理　将政府信息资源视为一种无形资产和无形资本，研究政府信息资源供求规律、配置或供给政策、政府信息化的经济效益与社会效益，以及政府信息系统研发和管理的经济手段等问题，它与信息经济学、政府经济学等领域的研究密切相关。

4. 社会维度管理　研究政府信息资源管理活动中管理者与被管理者的行为方式、心理及其相互关系，政府信息资源管理相关政策、法律，政府信息资源管理行为中所涉及的伦理问题及其对社会的影响，政府信息资源管理的用户需求及供求双方的关系等。

（三）公共信息管理的地位

公共信息管理的地位取决于公共信息的重要性。这种重要性可以从多角度来考察。

1. 政府角度　首先，公共信息共享是建设高效能政府的前提条件。其次，公共信息共享是建设民主型政府的前提条件。美国前司法部长克拉克说："没有什么东西比秘密更能损害民主，公众没有了解情况，所谓自治，所谓公民最大限度地参与国家事务只能是一句空话。"最后，公共信息共享是建立回应型政府的前提条件。

2. 公民角度　首先，意味着公民拥有信息权利（知情权和言论自由）；其次，公共信息管理是公民实现利益要求的前提条件。

3. 公共信息角度　公共利益的实现过程是公共信息的传递过程，公共管理通过对公共信息的处理来完成公共事务的处理和公共利益的实现。

第四节　公共管理学的研究方法和研究意义

一、公共管理学的研究方法

公共管理学的兴起在方法上的突出特征是强调用跨学科研究途径来研究公共管理问题，提供以问题为中心的知识产生方法。它既保留了公共行政的一些行之有效的研究方法，又注意随时吸收当代科学方法的新成果。公共管理学的基本研究方法有：

（一）系统分析

就本质而言，系统分析是一种根据客观事物所具有的系统特征，从事物的整体出发，着眼于整体与部分、整体与层次、整体与结构、结构与功能、整体与环境等的相互联系和相互作用，求得优化的整体目标的现代科学方法。公共管理学中使用系统分析方法的目的是要帮助人们理解公共管理系统及其与社会环境的关系；鼓励对公共管理系统的各个组成部分、公共管理过程的各个环节进行同时的研究；引导人们注重这一系统中的结构、层次与功能；促使人们从不同的角度提出问题，开拓新的知识领域。系统分析方法的内容包括整体分析、环境分析、结构分析、层次分析、相关分析等。

（二）比较分析

比较分析法的要点是通过对不同事物或同一事物在不同阶段的情况等进行比较，从中找出共同点、本质的或规律性的东西。公共管理学中的比较分析要求研究者对不同国家或地区的公共管理系统及过程加以比较，要求对同一个国家和地区在不同历史时期的公共管理系统及过程加以比较，从中既找到公共行政学一般的或普遍的理论，又发现各国或地区在不同时期的公共管理特色，丰富整个公共管理学的理论及方法体系。

（三）实验分析

这种方法的本质是通过设计模拟实验，将事物的各个因素、事物的发展过程再现出来，以找到这种事物在真实世界中的各种数据及面貌。这种方法最初来自自然科学。自然科学中的实验分析可以做到精确，社会科学中的实验做不到这一点，因为它涉及人的行为，而人的行为在许多情况下是难以真正准确地加以预测的。公共管理学中实验分析更多的是准实验分析，通过选择某些对象或领域，甚至人为地提供某些条件，推行管理实验和政策试验，以取得经验，再全面推广和铺开。

（四）案例分析

案例分析的要点是对已经发生的公共管理事件，分析者尽可能从客观公正的观察者立场加以描述或叙述，以脚本等形式说明一个事件有关的情况，力图再现与事件相关的当事人的观点、所处的环境，以供读者评判。这种方法的重点是强调人际关系、政治等因素对管理过程的

NOTE

影响，而不是抽象推理或细节的刻画，因而它特别适合公共管理学及工商管理学研究的需要。案例分析既是当代管理科学的一种重要研究方法，又是当代管理科学的一种重要教学形式。

二、公共管理学的研究意义

对于公共管理学的研究意义我们可以从其推进公共管理社会化的视角来探讨，即我们不能从"政府中心论"出发看待公共管理，而要从政府与社会、政府与公民的互动角度进行探索。具体地讲，现代公共管理要以一种开放的思维模式，动员全社会一切可以调动与利用的力量，建立一套以政府管理为核心的多元化的管理主体体系。

（一）探索公共管理不同的运行模式

马克思主义认为，人类社会生活中的问题或现象都具有自然和社会双重属性。公共管理既是一项主观见诸客观的管理过程，又是一种现实状态，因此我们在分析这一现象时，就必须既看到它自然发展的演变过程，又要注意这一过程的社会属性。针对这种社会属性，人们的态度、方法不是企图超越或跨过它，而应该是在承认它的前提下，不断根据时代发展和环境变化的需要，探索公共管理不同的运行模式。

（二）探索公共性与社会性的相互关系

仅就公共管理的社会性来说，它包含"公"与"私"两个不同领域，前者是公共权力的活动范围，后者是指狭义的社会领域，包括各种营利组织、第二部门及公民个体的活动范围。尽管在理论上，社会历史发展的趋势是废除公、私界限，逐步走向大同，然而在每一个具体的历史时期，同一社会内部的公与私关系可以有不同的表达形式，即在一定时期里，公共权力活动范围远大于社会力量的活动范围，甚至取代后者；而在另一特定时期，社会力量可以很强大，能够取代公共权力的管理（治理）作用。所以，公共性与社会性的相互关系有其客观的发展过程，取决于客观环境而非主观的意念。

（三）探索政府与社会的关系

政府与社会的关系曾是困扰当前我国行政改革的核心问题之一，解决这一问题也可以从公共性与社会性的关系中获得启示。改革开放前，我国曾长期实行政社合一体制，极端的情形是公共权力无所不在，政府行为无所不包。改革开放后，我们经历了从"大政府、小社会"到"小政府、大社会"的转型，这一过程使得国家、政府活动范围受到一定限制，社会力量获得发展机会，并随着改革进程不断增长。在公共管理（行政）领域，表现为政府职能社会化、管理主体多元化及公民社会的成长壮大等。然而，尽管社会化是遏制公共权力或权威泛滥的有效途径，却不代表可以在现阶段过分夸大社会化的作用，原因是从上面对公共性与社会性的分析中，我们已经明确了二者关系演变过程的客观性。或许结论应当是：当前，我国公共管理（行政）改革与发展必须做到在努力体现公共性的同时积极走政府职能社会化的道路。

社会的共同事务应由社会自身来做。由政府独家包揽一切对社会事务实施管理，并缺乏健全的监督机制，由此所带来的教训是极其深刻的。否认政府管理的重要性及在公共管理的核心地位是错误的，用政府管理代替公共管理也是行不通的。

复习思考题

1. 试述公共管理与公共行政的区别。

2. 试述公共管理与私人管理的区别。你认为私人部门的管理可以应用到公共部门的管理中吗？为什么？

3. 什么是科层制理论？你怎样理解科层制理论在公共管理中的作用？

4. 公共管理学的研究方法有哪些？

5. 你怎样理解公共财政与公共管理的关系？

第二章　公共组织

第一节　公共组织概述

一、公共组织的概念

现代社会是高度组织化的社会，公共组织是现代社会公共管理的主要管理主体，管理着社会公共事务和提供公共服务。

所谓组织是人们按照议定的目的、任务和形式编制起来的社会集团，是处于一定社会环境中的各种组织要素的有机结合体，是为了实现特定目标而有意识建立起来的人类群体。具有特定目标的人聚合到各种不同类型的组织中，通过集体的努力而实现目标。形成组织是为了克服个体的体能和智能的限制，达成某些群体的共同目标，组织是人类协调、活动的形式。

公共组织（public organization）是指以实现公共利益为目标的组织，它一般拥有公共权力或经过公共权力的授权，负有公共责任，以提供公共产品和公共服务、管理公共事务为基本职能。政府是最典型的公共组织。还有一类重要的公共组织是以公共利益为目标、为社会提供公共服务的非营利性、非政府组织。

与公共组织相对应的是非公共组织，非公共组织一般不以公共利益为目标，提供产品和服务也是为了组织的私人利益，如各类市场主体就是典型的非公共组织。公共组织与非公共组织之间在基本目的、提供产品、管理对象、活动依据等很多方面有根本的差别。

（一）基本目的不同

从组织的基本目的看，非公共组织追求的是组织成员的私人利益，是为社会中的相关利益者服务。例如企业是以营利为目的，为其所有人获取经济利益。公共组织是为社会公众服务的，以实现公共利益为目标，负责为社会公众提供公共服务、管理公共事务、供给公共产品，公共组织活动的目的是追求经济效益和社会效益，促进社会的经济、政治、文化、教育、科技、卫生、体育等各项事业的全面发展。

（二）提供的产品不同

从组织提供的产品看，非公共组织向社会提供的是各种不同的私人产品，通过售卖获得收益。公共组织提供的是社会公共产品，无需单独付费或只需要支付有限的费用即可消费公共产品。

（三）管理对象不同

从管理对象看，非公共组织管理的事务限于本组织内，几乎不干预组织之外的成员活动。公共组织以全社会的公共事务为管理对象，可以将整个社会作为管辖范围。

二、公共组织的构成要素

构成公共组织需要有形要素和无形要素两大类。有形要素主要包括人员、经费、物资设备，无形要素主要包括组织目标、权责结构、人际关系等。

（一）人员

任何组织都是以人为核心的，人是公共组织的基本要素。组织中的各种资源都需要由人来控制，由人去推动组织的运行，靠人去实现组织的目标。人是组织存在和组织活动的基础。公共组织的有效运转需要高素质的人员和完整的人员结构。因此，公共组织的建立，首先要制定选用人员的程序和要求，并选择一定数量和质量的人员。

（二）经费

公共组织需要经费保障其正常开展活动，经费是公共组织运行与发展不可缺少的因素。组织的机构设置、人员编制、物资设备的购置等活动都需要经费的支持和保证。没有经费支持，公共组织无法开展活动，组织会陷于瘫痪。

（三）物资设备

组织开展活动离不开物质硬件的支持。物质硬件包括组织赖以存在的载体，如场地、房屋、机械、公文图书、文具、档案等，还包括组织开展活动必须具备的技术设备、工具，它是组织生存和发展的物质基础。

（四）组织目标

组织都是为了实现某个目标而建立起来的，它决定着组织的行为方式和发展方向，是组织成员认可要追求达到的某种未实现的状态和条件。组织目标是组织赖以产生、发展的基础和原因，组织的一切活动都是围绕组织目标开展。它从根本上反映了组织的基本功能。

（五）权责结构

权责结构指组织系统内部各子系统、工作单元、各组织成员、各工作职位之间在工作任务、权利和责任方面的一系列从属并列关系。权责结构是为了实现组织目标而安排成员的权责关系，体现了组织人员分工、组织法规和组织纪律，是形成组织纵向层级和横向体系的基础，组织功能是否能很好发挥，很大程度上取决于组织的纵向结构、横向各部门、各职位的分权和分工是否科学。权责结构是否合理对组织功能的发挥至关重要。

（六）人际关系

组织首先不是物质关系的体现，而是人际关系的体现。组织内部形成良好的人际关系，能够稳定组织，调动组织成员工作的积极性、主动性，有效实现组织目标。

三、公共组织的特征

公共组织具有组织的一般特征，但它是社会利益代表者，具有"公共性"的基本特点，集中体现在组织目标和组织基本功能上。公共组织自身表现出的特殊性有以下几点。

（一）目标是增进公共利益

公共组织的目标和运行动机是增进公共利益。追求全社会的公平、公正及行为的公开成为公共组织活动和措施的基本准则。公共组织依据这一行动准则为全体公众管理包括经济、文化、科技、卫生、社会福利、社会治安等在内的各种社会性事务，并以公共服务的质量好坏来

NOTE

评判组织工作。

（二）公共组织的活动具有一定的政治性

公共组织的活动是为了增进社会全体公众利益，本质上是代表和体现了社会公共利益，其实施的公共事务，包括政治的、经济的和社会的事务，均与社会大局相关。公共组织管理的公共事务具有社会全局性的特点，政治方面的事务具有政治性，经济事务和社会事务的实施后果也关系到社会的安定和发展，在一定程度上带有政治性。即使是非政府性的公共组织，其权力往往来自于政府的授权，根据政府的委托管理某方面的社会事务。公共组织通过行使公共权力解决问题的方法及其事务管理的整体性、全局性，都充分体现了公共组织的政治性。

（三）公共组织以宪法和法律为依据

任何一个公共组织的建立、撤销及公共组织开展活动都必须以宪法和法律为依据。公共组织的任务、责任、权力是由宪法和法律赋予的，公共组织成员的职责、权利、义务及行使职权和实施管理的原则、方式、方法、程序等，都必须以法律为基本依据，不得超越宪法和法律所规定的范围。法律既是公共组织活动的依据，也是公共组织活动的手段之一。公共组织的公共管理活动以行使公共权力为基础，带有强制性，不服从会受到国家强制力的制裁，具有权威性的特征。

（四）公共组织受到高度的公共监督

公共组织通过行使公共权力来管理公共事务、协调和维护公共利益、提供公共服务。与此相对应，公共组织使用公共权力受到社会公众的高度关注，必须接受来自舆论或公众的批评与监督。公共管理活动关系到社会公众的利益，客观上要求必须完善和发展公共组织的公共责任机制，强化公共监督，包括建立、实行严格的政务信息公开制度、公职人员财产申报制度、政府采购制度和重大工程公开招标制度等。

（五）公共组织具有一定的独占性

公共组织的独占性是指公共组织在公共管理中具有一定的独占性。在计划经济条件下，公共管理主要是政府组织或政府授权的组织通过行使政治权威或公共权力而生产公共物品或服务，私人完全没有机会参与竞争，形成公共组织独占生产公共物品或公共服务的局面。在市场经济条件下，公共组织仍然具有一定的独占性。其原因是公共物品涉及社会公共利益，政府必须在总体上对这一物品的生产进行必要的控制；此外，由于公共物品的非排他性和非竞争性，市场营利性主体没有动力提供公共物品，只能由政府组织来负责。客观上，市场并没有主体去竞争生产公共产品，公共组织尤其是政府成为了公共物品的唯一提供者，在一定程度上造成了这一领域的独占性。

（六）对公共组织的绩效评估比较困难

公共组织的活动目标清楚，即增进社会公共利益。但由于公共利益大多是抽象的，人们对公共、公共利益及多大范围内的或什么样的共同利益可以作为社会公共利益存在着不同的看法，公共组织的这一目标在实际中是模糊不清的。目标的界限难以确定，与此相对应，难以通过准确量化的指标评估公共组织活动的结果是否达到组织的基本目标，公共组织人员是否公开公正、顺应和体恤民意等公共组织绩效。

第二节　公共组织的结构和类型

一、公共组织的结构

公共组织的结构是指公共组织内各种要素的特定安排，即公共组织各要素的排列组合方式。结构是使组织实现其目标的基本管理工具，是组织躯体的骨架，不同组织结构会影响组织的过程与行为，也会影响组织效率。合理的组织结构能够有效满足公共组织目标的需要，有利于稳定工作人员的情绪，调动工作人员的积极性，能使组织保持良好的沟通关系。

合理的公共组织结构是能够满足组织的需要，使组织的设置与职能、任务相平衡，能以工作任务为基点设置单位和人员，使得各个组织、职位之间比例协调、分工明确、合作良好。组织结构合理还应该能提高组织适应性，能够适应环境、随机应变，具有弹性。合理的公共组织结构是以职能为中心，在数量上保持合理的比例关系，在质量上相互协调适应，形成一个有机的、充满活力的网络整体。

（一）公共组织的纵向结构

纵向结构也称为层次结构，它反映公共组织内若干层次中特别是上下层次之间的领导与服从关系。纵向结构有宏观和微观之分，宏观上的纵向结构以我国各级行政组织之间的层级关系为代表，微观上的纵向结构可以是公共组织内部的工作层次关系（图2-1）。

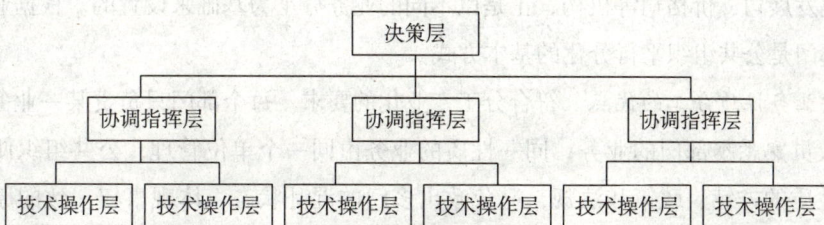

图 2-1　层级领导关系

1. 公共组织纵向结构分工的职责分配关系

（1）最高层次的公共组织为决策层　决策层负责制定本部门的总目标、总方针、总政策和总实施方案，负责本部门人、财、物总的分配及其政策，尽最大努力满足社会对本部门的需要，实现用最优方案完成本部门的工作目标。因此，最高层次的公共组织是开放的、面向社会的公共组织，拥有组织内部的最高决策权。

（2）中层公共组织为协调指挥层　协调指挥层负责执行决策层制定的总决策、目标、方针和政策，以此为依据结合本部门具体工作对象的实际情况，制定本单位的具体工作目标、工作方案，并负责组织、协调、指挥等实施工作。中层公共组织为半封闭、半开放系统，既要使本层级公共组织与上级公共组织保持一致，又要满足本层级工作对象的具体要求。

（3）基层公共组织为技术操作层　技术操作层是负责执行中层公共组织的实施方案，在中层公共组织的协调、指挥下，负责具体的技术操作性工作。技术操作层几乎为封闭型，主要完成上层公共组织的要求，所解决的是公共组织内部问题。

2. 公共组织层级制的优缺点　从层级制本身来看，它在实际运行中呈现出优点和缺点并存的特点。

（1）层级制在组织运行中的优点　分层负责明确了各层级在各自管辖地域范围内的职责，可以做到事权集中，统一指挥；各层级分工明确，有利于及时根据本地区的情况做出决策，就地组织实施，有利于就地监督、控制；能发挥各个层级公共组织的积极性、创造性，根据本地实际情况主动开展工作；各层级负责人管理本层级的全面工作，有利于培养全面型的管理人才。

（2）层级制的缺点　容易形成地方的"块块分割"，不利于各地经济和文化的交流；协调组织层权力过大，容易犯地方主义的错误，不利于决策层对下级部门的宏观控制。

（二）公共组织的横向结构

横向结构又称分部结构，它反映的是同级公共组织之间和各公共组织构成部门之间分工协作的来往关系。横向结构中的各部门都有明确的工作范围和相应的权责划分，各部门之间是一种平行关系。

以行政组织为例。行政管理活动需要通过行政组织内履行不同职能的部门按照一定的工作程序和原则相互协作而实现，可以分为决策部门、执行部门、反馈部门、监督部门等，按照职能来划分部门是政府部门最普通的分布方式。

常用的公共组织横向分工的种类一般有三种。

1. 按业务性质分工　按业务性质分工是指按照公共管理的业务性质异同组成公共组织单位。公共组织中绝大多数部门的划分均是以业务性质作为基础的。例如，国家发展和改革委员会内设产业发展司、价格司等机构，正是以不同的业务分工为基础来设置的。根据业务性质的异同划分部门是公共组织平行分化的基本方式。

（1）按业务性质分工的优点　符合分工专业化的要求。每个部门只负责某一业务工作，有利于工作人员熟悉本部门的业务；同一性质的业务由同一个单位管理，公共组织便于统一同一类业务性质的方针、政策和法规，避免政出多门的混乱状态；体现事权一致的原则，便于协调。

（2）按业务性质分工的缺点　过于将业务事权集中于一个部门，容易形成条条分割，不利于不同部门之间的合作与协同；业务分工过细容易造成部门林立，还会造成有些业务性质混淆不清的工作不易做出明确的划分，容易造成组织冲突。

2. 按管理程序分工　按管理程序分工是指按公共管理工作过程的程序不同来分别设置公共组织部门。公共管理过程有咨询、决策、执行、信息反馈和监督等环节，根据管理过程中环节的不同划分咨询部门、领导决策部门、执行部门、信息部门和监督部门等，每个部门在管理过程中承担着不同的功能作用，共同完成公共管理的过程。

（1）按管理程序分工的优点　按照不同的程序分工，注重工作的技术方法，有利于提高管理人员的专业技术知识，也有利于提高公共管理的整体效能；让该项工作采用同样的技术设备、工作程序，有利于节省人力、物力、财力。

（2）按管理程序分工的缺点　只有较大独立性的程序才可以设置部门，多数工作程序无法独立，在使用上有一定的局限性；工作人员容易产生重过程、轻目的的倾向。

3. 按管理对象分工　按管理对象分工是指以公共组织服务的人、财、物为对象进行的部门设置。这一分工方式最常见的例子是政府经济行业主管部门的设置，如国土资源部、交通运输部、农业部等都是按不同对象类别实行分部管理的。

（1）按管理对象分工的优点 有利于公共组织统筹考虑，满足不同管理对象的需要；有利于服务对象清楚公共组织的职责，便于服务对象咨询和监督。

（2）按管理对象分工的缺点 管理对象日益增多，容易导致公共部门设置越来越多，不利于精简机构、节约管理成本；部门分工细致容易割裂管理对象之间的相互联系，导致综合性的工作无人管理的情况；容易从本部门的利益出发考虑问题，造成本位主义，阻碍整体利益的实现；按管理对象划分部门和按业务性质划分部门容易产生交叉、重复，在处理具体问题时，可能出现相互推诿的情况。

（三）公共组织的主要结构形式

根据公共组织功能的需要，逐渐设计出多种组织结构形式，主要还是在层级制基础上发展起来的。

1. 直线制 直线结构是较常采用的一种组织结构。直线制组织是按照垂直系统建立组织形式，各级领导执行统一的指挥和管理职能，不设专门的职能机构。其特点是单一垂直领导，领导隶属关系明确，结构中每一个层级的个人或组织只有一个直接领导，不与相邻个人或组织及其领导发生任何命令与服从关系。纵向直线是管理层级，横向是辅助职能科室（图 2-2）。

直线制机构简单，职权明确，具有命令统一、信息传导途径单一、传导速度快的优点。适用于规模小、工作简单的任务和公共组织。缺点是等级森严，形式呆板，基层自主性小，容易导致僵化，不利于发挥成员的主动性和积极性。

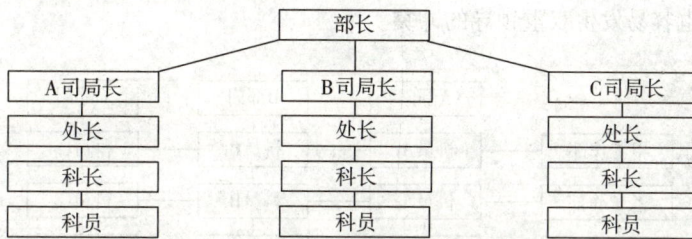

图 2-2 直线结构图式

2. 职能制 由于分工复杂，领导将相应的权力交给了职能部门，职能部门直接指挥下属。即在各级行政领导之下，在水平方向依照职能不同进行分工，按专业设置管理职能部门，再分别对下级部门实施领导。在职能制中，每个上级部门没有单一服从自己的下级部门，每个下级也不只服从一个上级部门（图 2-3）。

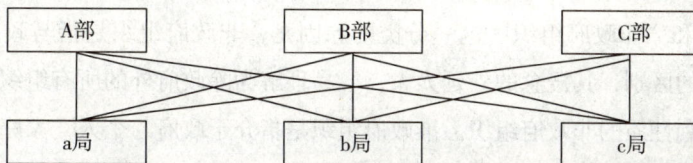

图 2-3 职能结构图式

职能制依靠水平分工，解决了主管领导对专业指挥的困难，适宜于较复杂的管理工作。其缺点是各职能部门都有指挥权，下级部门受多头领导，容易出现政出多门的情况。如果领导部

NOTE

门相互缺乏协调，反而会造成执行混乱的局面。

3. 直线职能制　直线职能制是在综合直线制和职能制基础上形成的一种组织结构形式。以直线制为基础，在行政首长领导下，设置相应的职能部门，分别从事专业管理，作为该级领导的参谋。参谋部门只充当领导的助手，对下级不能发号施令，只能指导和监督（图2-4）。

直线职能制的优点是每个下级部门只有一个明确的上级领导，统一了领导，避免了多头领导。但缺点是容易忽视参谋部门的作用，过分强调领导的指挥权。

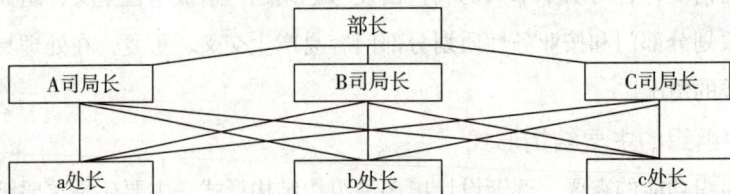

图2-4　直线职能结构图式

4. 矩阵制　矩阵制是由专门从事某项工作的项目组形式发展而来的一种组织结构，是以完成某项工作为核心，从有关部门抽调人员组成临时机构来履行工作任务的结构。一般由一群不同背景、不同技能、不同知识、分别选自不同部门的人员组成的。组成项目组后，大家为某个特定的任务而共同工作。任务一旦完成，项目组的使命结束（图2-5）。

与前三种形式相比较，矩阵制机动灵活，适应能力更强，因此有人将矩阵制称为适应性组织。矩阵组织由于较能适应复杂工作的需要，已经被很多规模较大的公共组织采用。不同时期政府设置的临时办公机构就是按照矩阵制组织起来的，矩阵制的缺点是缺乏稳定性，不能大规模运用，实践中也容易发生双重领导的冲突。

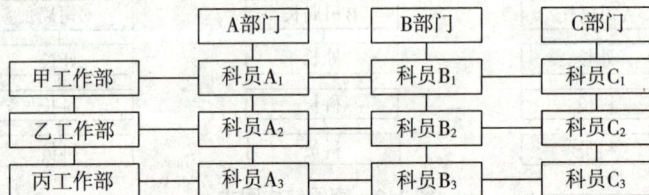

图2-5　矩阵结构图式

二、公共组织的类型

根据划分的标准和侧重点不同，公共组织有不同的分类方法。以公共组织是否拥有行政权力及这一权力的大小为标准，公共组织主要分为政府组织、非营利组织和准政府组织。未使用"政府组织"和"非政府组织"这一分类的原因是，非政府组织是指与政府相对的民间组织，强调与政府的区别，其概念的外延太大，容易理解为除政府外的所有组织，故用"非营利组织"代表非营利性质的非政府组织。准政府组织是指介于政府与个人、家庭、企业之间的社会组织，其权力的来源、运作及其组织结构建制与政府相类似，强调与政府相类似的性质。在我国，准政府组织包括了行政类事业单位。本节内容要重点分析政府组织，而非营利组织和事业单位的相关内容将在第十章展开论述。

（一）政府组织的概念

政府有广义和狭义之分。从广义上讲，政府是指国家进行阶级统治和社会管理的组织，是国家表达意志、发布命令和处理事务的机构体系。广义的政府包括掌握立法权的立法机关、掌握行政权的行政机关、掌握司法权的司法机关。狭义的政府则仅指国家的行政机关，即根据宪法和法律组建的、行使行政权力、执行行政职能、推行政务、管理国家公共事务的机构体系。

在西方国家，政府一词主要在广义上使用。例如，在实行总统制的国家如美国，政府通常是指中央和地方全部的立法、司法和行政等机关。在我国，政府一般在狭义上使用，主要指国家行政机关。

（二）政府组织的基本特点

作为政府组织，一般都具有以下基本特点：一是政府组织的基本职能是对国家和社会公共事务的管理；二是政府组织从事公共管理的手段是行政权力；三是政府组织有权支配和运用公共资源；四是政府组织提供的产品是公共物品；五是政府组织行为的价值取向是公共利益。

（三）我国政府组织的结构

1.我国政府的纵向结构　我国政府宏观上的纵向结构可以分为中央人民政府和地方人民政府两大层次。我国宪法规定，中华人民共和国国务院即中央人民政府。全国地方各级人民政府都是国务院统一领导下的国家行政机关，都采用下级直接接受上级领导的管理体制。

除特别行政区外，我国地方政府大多是实行省（直辖市、自治区）、市（自治州）、县（区、县级市、自治县）和乡镇（民族乡）四级制。具体到不同地方，其政府层级设置也有所不同，如直辖市只设市、区两级。

微观上，我国在各级政府内部的工作层次关系采用不同的结构。如国务院组成部门，其内部一般设有部、司（局）、处、科等四个层级。

2.我国政府的横向结构　横向结构反映的是同级行政组织之间和各行政组织构成部门之间分工协作的来往关系。横向结构是为了适应政府的事务越来越多，分工越来越细，而必须对行政管理进行专业化和技术化的分工的需要。各部门之间是一种平行的关系。横向分工构成了政府的部门化。部门化是指同级政府组织之间平衡分工的构成形式。部门化是对政府行政职能目标的分解。如目前我国国务院共由 25 个部门组成，这些职能部门都是根据政治经济社会发展需要所设立的，它们也是一种平行关系，不存在谁领导谁的行政隶属关系。

第三节　公共组织的变革与优化

一、传统科层制组织的困境

科层组织结构是公共组织普遍采取的组织形式，虽然适应了工业社会的发展，但有其固有的内部缺陷。随着经济社会的进一步发展，这些缺陷将愈发明显地显露出来。

（一）科层制组织具有内在缺陷

科层制管理方式强调的理性和效率规范了组织运行，力图在无序中建立秩序，它的逻辑规范十分稳定、公平和精确。与此相对应，科层制的缺陷也很明显。首先，科层制管理造就了一

NOTE

种刚性的官僚系统，像是一部机器，组织成员像机器运转的零部件，没有灵活性和主动精神，只有齿轮间的被动运转。其次，将人视作标准化的管理对象，忽视人的差异和多样性。再次，它排除了竞争的必要和可能，组织成员照章办事、墨守成规，以致造成得过且过、不负责任的组织氛围。最后，机构按照条块分割的专业化单位来解决不断出现的问题，导致机构不断膨胀，只能交叉重叠。

公共组织的科层制发展下去会形成一种典型的官僚体制，完全专注于各种规章制度和等级节制的指挥系统，导致中央集权、层次繁多、行动迟缓。因此，科层制比较适合于环境稳定、任务简单明确、社会需求单一雷同的背景环境。当人的个性和要求更加多样化，社会服务变化加快后，科层制管理模式便无法有效率地运转了。

（二）传统科层制组织面临的发展困境

科层制追求理性和效率，排除人的情感因素对组织运行的影响，尽可能地消除偶然性，适应了复杂组织要求高效率完成繁重组织任务的需要，因而得以迅速普遍化。科层制作为一种占支配地位的组织形态，在西方社会得到有效的应用。但是由于其内部缺陷和社会环境的变化，科层制组织运行面临着不少困境。

1. 科层制组织不适应社会与组织的变化　首先，科层制所主张的非人格化、理性化和制度化，妨碍个人的成长和个性成熟，技术化分工对个性的压制大。这些都与当代社会人们渴望的自由解放和追求民主产生了矛盾。其次，科层制组织的基层管理和控制系统陈旧，无法适应高速发展的信息革命及由此带来的经济、社会变化，照章办事、循规蹈矩的传统科层制政府无法适应社会动态因素对政府的要求。最后，科层制组织相对封闭，无法适应全球化导致的文化多元、主体交往基础上的新时代。

2. "理性"的公职人员行为会削弱科层制的作用　从科层制的组织结构看，严格的非人格化的金字塔结构中，每个职员应该完全传递他所知道的信息。但实际上，每个职员都具有"理性经济人"的特征。职员，尤其是公共机关里的官员，知道自己将会终身待在公共机关的等级制度系统中，由上司决定其是否升迁。大规模科层制中的官员会追求自身收益的增加或获得提升的职业机会，会刻意取悦上司，会发送有利的信息，而去控制不利的信息。信息的扭曲会减少控制，削弱科层制组织管理的预期作用。

3. 职员缺乏自由处理权，不适应用户的需要　从组织方式看，行政控制是科层制行政的关键。它涉及财务系统、预算冻结、组织重组、汇报制度等，这些制度都是遏制职员自由处理权的手段，使得科层制组织不适应社会的发展。一是行政控制遏制了职员的创新思想，组织不认可个体的创新成就，却以其职权的重要程度和服从表现为评价和晋升的条件。二是科层制管理的刻板导致组织服务功能减弱，使得顾客、公众与组织沟通困难。

总之，官僚体制专注于各种规章制度及其层叠的指挥系统，导致机构臃肿、浪费严重、严重遏制了创新，已经无法适应变化迅速、信息丰富、知识密集的外部环境。

二、公共组织的变革

为了自身的发展，公共组织需要根据外在环境的变化和自身的发展需要做出相应的变革和优化。

（一）公共组织变革的动因

1. 经济体制转轨推动公共组织的变革　经济环境对公共组织动机和行为具有重要的决定作用，不同经济利益是各种公共组织动机和行为的基础性动力。经济体制的变化是公共组织变革的重要动因。人类社会从自然经济形态到市场经济时期，公共组织的行为发生适应性变化，处于不断变革之中。随着经济体制进入市场经济时期，社会生产和交换范围扩大，经济纠纷和经济冲突加剧。为了抑制无政府状态下的经济竞争所带来的经济危机和社会财富分配不公，政府开始全面干预经济活动，公共组织的数量随着政府职能的增加而急剧增多。除了政府公共管理部门规模扩大，社会性的公共管理主体也得到强化。随着科学技术日益运用于公共管理之中，社会公众提出改革政府，要求建立精干、高效、运转协调的公共组织。

2. 政治制度的更迭导致公共组织的变革　政治环境可以对公共组织产生直接影响。实践中，政治制度量变和质变都影响了公共组织。政治制度量变是指根本政治制度不变而某些具体政治制度变动的情况，对公共组织的职能范围、独立程度发挥重要的影响。政治制度的质变是新政治制度代替旧政治制度，制度的性质出现了根本性的变化，决定着公共组织为谁服务的问题。在这种情况下，公共组织的变革表现为制度的全面重新设计与确立。

3. 社会发展程度促进或制约公共组织的变革　社会发展程度可以从四个方面衡量：一是社会企事业组织的发育、独立和成熟程度。政府对企事业单位有监督、协调、管理的权力，同时这种权力也受到企事业单位本身的独立自主程度及其运行机制的制约，从而影响到公共组织的结构、职责、权力和管理方式。二是社会群团组织的独立程度和参与意识会在政府公共组织的外围形成强大压力，从而影响到公共组织的价值取向、职能形式、机构设置、管理方式等方面。三是大众传播媒介对社会的介入程度和自身的现代化程度会促进公共组织自律意识的形成，进而养成公正行政、公开行政的民主管理方式。四是公民素质的高低将影响公民对公共组织目标的认同，影响公共组织的动员能力和号召力，影响公共组织职责权限的构架和行使。

4. 国际环境的重大变化影响公共组织的变革　全球经济和市场一体化是不以任何人和国家意志为转移的经济力，全球化要求各国公共组织改革政策、机构和职能。各国公共组织在制定公共政策时，都要考虑这种国际紧密联系，各国的公共组织在政策上需要互相衔接，在职能上、组织机构上相互接轨。经济一体化促使政府寻求降低成本和减少开支的办法，倡导建立"小而能"的政府，一方面引导本国经济发展，另一方面导正经济全球化对本国经济的副作用。各国政府面临的问题日益国际化，环境污染、贩毒、疾病传播等都随着生产与生活的社会性扩大到全球，要求各国政府相互配合、相互合作，对各国的公共组织的政策、职能、机构产生了影响。一些国际关系中的重大问题，例如反恐、南北经济等，都需要各国政府调整自己的政策甚至是职能和机构。

（二）公共组织变革的目标

公共组织的变革就是指公共组织为适应外部情况的变化和内部情况的变动，及时地变更自身的结构，调整其战略、管理方式与文化等，使之适应客观发展的需要，以取得更好的组织绩效的过程。公共组织的变革是一个复杂的系统工程，是有组织、有计划和有意识的变化过程。具体而言，公共组织变革的目标有以下三个方面：

1. 提高组织对外在环境的适应性、改造力　公共组织的静态结构、动态过程都要顺应客观环境的现状及其发展变化规律。公共组织机构所设定的组成方式、职责权限、工作程序、工作方法都必须立足于环境的要求，组织的各项调整和变革也必须顺应客观环境发展的规律。提高公共组织的适应性，就是提高组织对环境变化的灵活反应能力。

提高组织对外在环境的改造力是指在适应外部环境的同时，更加能动地影响外部环境，推动社会发展。为此，必须充分适应外部环境，充分利用外部环境变化带来的机会，采取各种措施和方法引导外部环境向着好的方向发展。并充分利用外部环境中的客观规律，顺应事物发展的自然过程来实现公共组织的目标。

2. 加强公共组织自身的稳定性、协调性　组织的稳定和协调是为了满足组织身份的认同感和提高组织的整合性，使组织中各个部分都服务于组织目标的整合程度。为了达到这个目的，需要理顺组织自身的工作秩序。即按照公共组织的整体目标科学地划分各层级、各部门、各单位的职、责、权、利关系，使这些关系得到合理组合，既有严格明确的分工，又有和谐良好的合作，形成一个科学、协调有序的系统。此外，需要理顺组织与个人的关系，把成员的个人目标纳入到组织的目标体系中，增强成员对组织目标的认同和支持程度，加强组织目标对成员的激励、约束作用，组织成员能够通过实现组织目标得到个人的全面发展，使其个人需求得到合理满足，使得成员个人目标与组织目标达到相互融合、相互促进的效果。

3. 提高公共组织的工作绩效和质量　当代公共组织变革共同的、根本的目标是促进公共组织及其所属人员的知识、技能提高，改进其行为方式，采用各种新的管理技术和手段，提升管理人员素质，提高工作绩效和服务质量。因此，目前国内外普遍出现了构建绩效型、责任型、学习型、服务型组织的变革浪潮。

（三）公共组织变革的内容

公共组织变革涉及公共组织系统的方方面面，但总体上说它主要涉及两个相互关联的方面：一是公共组织体制的变革，具体包含了公共组织职能、公共组织结构、公共组织运行制度等的变革；二是公共组织管理技术的变革等。以下我们主要介绍公共组织职能、公共组织结构、公共组织权力关系、公共组织管理方式和管理技术等四个方面的变革。

1. 公共组织职能的变革　公共组织的最终目标是要适应和改造社会，而适应和改造社会的能力体现在公共组织的职能方面。从总体上说公共组织的职能是管理国家事务和社会公共事务，但就具体情况而言，某个特定公共组织的职能在不同的社会历史时期和不同环境条件下会有所不同。公共组织的职能是公共组织的机构设置、职位编制、管理方向、管理内容、管理范围、管理方式等的决定性因素，所以探讨公共组织的变革问题，首先应该探讨公共组织职能的变革，至于公共组织的职能如何进行变革，本书第四章"公共管理职能"部分将做详细的论述。

2. 公共组织结构的变革　公共组织结构是指公共组织内各种要素排列组合的方式，其包括组织的纵向层级结构和横向的部门结构，以及整个公共组织内部的纵横结构。公共组织结构的变革主要是指通过对公共组织机构进行调整，以改变公共组织系统内部的构成方式，进而提高公共组织适应性和效能的过程。公共组织结构是否合理直接关系到公共组织系统正常运转的好坏和效率的高低，因此，根据环境的变化，对公共组织结构进行适时、适度的调整是非常必要的。

（1）公共组织横向部门结构上的变革　这种变革主要有两个方面：一是从公共管理的管理过程分工来看，由以前重决策、执行部门，轻咨询、监督、信息等部门，向重咨询、信息、监督部门转变，力求与决策、执行部门相平衡。原有公共组织体系中咨询、信息、监督力量薄弱，这种状况越来越不能适应社会的要求，增强这三个部门的地位和力量，与决策、执行部门合理配套，是顺应社会发展的要求，顺应公共管理日益科学化、民主化的要求。公共组织系统应该是由决策、执行、监督、咨询、信息这五类部门所组成，他们相互联系、相互配合、相互协调，使组织形成一个有效的闭环管理网络，充分发挥公共组织对社会事务的整体控制功能。二是从公共管理的业务分工来看，以前的政府统管所有的政治、社会、经济事务，"有限政府"出现后，政府的许多的微观职能交给了社会，精简、撤并了相应的政府业务部门，政府管理的重点在经济宏观管理。政府的横向部门结构发生了"以微观管理部门为主转向以宏观管理部门为主的变革"。

（2）公共组织纵向层级结构的改革　这种改革变化趋势是从集权式、尖塔形的结构形式向着分权式、扁平型的结构形式发展。公共组织纵向层级缩减主要出于政治上和管理上的需要。从政治上看，纵向层级过多，有可能削弱对下级的控制。从管理上看，纵向层级过多会降低管理效率。随着交通、通讯条件日益发达便利，公共组织成员素质提高，组织内部民主化、分权化的要求增多，公共组织的控制幅度能够扩大，与此相适应，可以缩减纵向层级。

3. 公共组织权力关系的变革　公共组织权力分配关系随着公共组织职能和结构的变革也出现了调整。公共组织权力关系变革的趋势是，在对一般事务的管理上是从集权型走向分权型，而在对宏观事务的管理上是从分权型走向集权型。表现在以下三个方面。

（1）公共组织向社会组织还权　以政府为主的公共组织是从社会中产生，又适应社会、服务社会的，随着社会的发展不断调整自己的角色。当今市场经济高度发达、信息社会已经来临，社会组织已经获得独立并能自我管理，以政府为主的公共组织还权于社会组织已经成为时代的趋势。公共组织不可能、也没有必要在社会事务管理方面面面俱到，公共组织分权给社会组织管理特定的社会服务，给予其必要的特定权力，也有利于公共组织专注于处理有关社会宏观问题的大事。

（2）横向分权　传统的公共组织中，咨询、建议等参谋部门对直线权力体系的作用不大，仅是一种咨询和建议性质的非权力部门，参谋人员和参谋部门完全依附于行政首长，实际中组织只是依靠单纯的直线型权力关系发生作用。随着管理工作业务量的扩大和复杂性、专业性的提高，参谋部门的权力在组织中发挥着越来越大的作用。公共组织中的权力体系逐步由单纯的直线型权力关系向直线权力关系和参谋权力关系并存的状态转变。参谋部门在现代公共组织中已经拥有了一定程度的、相对独立的决策权、控制权和协调权。

（3）纵向权力分配上，集权与分权互相融合　过去纵向集权过多，现在由于交通、信息发达，组织成员素质提高，人群参与的民主意愿增强等，在具体事务的管理上，现代公共组织体系出现了给予组织基层一定自主权的趋势，即所说的纵向分权。纵向分权有利于发挥每一层级机构和人员的自主性、积极性、创造性。然而，在宏观权力调控上，各国的趋势是从分权走向集权。对于那些关系到全体社会成员整体利益的重大事务，必须保持高度的协调性、一致性，要求公共组织在国家的宏观层次上统一协调和控制，否则就会造成整个社会秩序的混乱。

4. 公共组织管理方式和管理技术的变革　所谓公共组织管理方式和管理技术的变革是指公共组织利用现代信息技术，建立完善的公共信息系统，配合公共组织职能及机构的变革，逐步实现公共组织结构的扁平化、网络化，建立决策科学、信息透明、办事高效、运转协调、行为规范的公共管理体系的过程。

　　随着现代科技，特别是电子信息技术的发展，为公共组织管理手段的现代化提供了有力的支持。以电子计算机技术和信息网络技术为基础，构建起来的庞大信息系统高度集中和整合了信息收集、信息传输、信息分析处理、信息存储等环节，使公共管理决策、公共政策执行、公共权力运行的质量等大幅度提高。

　　在公共组织运行的程序方面，由于大量信息技术和办公自动化技术在公共组织中的采用，使过去要由一定的机构、一定的人员来承担的管理工作、信息工作（包括信息收集、信息传递、信息存储等）完全可以由计算机、办公自动化设备及其互联网来完成，某些机构及其人员就可以精简。相应地，某些办事程序也因此可以简化，公共组织可以实现尽量只做最必要的工作，从而使构成程序的各步骤、各阶段达到最经济、最有效的目标；在管理方式方面，信息网络技术的高度发展及被公共组织所采用，使参与式管理成为现实。

（四）公共组织变革的过程

　　公共组织变革是一个过程。为了达到公共组织变革的目的，需要科学地、有步骤地进行，遵循一定的合理程序和步骤。如果忽视变革的合理程序，仅看到一些征兆，不经深入细致研究而贸然开始改革，会造成工作的混乱和损失。科学完整的组织变革应该包括以下程序。

　　1.公共组织变革前的诊断　根据公共组织出现的征兆，提出组织变革的目标和问题。以实际调查和问卷调查等作为主要手段，收集公共组织出现问题的相关资料和信息，进行综合分析和研究。

　　2.公共组织变革的规划　根据收集的信息和对问题的分析研究结果，规划改革的指导原则、方式、策略、步骤等。应该制订多个可行的计划方案，以备领导者选择。

　　3.公共组织变革的实施　首先要做好改革的准备工作，包括对组织改革的意义、必要性、改革方式进行思想动员和宣传；建构和确定改革的领导机构和实施机构；进行人、财、物的准备工作。其次做好改革计划实施过程中的指挥、沟通、控制、协调等工作，使组织改革始终按照既定方案有序推进。

　　4.公共组织变革的评估　检查、分析和评估公共组织改革的情况。选择好评估的手段，以计划作为评估标准，衡量改革的实际成果与计划方案之间的差距。评估的结果要返回到第二阶段，以修正执行计划，继续进行组织改革，直到达到组织设计标准为止。

三、我国政府机构改革

　　改革开放以来，我国分别在 1982、1988、1993、1998、2003、2008 和 2013 年进行了七次规模较大的政府机构改革。总的趋势是政府行政管理体制由改革前的管制型政府逐渐向服务型政府转变。本节将重点梳理进入 21 世纪以来国务院进行的三次较大规模的机构改革及成效。

（一）2003 年的国务院机构改革

　　2003 年的政府机构改革是在加入世界贸易组织的大背景之下进行的。当时改革的目的是：进一步转变政府职能，改进管理方式，推进电子政务，提高行政效率，降低行政成本。改革目标是逐步形成行为规范、运转协调、公正透明、廉洁高效的行政管理体制。改革的重点是深化国有资产管理体制改革，完善宏观调控体系，健全金融监管体制，继续推进流通体制改革，加强食品安全和安全生产监管体制建设。这次改革重大的历史进步在于抓住当时社会经济发展阶段的突出问题，进一步转变政府职能。

根据机构改革方案，国家发展计划委员会改组为国家发展和改革委员会（简称发展改革委），其任务是研究拟订经济和社会发展政策，进行总量平衡，指导总体经济体制改革；设立国务院国有资产监督管理委员会（简称国资委），以指导推进国有企业改革和重组；设立中国银行业监督管理委员会（简称银监会），以加强金融监管，确保金融机构安全、稳健、高效运行；组建商务部，推进流通体制改革；国家药品监督管理局重组为国家食品药品监督管理局；原属于国家经贸委管理的国家安全生产监督管理局改为国务院直属机构，同时，将国家计划生育委员会更名为国家人口和计划生育委员会。经过改革，除国务院办公厅外，国务院组成部门设置为 28 个。

（二）2008 年的国务院机构改革

2008 年的政府机构改革又称"大部制改革"，是在政府的部门设置中，将那些职能相近、业务范围趋同的事项相对集中，由一个部门统一管理，最大限度地避免政府职能交叉、政出多门、多头管理，从而提高行政效率，降低行政成本。与传统的专业性部门相比，大部门侧重于宏观管理，侧重于制定战略和大的政策。大部制改革是深化行政管理体制改革的重要环节，预示着未来政府机构改革将逐步向"宽职能、少机构"的方向发展。

1. 大部制改革的背景

（1）顺应社会转型的需要 改革开放之后经过 30 年的发展，我国转向发展型社会，贫富差距加大，过于强调部门利益，某些社会矛盾激化，这些都要求政府将工作重心和重点放到经济性公共服务和社会性公共服务上来。我国行政机构设置的数量较多，机构臃肿，行政成本高。政府机构的职责过多，削弱了政府的决策职能，也不利于集中统一管理。各部门之间的行政职能出现了错位和交叉，造成部门之间互相推诿的现象多，行政效率低下，无法向社会和民众提供合格的公共服务。

（2）顺应经济发展方式转变的需要 大部制改革还与经济发展方式的转变直接相关。随着市场经济快速发展，一些政府部门的权力过大，垄断行业改革阻力大。政府职能转变还不到位，对微观经济活动仍旧干预过多。一定程度上阻碍了经济的发展，难以贯彻经济发展方式从政府主导向市场主导的转变。

2. 大部制改革的内容 大部制改革后，除国务院办公厅外，国务院组成部门设置 27 个。这次国务院改革涉及调整变动的机构共 15 个，正部级机构减少 4 个。国务院机构改革方案主要内容：

（1）合理配置宏观调控部门职能 国家发展和改革委员会要进一步转变职能，减少微观管理事务和具体审批事项，集中精力抓好宏观调控。财政部要改革完善预算和税政管理，健全中央和地方财力与事权相匹配的体制，完善公共财政体系。中国人民银行要进一步健全货币政策体系，加强与金融监管部门的统筹协调，维护国家金融安全。国家发展和改革委员会、财政部、中国人民银行等部门要建立健全协调机制，形成更加完善的宏观调控体系。

（2）加强能源管理机构 设立高层次议事协调机构国家能源委员会。组建国家能源局，由国家发展和改革委员会管理。将国家发展和改革委员会的能源行业管理的有关职责及机构与国家能源领导小组办公室的职责、国防科学技术工业委员会的核电管理职责进行整合，划入该局。国家能源委员会办公室的工作由国家能源局承担。不再保留国家能源领导小组及其办事机构。

（3）组建工业和信息化部　将国家发展和改革委员会的工业行业管理的有关职责，国防科学技术工业委员会核电管理以外的职责，信息产业部和国务院信息化工作办公室的职责，整合划入工业和信息化部。组建国家国防科技工业局，由工业和信息化部管理。国家烟草专卖局改由工业和信息化部管理。不再保留国防科学技术工业委员会、信息产业部、国务院信息化工作办公室。

（4）组建交通运输部　将交通部、中国民用航空总局的职责，建设部的指导城市客运职责，整合划入交通运输部。组建国家民用航空局，由交通运输部管理。国家邮政局改由交通运输部管理。保留铁道部，继续推进改革。不再保留交通部、中国民用航空总局。

（5）组建人力资源和社会保障部　将人事部、劳动和社会保障部的职责整合划入人力资源和社会保障部。组建国家公务员局，由人力资源和社会保障部管理。不再保留人事部、劳动和社会保障部。

（6）组建环境保护部　不再保留国家环境保护总局。

（7）组建住房和城乡建设部　不再保留建设部。

（8）国家食品药品监督管理局改由卫生部管理　明确卫生部承担食品安全综合协调、组织查处食品安全重大事故的责任。

（三）2013 年国务院机构改革

改革开放至 2012 年底以来，国务院机构经过六轮改革，形成了基本适应社会主义市场经济体制的组织架构和职能体系。但当时行政体制仍存在许多不适应新形势、新任务要求的地方，国务院部门在职能定位、机构设置、职能分工、运行机制等方面还存在机构设置不够合理、一些领域机构重叠、人浮于事等依然存在等不少问题。

2013 年国务院进行了改革开放后第七次大规模的机构改革，国务院正部级机构减少 4 个，其中组成部门减少 2 个，副部级机构增减相抵数量不变。改革后，除国务院办公厅外，国务院设置组成部门 25 个。具体内容是：

（1）实行铁路政企分开　将铁道部拟定铁路发展规划和政策的行政职责划入交通运输部；组建国家铁路局，由交通运输部管理，承担铁道部的其他行政职责；组建中国铁路总公司，承担铁道部的企业职责；不再保留铁道部。

（2）组建国家卫生和计划生育委员会　将国家人口和计划生育委员会的研究拟定人口发展战略、规划及人口政策职责划入国家发展和改革委员会；国家中医药管理局由国家卫生和计划生育委员会管理；不再保留卫生部、国家人口和计划生育委员会。

（3）组建国家食品药品监督管理总局　保留国务院食品安全委员会，具体工作由国家食品药品监督管理总局承担；不再保留国家食品药品监督管理局和单设的国务院食品安全委员会办公室。

（4）组建国家新闻出版广播电影电视总局　不再保留国家广播电影电视总局、国家新闻出版总署。

（5）重新组建国家海洋局　国家海洋局以中国海警局名义开展海上维权执法，接受公安部业务指导；设立高层次议事协调机构国家海洋委员会，国家海洋委员会的具体工作由国家海洋局承担。

（6）重新组建国家能源局 将现国家能源局、国家电力监管委员会的职责整合，重新组建国家能源局，由国家发展和改革委员会管理；不再保留国家电力监管委员会。

复习思考题

1. 什么是公共组织？公共组织与非公共组织有什么差别？

2. 为什么说科层制难以适应当前社会发展的需要？

3. 公共组织的变革除了面临阻力，还需要一定的动力机制，试分析其变革的动力主要有哪些？

4. "省直管县"是我国政府纵向层级改革的一项重要举措，请分析目前我国"省直管县"改革的重点和难点。

5. 结合最近一次全国"两会"期间的《政府工作报告》，分析我国政府机构改革的发展趋势。

NOTE

第三章　公共管理者

第一节　公共管理者概述

一、公共管理者的含义

管理者是指在组织中通过其管理技能监督和指导他人工作的人，一般由拥有相应的权力和责任，具有一定管理能力，从事现实管理活动的人或人群组成。公共管理者，是指在现代民主国家，经法定程序进入政府等公共组织，担任公职，行使公权力，并从事公务管理的公职人员。

公共管理者与普通管理者的不同之处在于，公共管理者从事的是对公共组织、公共事务、公共利益进行管理的活动，管理的目的在于促进公共利益、调控公共关系，管理活动具有政治性、公共性。公共性是公共管理的基础和核心，公共管理者的权力来源于公众，以实现组织的公共利益而不是单个成员的个体利益为宗旨，应该根据公众的需求来合理配置手中的公共资源，为公众提供有效的服务。公共管理活动要主动接受社会监督，为社会提供无差别的、非排他的服务，体现公平和正义、公开和参与。另外，公共管理者是国家大政方针的决策、执行者，其行为直接对国家、人民的利益有重大影响，公共管理要以民主政治为基础，具有鲜明的政治性。公共管理者获得公共组织有效运作的人力资源、信息资源等基本资源，在此基础上提供公共服务，实现公共利益。

二、公共管理者的角色

"角色"原意是指电影电视或戏剧中演员所扮演的人物，比喻生活中特定类型的人物。社会角色指对具有特定身份的人的行为期待，是与人们的某种社会地位、身份相一致的权利、义务、规范与行为模式的总和。

公共管理者的角色作为一种特殊的社会角色，指公共管理者因从事公务活动和社会活动所具备的身份和功能。作为公共管理职能的承担者和公共政策的制定者，他们承担着责任更强、更为复杂的社会角色，既有管理者的一般特点，又有其特殊性。

（一）一般管理者的角色

各国学者对管理活动进行了长期的研究，但对于管理者的角色并没有一个清晰的界定，我们列举一些对于管理角色的经典论述。

1. 明兹柏格的十种角色理论　美国的管理学大师亨利·明兹柏格（Henry Mintzberg）通过实证研究，具体分析了管理者的日常管理工作，发现管理者们并没有按照人们通常认为的那样按照职能来工作，而是进行别的很多的工作，通过角色的扮演影响组织内部和外部的行为，他将管理者的角色分为三大类十种角色。

（1）人际关系类角色 重视建立并维系人际关系，包括以下三种角色：

①挂名首脑 象征性的首脑，管理者的很多职责有时可能是影响组织顺利运转的日常事务，代表所在组织履行一些社会性、法律性的日常工作，例如接待来访者、签署法律文件等。但如果只能扮演好挂名首脑角色，也只能算是傀儡人物。

②领导者 管理者拥有建立行动路径或给予指导的合法职权，负责激励和动员下属，负责人员配备、培训和交往，统筹所有下属参与的活动，使其达成组织的目标。

③联络者 管理者在组织中要与其他部门协调，还要与外部组织协调，维护自行发展起来的外部接触和联系网络，使资讯交流维持畅通、良好的渠道，如发感谢信、参加外部会议、参加公共活动等。

管理者要扮演好人际关系角色，必须头脑清晰，具有较强的语言表达能力，能够进行良好的沟通。

（2）资讯类角色 组织中的每个人为了顺利完成工作，都依赖于管理结构和管理者来获取或传递必要的信息，包括以下三种角色：

①监听者 作为组织内部和外部信息的神经中枢，持续关注内外环境的变化并从组织内外获得并汇集信息，以便比较透彻地了解组织的外部环境和内部的发展现状，如阅读内部报告和相关期刊，保持私人接触等。组织环境瞬息万变，蕴藏着机会也存在着威胁，信息资讯的获取关系组织的生存和发展。

②传播者 分享并分配信息，将获得、汇集到的资讯传播给组织内成员，如举办信息交流会、面谈、电话交谈、做报告等形式。管理者将适当的信息传达给合适的下属，必须决定哪些资讯应该传达和如何传达。

③发言人 作为组织的权威向外部传递组织有关计划、政策、行动、结果等信息，如举行董事会议、召开新闻发布会等，使得那些对企业有重大影响的人能够了解企业的经营状况。

管理者要扮演好资讯类角色，需要有敏锐的眼光、清晰的头脑，能够把握全局，并具有较强的语言组织能力和书面表达能力。

（3）决策角色 处理信息并得出相关结论。管理者通过决策让组织按照既定的路线发展，并合理分配资源以保证计划的有效实施，包括以下四种角色：

①企业家 管理者要充当组织变革的发起者和设计者，在竞争环境中积极寻找机会，制定发展战略并持续改善方案，监督决策的执行情况，能不断开发新的项目，领导变革与创新，如制定发展战略、检查会议的执行情况等。

②危机处理者 处理组织运行过程中遇到的矛盾和冲突，当组织面临危机情况时，负责开展危机公关、采取有效的补救措施，并建立相应的危机预警系统，消除混乱出现的可能性，防患于未然，如召开定期的检查会议、处理危机的战略会议等。

③资源分配者 将时间、人力、物力、财力、信息等资源进行有效选择分配，以达成组织目标。负责所有的组织决策，包括预算编制、安排下属的工作等。

④谈判者 代表组织与组织内外的人员，如下属、其他部门人员、竞争者等进行交涉、沟通、谈判，协调下属、组织其他管理者、组织外部的竞争者之间的关系，为组织争取利益，确保组织目标的实现，如参与谈判、进行谈判决策等。

NOTE

扮演好决策角色，要求管理者具备所从事业务领域的专业知识、经验和能力，要有敏锐的眼光识别机遇，把握大局，善于决策，并具有良好的心理素质。

2. 奎恩等人的卓越管理者理论　美国学者罗伯特·奎恩（Robert E. Quinn）等人的角色理论认为，管理者的工作任务量非常大，具有复杂多样性和琐碎性，管理者位于组织的焦点，是权力和责任的混合体。他们通过大量实证研究认为管理者扮演着八种互相矛盾的角色，而对于其中任何一种角色的扮演都不应该过分，成为优秀管理者的关键是把握好扮演每个角色的度，兼筹并顾。这八种角色包括：

（1）导师（Mentor）　导师的角色需要管理者对待下属有体恤与关怀，但如果过分强调导师这一角色，就会变成心软的、放纵的管理者。扮演好导师这一角色，管理者需要具备了解自己和他人的能力、有效沟通的能力和帮助下属成长发展的能力。

（2）促进者（Facilitator）　需要管理者重视工作过程、形成互动，但如果过分强调这一角色，就会成为过度的参与和民主，进而损害管理生产力。扮演好促进者的角色，需要管理者具备建立团队的能力、运用参与式决策的能力和调和冲突的能力。

（3）监督者（Monitor）　管理者需要有娴熟的业务技术，进行相关信息的收集，对组织工作进行监督，但过分的监督又会导致缺乏想象力、吹毛求疵、忽略创新。扮演好监督者的角色，需要管理者具备监督个人和集体成果的能力、管理组织绩效的能力。

（4）协调者（Coordinator）　协调各方面关系、维系组织结构，但过分的协调又会使得管理者多疑，下属自由空间减少。扮演好协调者这一角色，需要管理者具备管理专案的能力、工作设计的能力和跨功能管理的能力。

（5）指导者（Director）　为下属提供处事的框架、原则和方法，如果过分强调这一角色，则可能抱残守缺、刚愎自用。扮演好指导者的角色，需要管理者具备制定目标、整体规划的能力，组织、设计的能力，委托和授权的能力。

（6）生产者（Producer）　以工作为取向，发起行动，如过分强调这一角色则可能产生个人主义，影响团队的凝聚力。扮演好这一角色，需要管理者具备创造良好工作环境的能力、有效管理时间的能力。

（7）搞客（Broker）　资源取向、政治敏锐，能为组织争取并获取有用资源，如过度强调这一角色则可能成为机会主义者。扮演好这一角色，需要管理者具备掌控权力的能力、表达构想的能力。

（8）革新者（Innovator）　聪明、富有创造力和创新精神，但过度求变可能导致理想化、浪费资源。扮演好这一角色，需要管理者具备掌握环境变化的能力、创造性思维。

（二）公共管理者的特殊角色

管理活动都会涉及对一个组织拥有的人力资源、物质资源、信息资源等资源进行规划、组织、协调和配置，以有效的方法来达到组织目标，因此公共管理者的角色与一般管理者有许多相同之处，但是公共管理活动具有政治性、公共性等特点，决定了公共管理者的角色与一般管理者有所不同。

对于公共管理者的特殊角色，许多学者进行了研究，美国学者沃姆斯利（Gary L. Wamsley）等五位教授认为公共管理者所扮演的角色主要表现在以下几个方面：

1. 公共管理者应成为宪法的执行者和捍卫者　在现代民主宪政国家，宪法是国家的根本大法，具有至高无上的地位和权威，对国家的经济发展、社会繁荣至关重要，公共管理者有维护宪法规则的职责，在公共管理活动中要维护宪法的尊严和权威，营造一个稳定并能有效运作的政治体系，维护社会的秩序与稳定。

2. 公共管理者应成为公共利益的受托者　公共管理者管理公共事务要以人民的利益为本，考虑长远的公共利益，并且必须超脱于当时的政治压力，致力于扮演具备批判意识的角色。公共管理者的权威不应来自于对别人进行强权控制，而要来自于创造出有利于个人发展的条件，发挥公民的潜力，达到个人利益和集体利益的融合。

3. 公共管理者应扮演贤明的少数　公共管理者应该具有自己的评判标准，要做到不是随波逐流的多数或是拥有强权的少数，并且要不断扩大贤明的少数的范围，鼓励公民参与有关政策的讨论，汲取公民处理公共事务的智慧，促使公众真正参与公共事务。

4. 公共管理者应扮演分析者和教育家　公共组织是关于某一政策领域历史经验和专业知识的储藏库，公共管理者要扮演分析者和教育家的角色，最大限度地促进公民参与讨论有关政策，与公民互为师生，为参与公共事务的人提供相关专业知识和背景，以便他们在参与公共事务时能够做出最明智的选择。

通过以上对一般管理者角色的分析和对公共管理者特殊角色的分析，我们认为公共管理者有以下四种角色。一是领导方面的角色，作为领导者，公共管理者扮演着领航者、促进者、教育者、激励者、示范者、象征者、责任人和服务者；二是决策方面的角色，在决策过程中，公共管理者要作为信息中心、预测者、决断者、创新者、执行者与监督者；三是组织方面的角色，公共管理者要成为组织的设计者与变革者、组织力量的整合者、组织文化的培育者；四是协调方面的角色，成为沟通者、故障排除者和调解人。

三、公共管理者的技能

技能是指可以后天培养发展的处理特定人、事、物的能力，管理技能不同于一般业务能力，业务能力指从事特定工作所具有的相关业务知识与技能，具有优秀业务能力的人不一定能成为一个好的管理者。公共管理者必须具备一些管理技能，才能扮演好以上的诸多角色。

（一）卡茨的三种技能说

美国管理学家罗伯特·卡茨（Robert L. Katz）提出管理者必须具有的三种技能：技术性技能、人际间技能和概念化技能。

1. 技术性技能　技术性技能就是业务能力。公共管理者必须熟悉和精通特定专业领域的知识和技能，对其所管理的业务有一定程度的了解和处理能力，能够与下属进行沟通，以对公共管理过程进行监督和指导，技术性技能是公共管理者进行公共管理活动所必备的技能。

2. 人际间技能　人际间技能是指把握与处理人际关系的有关能力，即理解、动员、激励他人并与他人共事的能力。公共管理活动不能脱离人际关系，对内要与上下级和部门间进行沟通、协调，调动下属的积极性，营造良好的管理环境；对外要与有关组织人员接触，建立互信、互惠的关系，维护组织利益，所以人际间技能关系到人员的整合与协作，是公共管理者必备的技能。

3. 概念化技能　概念化技能指公共管理者对复杂情况进行抽象化和概念化的技能。公共管理者必须将组织看作一个整体，整体考虑，并能理解各部分之间的关系，能从组织之中超脱出

NOTE

来，将组织视为大环境的一个有机组成部分，了解国内外政治、经济、文化的现状与发展趋势，进而建构愿景、提出发展战略，保证组织的永续生存和发展。

卡茨指出，技术性技能对于基层管理者是最重要的技能，随着管理者层级的上升，技术性技能的重要性逐渐降低，而概念化技能越来越重要。

(二) 格里芬的四种技能说

美国学者里奇·格里芬（Ricky Griffin）指出管理者除了应具备上述三种技能外，还需具备诊断技能。诊断技能是根据组织内部各种现象来分析研究事物的本质和内涵，指针对特定的情境寻求最佳反应的能力。当管理者面对组织出现的某种问题，必须能分析问题、探究原因，提出应对策略。格里芬认为这四种技能是管理者必须具备的，但重要性会因管理者层级的不同而有所差异，与卡茨观点一样，对于基层管理者，技术性技能最为重要，随着管理者层级的逐渐上升，技术性技能的重要性逐渐降低。总体来说，概念化技能和诊断技能对高级管理者比较重要，基层管理者则偏重技术性技能和人际间技能，中层管理者对四种技能的需求则比较平均。

(三) 赫尔立杰与史罗康的五种技能说

赫尔立杰和史罗康（Hellriegel & Slocum）在卡茨提出的三种技能外，增加了慎思的技能和沟通的技能，其中慎思的技能与格里芬增加的诊断技能有着相近的内涵，指管理者要从多方面去研究分析问题，找出解决问题的恰当方法。沟通的技能指管理者汇集并传递信息的能力，通过写作、语言媒介向他人明确表达自己的观点、想法、感受和态度，并能够通过口头、书写或肢体语言传递信息，了解他人的真实想法、感受和态度。赫尔立杰与史罗康认为，对于所有的管理者，慎思的技能和沟通的技能都非常重要，而在概念化技能和技术性技能间有差异，与卡茨和格里芬的观点一样，他们认为技术性技能与管理者层级的高低呈反比，概念化技能与管理者层级的高低呈正比。但是对于人际间技能，赫尔立杰与史罗康的观点与格里芬的观点出现分歧，他们认为人际间技能对每个层级的管理者都很重要，但管理层级越高，对人际间技能的需求就越大。

公共管理活动的政治性和公共性使得公共管理者除了要具备上述这五种技能外，还要具备较高的政治管理的知识与技能，以便得到使公共组织有效运转的相关资源，在此基础上提供公共服务、实现公共利益。近年来，我国政治环境的复杂性与多变性对公共管理者提出了更高的政治要求。从以上学者们对公共管理者角色和技能的研究成果可以发现，公共管理者所扮演的角色和所需要具备的技能会受到许多环境因素的影响，公共管理者需要根据环境的变化扮演适当的角色、运用相应的技能来进行公共管理活动。

第二节　领导者素质

一、领导者与领导者素质的含义

领导者作为领导活动的主体，在公共管理过程中处于主导地位，领导者具备相应的基本素质是进行有效领导的前提条件，其素质的高低对领导活动的成效起着至关重要的作用。要发展我国社会主义建设事业，建立高效稳定的公共管理体系，需要各级领导者具备更高的基本素质和能力，建设一支高素质的领导干部队伍。

（一）领导者

1. 含义 领导是社会共同活动中，具有影响力的个人或集体通过一定的组织机构，按照有关规章制度，在其职权范围内，运用组织、协调等手段，动员下属去实现组织目标的过程。领导活动是由领导者、被领导者、组织、环境等要素构成，领导者在领导活动中处于主导地位，是领导活动的组织者和发起者。领导者是在社会共同活动中指挥、带领和引导被领导者为实现组织目标而奋斗的个人或集团。在公共管理体系中，领导者则成为公共管理者的一个构成部分，是在公共管理组织中扮演着保证组织、决策、协调、指挥等职能实现的关键角色的公共管理者。

相对于一般领导者，公共组织中的领导者有其特殊性。公共组织中的领导者肩负着更多的使命，是公共管理的核心和灵魂，发挥领导作用的组织依托是公共组织或公共部门；公共组织中的领导者具有政治性，与高层决策及政治问题联系紧密，被看作是政治或政策的领导；公共组织中的领导者其职权具有公共性和服务性，其职权来自于人民的授权，也必须为民所用，必须全心全意为人民服务，在任何情况下，都不能把个人利益、部门利益凌驾于社会公共利益之上，公共组织中的领导者行使公共管理职能，制定公共政策、行使公共权力、提供公共服务，以追求和实现公共利益为目标。

2. 作用 公共组织中的领导者是公共管理活动的核心和灵魂，位于组织人际关系、工作关系等多种社会关系的中心，肩负着协调各方面相互关系的使命。

（1）公共组织中的领导者贯穿于公共管理活动的全过程 领导者是公共管理协调统一的保证，具有导向和统领的作用，他们把握全局，确定组织的发展方向，推动组织的进步和发展，并能够根据环境的变化不断修正目标，保证决策目标的正确性。

（2）公共组织中的领导者具有影响和表率的作用 领导者的地位决定其必须具有影响力，他的领导魅力、专业能力、领导方式等都对组织成员有重要影响，形成表率作用。

（3）公共组织中的领导者起着重要的沟通和协调作用 在公共管理活动中需要处理人与人、人与组织、组织与组织之间的复杂关系，领导者必须做好沟通和协调方面的工作。

（4）公共组织中的领导者追求的是长远的目标与利益 公共管理活动是不断发展的过程，需要领导者不断迎接新的挑战，具备创新精神，促使变革，因而领导者具有迎接挑战、创新变革的作用。

3. 领导者与管理者的区别 在层级制的公共组织中，一般都可以分为领导者和一般管理者。领导者指管理者中的管理者，居于组织的上层，属于组织的高层管理团队，领导者和管理者有相似之处，都是为了实现组织发展的共同目标而工作，具有一致的总体目标，都从事传统的管理活动、沟通活动、社会交往和人力资源活动，但是领导者与管理者是有所区别的。

（1）组织规划策略的不同 领导者对组织的全面发展负责，决定着组织的发展战略与方向，影响着组织的形态、功能和形象，是规划师、引领者；而管理者是组织政策、战略等的执行人和公共管理活动的具体承担者。

（2）所注重的组织发展的不同 领导者注重组织的长远发展，高瞻远瞩，乐于冒险，追求改革创新，常常要打破原有的秩序，建立新秩序；管理者则注重组织的短期成长，循规蹈矩，

NOTE

管理工作解决的多是规范性问题，追求的是秩序、控制及快速解决的方案。

（3）影响力的不同　管理者一般是被任命的，其影响力来自于所在职位所赋予的正式权力；而领导者的影响力不仅仅依靠职位所赋予的权力，更多的是领导魅力，在正式职权范围之外发挥影响和激励作用，正是人们愿意追随他才使他成为了领导者。

（4）素质要求的不同　领导者需要具备敏锐的观察能力、精确的分析能力和统筹全局的能力，讲能力，重策划；而管理者讲经验，重执行。

（二）领导者的素质

1. 含义　狭义的素质指人的神经系统、感觉器官和运动器官等先天的解剖生理特征，即一个人先天的禀赋、资质，是人的能力发展的自然基础。随着社会的发展，素质概念逐渐超出生理学意义，不仅包括人们获得知识和才能的自然基础，也指通过后天的锻炼而形成的基本状态，涵盖人的性格、学识、兴趣、品格、风度等各个方面。领导者的素质以人的一般素质为自己的基本范围与框架，同时又区别于一般素质，由于领导者的特殊性与重要性，领导者的素质具有综合性、创新性等特点，影响更为广泛和深远。

领导者的素质是领导者在一定先天的生理和心理条件的基础上，通过后天的实践环境逐步培养和锻炼而形成的，在领导活动中经常起作用的知识、技能、品格等因素的总和。领导者的素质是领导者从事领导活动所必须具备的基本条件，是一种潜在的领导能力，是领导者实现领导职能的决定性因素。

2. 特点　领导者的素质与先天生理、心理条件相关，更是后天社会实践培养的结果。领导者的素质具有以下特点：

（1）动态性　世界上的所有事物都是处在不断变化的过程中的，对于领导者素质的要求也要随着客观环境的变化而不断改进，并且领导者本身因实践学习、职务变化等，其素质也会有相应的变化。

（2）层次性　在不同层次、不同地位、不同领域，对领导者素质要求有所不同。领导者因层级、位置不同，对应的素质也会有差别，各层次的领导者应根据自己所处层次对素质侧重点的要求，加强学习，重视在实践中不断培养锻炼，提高自己的素质。

（3）综合性　我国古代就对官吏有"德、才、学、识"的综合性要求。领导者素质是思想政治素质、知识素质、心理素质、能力素质等素质的综合体，它们相互联系、相互作用、不可分割，每一种素质对于领导者都很重要，如果某一种素质较弱就会影响整个领导活动的进行。

二、领导者的基本素质

领导者的素质是由多方面素质共同组成的，不同的组织类型对领导者素质的要求也不尽相同，我们将公共组织中的领导者所应具有的素质划分为思想政治素质、知识素质、能力素质和身心素质四大类。

（一）思想政治素质

所谓思想政治素质是指从事社会政治活动所必需的基本条件和基本品质，它是领导者从事领导活动时在政治立场、政治观念、政治信仰等方面的综合表现。任何时代、国家和社会都以一定的阶级立场和观点来判断一个领导者是否合格，领导者的思想政治素质由多种因素构成，有着丰富而深刻的内涵。

1. 政治素质 政治素质决定了领导者的价值取向、行动准则，在整个领导者素质体系中居方向性地位。公共组织的领导者不同于一般的领导者，他们肩负着特殊使命，是大政方针的指挥者和决策者，其政治素质关系到国家的稳定和整个社会的生活。

（1）扎实的政治理论 毛泽东同志指出："没有革命的理论就没有革命的行动。"政治理论建设贯穿于领导者能力建设的全过程，是中心环节。领导者不仅要学习掌握马克思列宁主义、毛泽东思想、邓小平理论、"三个代表"重要思想、科学发展观及习近平同志的系列讲话，还要有较强的辨别能力、学习能力，了解并自觉贯彻执行党和国家的各项方针、政策，使自己的工作建立在正确、科学的理论基础之上，在错综复杂的环境下，保持头脑清醒，立场坚定，与党中央在思想上、行动上保持高度的一致。

（2）正确的政治立场和政治方向 正确的政治方向给领导者的思想和行动指明了方向。坚持正确的政治方向才能在思想上和行动上始终与党中央保持一致，正确把握党的路线、方针、政策的实质，才能坚持党的基本路线，有效推进中国特色社会主义建设。政治立场是领导者认识问题、处理问题的立足点和出发点，坚定正确的政治立场，要求领导者想问题、办事情能够坚定地站在国家和人民的立场上，做人民的好公仆，能正确处理国家、集体和个人之间的利益关系，密切联系人民群众，全心全意为人民服务。

（3）高度的政治觉悟和政治责任感 领导者的特殊地位使得其行为对国家、人民的利益有重要的影响，因此，领导者需要有高度的政治觉悟和政治责任感，具有政治敏锐性与鉴别力，反应灵敏，目光锐利，在当今错综复杂的形势下，能够保持政治上的清醒与坚定，站在党和人民的立场上，具备深刻的政治洞察力，实事求是，善于从本质上分析问题、解决问题。领导者应该具有坚定的共产主义信念，具有崇高的理想和追求，有较强的事业心和高度的责任感，对工作认真负责，自律、自警、自省，严格要求自己，加强世界观、人生观、价值观的改造，远离个人主义、拜金主义和享乐主义，增强工作的主动性和积极性，提高胜任本职工作的能力。

2. 法律素质 依法治国，建设社会主义法治国家，是人民当家做主的根本保证。依法治国是党领导人民治理国家的基本方略，是发展社会主义市场经济的客观需要，标志着社会文明的发展进步，关系到国家的长治久安。因此领导者的法律素质非常重要。

（1）掌握相关的法律知识 知法是守法的基本前提。任何管理工作都离不开法律的指导、规范和保障，如果没有相应的法律知识，就很难胜任管理工作，坚持依法治国的方针。作为领导者，需要认真学习并掌握相关法律知识与规定，特别是履行领导职责所必须掌握的如经济法规、行政法规等相关法律法规，以正确地运用法律手段促进社会的健康发展；必须树立依法领导、依法行政和依法办事的意识，维护宪法和法律的权威，遵循法定程序，提高管理公共事务的能力；树立法律至上的观念，消除特权，接受权力的监督，奉公守法、勤政廉洁，更好地为人民服务。

（2）严格守法、依法管理 在法律面前，人人平等，任何组织和个人都没有超越于法律之上的特权。领导者一方面作为普通公民，要身体力行，严格守法，在法律所规定的范围内活动；另一方面作为公共管理者，大多身居一定的职位，承担着司法、执法等方面的公共事务，其行为直接影响我国依法治国的方略，公共组织中的领导者代表人民的利益，其行为必须在法律规定的职权范围内，按照法律规定的相关程序办事，依法管理，坚持法律面前人人平等，自

NOTE

觉维护法律的权威。

3. 道德素质   道德素质是领导者在领导活动中应当遵循的一些基本行为规范。公共组织的领导者肩负行使公共权力、维护公共利益、履行公共责任的使命，追求的是社会公平与正义。领导者有品德、有修养才有影响力和号召力，才能协调上下级、不同部门间同事的关系，团结下属完成领导工作，实现有效的管理，才能得到他人的尊重、信任与拥护，才能把社会公共利益放在首位，更好地为公众服务，因此领导者的道德素质非常重要。

（1）诚实守信   诚实守信对于领导者是一种重要的道德品质，是政治意识和责任意识的体现，是推进领导者与他人之间正常交往、领导工作顺利进行的重要力量。领导者只有坚持诚实守信才能在工作中得到上下级和人民群众的信任、支持、帮助。作为公共组织的领导者，其一言一行都应体现最广大人民的根本利益，要走群众路线，宽以待人，说实话、办实事，赢得下属的尊重与信任，同时要勇于剖析自己，敢于承认自己的错误，承担责任，才能团结上下，做好领导工作。

（2）办事公正   办事公正要求领导者正确看待和行使权力，按照规章制度行使权力，保持公正性与纯洁性。领导者要加强自我约束，接受权力的监督，自觉抵制来自各方面的诱惑，不能以权谋私、违法违纪。公共组织中领导者的权力来源于人民，必须为人民服务，要科学合理地使用权力，服从真理、服从法律，要严格按照规章制度、办事准则来行使权力，将权力的运用制度化、法律化，将权力运用于维护国家和人民利益上。

（3）勤政廉洁   公共组织的领导者需要对工作认真负责，勤奋学习、更新知识、勇于探索，恪尽职守、勤政为民，多为人民办好事、办实事；必须树立正确的世界观、人生观、价值观，树立崇高的理想和信念，自觉抵制享乐主义、拜金主义和极端个人主义，抵制各种诱惑，保证办事公道、公正廉洁；以国家和人民的利益为重，实事求是，不搞形式主义，不弄虚作假，以身作则，身体力行，自觉地接受监督。

（二）知识素质

科学技术是第一生产力，是经济和社会发展的推动力，领导者的知识素质是领导者进行公共管理活动不可或缺的因素，它是领导者智慧的源泉，是管理能力的保障，关系领导者创新能力的提高。只有掌握了丰富的知识，领导者才能更好地完成工作任务、开阔思路、适应知识经济时代发展的要求，形成正确的人生观和价值观，培养和提高工作能力。许多学者认为领导者只有具有"T"型知识结构才能胜任高层次的领导活动。所谓"T"型知识结构，"-"代表领导者应具备的横向的可迁移性知识，"|"代表领导者应具备的纵向的专业性知识，即领导者既有广博的知识，又有专业的才能。具体地说，领导者要具有合理的知识结构，主要包括基础知识和专业知识。

1. 基础知识   领导者需要掌握的基础知识面很广，不仅要掌握政治学、心理学、法学、文学等社会科学知识及物理学、生物学、化学等自然科学知识，还要掌握并运用计算机等新兴科学知识来指导自己的工作实践。同时要重点掌握现代管理知识，包括公共管理、领导学、经济管理等，在管理工作中积累经验，并运用管理知识充实自己，掌握必要的领导方式、方法，创造性地做好领导工作，使得领导工作更加规范与科学，提高领导工作的效率。

2. 专业知识   专业知识是领导者知识结构的核心和主体，是领导者进行领导活动的前提条件。对于不同行业、不同层次的领导者专业知识的要求也是不同的，领导者要接受专门的教育和训练，掌握领导工作的基本原理和基本方法，全面了解本行业、本部门的专业技术知识、工作规律和发展方向。对管理范围内的知识掌握越全面，管理能力越强，领导工作就越容易开展，只有成为内行和专家，才能掌握领导范围内工作的主动权，更好地运用领导的专家权，获得下属的尊重与拥护。

除此之外，领导者要解决工作中的实际问题需要具备丰富的工作和生活经验。公共管理要符合生活的一般规律并涉及社会生活的各个方面，所以除了掌握书本上的间接知识以外，也需要掌握丰富的实践经验。同时，由于受主客观条件的限制，领导者所掌握的知识及其丰富程度是相对有限的，领导者需要了解和掌握国内外政治、经济、文化等方面的新发展和新动向，具备获取新知识的方法和技巧，勤奋学习，努力扩展自己的知识面，丰富更新自己的各种知识结构以适应时代发展的要求，在实践中验证自己所掌握的知识。

（三）能力素质

领导能力是指领导者在其生理和心理要素基础上，经过后天的努力，在实践中逐步形成和发展起来的认识世界、改造世界的能力。它是领导者知识、智慧和技能的综合表现，是领导者素质的核心。领导者的能力素质是多方面的，领导者因其工作性质、职位高低等的不同，能力素质也有所不同，总体上讲，领导者需要具备的能力素质主要包括：

1. 创新能力　在国际、国内形势不断变化和我国政治、经济、文化飞速发展的时代，创新是领导者的必备素质，是一个合格领导者的重要特征。领导者应增强创新的主动性，对新环境、新事物、新问题具有敏锐的感知能力，随机应变，审时度势，并能够根据环境的发展变化，提出新的观念与新的方法。领导者应能应对复杂多变的情况，即能在复杂多变的环境中明辨方向、沉着应对、把握全局，能够在环境突然变化或发生突发事件的情况下及时制定应对策略，采取应对措施，进行有效的组织指挥。领导者要思维活跃，解放思想、实事求是、开拓进取，具备敏锐的观察力，善于捕获信息，不断研究新情况、解决新问题、提出新思路、创造新经验，并有敢于承担风险的魄力，不为陈旧观念所束缚，要进行自我反省，能够发现自己的缺点与不足，不断学习、完善并提升自己的能力，在工作中实现突破创新。

2. 决策能力　决策能力是指领导者在领导过程中，根据环境的发展变化对战略、目标、计划、组织和人员做出正确决断的能力。决策贯穿于整个领导过程之中，是领导者必备的素质，是衡量领导者领导水平的重要标志，决策差之毫厘，工作上就会失之千里。领导者要审时度势、当机立断，具有深刻的洞察力，及时排除干扰，明辨事物的本质，在可供选择的方案中果断做出抉择，采取相应措施，及时解决问题。领导者进行科学决策需要对国家和人民有强烈的责任感，遵循科学决策程序，对事物具有敏锐观察力及对其发展趋势具有预测力。作为领导者，要冷静分析、科学预测、理性决断，同时要善于发挥专家、学者在决策中的作用，统筹兼顾、立足现实、着眼未来，既要了解当前的整个局势，又要预知未来的发展趋势。

3. 组织指挥能力　组织能力是领导者应用组织力量，把所属的包括人、财、物等有关要素合理、有效地整合起来的能力。指挥能力是指领导者在领导过程中，按照计划目标的要求，通过科学地调动、组织下属人员，把各方面工作统率起来的能力。领导者组织指挥能力主要表现在：制定合理的实施方案，解决方案实施过程中出现的各种问题，并不断完善原来的决策目标和方案，建立一个完善灵活、简洁高效的组织指挥系统，科学地运用组织规范协调各方面的要素，充分调动下属人员的积极性完成任务，达成既定目标。领导者组织指挥能力的充分发挥能

NOTE

使整个领导过程形成一个有机的整体，把各种不同才能的人合理恰当地整合在一起，调动每个人的积极性，使各部门、各项工作和谐配合，形成一个配合默契、团结向上的有机整体，确保组织正常、高效地运转。

4. 沟通协调能力　沟通协调是为了实现组织目标，把信息、思想情感在组织内外传递并对组织内外的工作活动和人际关系进行协商调节，使之相互配合、相互适应。领导者的主要工作对象是人，沟通既包括组织内部的沟通，也包括组织外部的沟通，既包括上下级间的沟通，也包括部门间的沟通，良好的沟通协调能力关系着组织的凝聚力和领导工作能否有效地开展。在领导活动中，不和谐现象的出现是正常的，而如何处理各方面矛盾，协调各种关系，使全体成员为实现决策目标密切配合、统一行动对于领导者是一项重要的工作。要处理好各方面的关系，进行有效沟通，就需要领导者具备良好的语言和文字表达能力来进行内部沟通和外部沟通。同时要协调人际关系，需要领导者能够知人善任，采用恰当的方法选拔人才、考验人才，做到公平公正，把工作能力强、品行优秀的人才选到自己的团队中来，善于发现每个人的长处使其尽其所长，并能够有效地运用激励措施，发挥每个人的积极主动性，形成组织合力。

（四）身心素质

身心素质是领导者不可或缺的基础性素质，领导者的工作是复杂、综合性的工作，在计划、组织、决策、指挥、协调工作中，会消耗大量的脑力和体力。因此，具备良好的心理和身体素质是决定领导者能否担当起领导工作任务的一个重要因素。它包括生理健康和心理健康两方面。

1. 身体素质　身体素质主要指人的身体健康程度，良好的身体素质是其他领导素质的基础和前提，直接影响管理工作的质量、效能，健康的身体素质是每位领导者应该具备的条件。如果把领导者的素质看作一座大厦，那么身体素质就是这座大厦所赖以生存的基石。领导者工作任务繁重，若没有健康的身体、充沛的精力，也无法发挥领导才能。领导者身体素质一般包括健康的身体、敏捷的思维、充沛的精力、较强的耐力和生理适应力，同时还要有良好的生活习惯、健康的生活方式，加强身体锻炼，能够承受高强度的工作压力，接受艰苦环境的磨炼与考验，这样才能适应领导工作的需要。

2. 心理素质　心理素质是指人在思维、认知、兴趣、情绪、意志、性格等多个方面个性品质上的修养和能力。是否具备良好的心理素质对领导者非常重要，心理素质是领导者除身体素质外需具备的最重要的基础性素质，它是领导者开展领导工作必须依托的心理基础。领导者面对复杂的人际关系、繁重的工作压力，要出色地完成领导工作需要具备良好的心理调试能力和心理发展能力。

首先，领导者要具备成熟的心理状态。能正确地认知自己，有自我完善能力，同时对待其他事物能有正确的认知，具有观察力、注意力、想象力和创造力等。其次，领导者应具有健康的情感。情感是由一定客观事物引起的主观体验，反映出人对客观事物所持有的态度。在领导工作中，面对高压力要保持理性，同时发扬积极的情感，抑制消极的情感，保持情绪的稳定，不为情感所左右，具有自我控制能力。再次，领导者应具有坚强的意志。意志指人们为达到预定目标而选择方法、手段来克服困难的心理过程。要达到领导活动的目标，必须具有坚强的意志，体现在良好的抗压能力、受挫后的自我康复能力等。最后，领导者还应具有如诚实正直、谦虚谨慎、勤奋踏实、宽容豁达、乐观向上等良好的品性，才能有助于提高工作效率、开展领导活动。

三、领导者素质的优化

领导者素质越高，领导能力越强，对社会的贡献越大。当前，许多领导者的素质参差不齐，影响领导活动的开展，而且随着时代的变化和社会的不断发展，社会主义现代化建设事业对我国公共组织中的领导者提出了更高的要求。通过多种优化途径，进一步提高领导者素质，对于我国社会主义现代化建设有着重要的作用。优化领导者素质的途径主要包括领导者个人和组织制度两个方面。

（一）领导者个人层面

1. 加强自身学习　学习是领导者提升素质最基本的方法和途径。面对新事物、新问题，领导者必须坚持学习才能适应经济和社会发展的需要。一是要端正学习目的，增强学习动力，选择合适的学习方法。加强科学理论的学习，同时要增加科学知识和业务能力的学习，学习经济和法律知识、管理知识，优化知识结构，提升自身业务素养，还要学习新思想、新观念，拓展知识面。二是要向成功、优秀的领导者学习。榜样的力量是巨大的，他们有丰富的工作经验和领导素养，学习他们的好经验，取人之长、补己之短对提高领导者素质很有必要。三是要向群众学习。人民群众中蕴藏着无穷的智慧，要扎根基层群众，树立群众观点，汲取群众的智慧。

2. 深入实践　实践是检验真理的唯一标准，丰富的实践有助于提高领导者的思想水平，提高领导者分析问题和解决问题的能力。领导者实践锻炼要深入基层，通过深入工作第一线了解情况、分析问题、解决问题，提高自己的协调、应变能力。领导者要到艰苦的环境中去，通过恶劣环境的考验，锤炼自己，培养自己吃苦耐劳的精神和脚踏实地、艰苦奋斗的优良作风。领导者实践锻炼要深入群众，了解基层群众的思想状况，掌握各方面情况，密切联系群众，为群众办事，充分调动群众的积极性，并从群众中汲取智慧和营养，提升自己的素质。同时领导者要到复杂的环境中锻炼，通过复杂环境的考验，增强其开拓进取、敢于创新的意识。

（二）组织制度层面

1. 完善选拔任用制度　领导者的选拔、任用制约着领导者整体队伍的素养与能力。当前我国在不断推进领导干部的选拔聘用制度改革，但仍有不够完善的地方。要根据新形势进一步建立健全领导者的选拔聘用制度，坚持公开平等、德才兼备的原则，提高领导者选拔任用的公开性，打破论资排辈、平衡照顾的观念，加大竞争选拔，竞争择优。同时要打破限制，面向各地、各领域的不同群体进行选拔，并加大培养选拔优秀年轻干部的力度，选拔、任用真正优秀的人才，提高领导群体的整体素质。

2. 强化培养培训制度　培训是一种学习方式，是优化领导者素质的有效手段。面对复杂的国际国内形势和出现的各种新问题，必须对领导者加大培训力度，进行多种形式的培训，提高其在知识水平、工作方法等方面的能力。一是要有灵活多样的培训方式，如委托高等院校培训、在职培训、离职培训、设立专门培训机构培训等，同时按照领导者的实际工作需要设置培训课程，满足其个性化需求，既要有课堂教学，又有社会实践与调研。二是扩大培训规模，坚持与时俱进的培训理念与内容。针对不同层级的领导者，有定期的轮训，又有短期的不定期的

NOTE

培训。加强师资队伍的培养，增强其理论联系实际的能力，改进教学方法，与时俱进。三是把培养培训情况与领导者的任用、考核、奖惩联系起来，强化激励约束机制，提高领导者学习的主动性，增强培训的效果。

3. 健全监督考核机制　优化领导者素质除了依靠其自觉性与自制力，还要依靠健全的监督机制对领导者进行有效的约束。首先，要完善相关的法律法规，从法律上明确监督主体的职责与权限，为实现对领导者的有效监督提供法律保障。其次，要形成全面的强有力的监督网络，细化各级监督组织的职责分工，加强群众和新闻媒体的监督，提高群众的监督意识和水平，明确群众与新闻媒体监督的权力、程序、责任和保障，扩大群众与媒体的知情权、监督范围和监督渠道，形成强大的舆论监督。最后，要健全考核体系和测评内容，从领导者的知识理论水平、实践能力、品德素质等多个方面进行考核，创新考核方法和技术，制定正确的考核标准，保证考核的真实性和准确性。并以考核结果为依据进行激励和鞭策，公布考核结果，进行考核反馈，形成较好的舆论氛围，增强考核的实效性。

第三节　人性假设与领导风格

一、人性假设

人性假设是指领导者在领导过程中对人的本质属性的基本看法。人性假设作为管理思想、管理观念的认识基础，直接决定着领导者的领导方式。

1. "经济人"假设　又称"实利人"或"唯利人"假设。这种假设产生于早期科学管理时期，其理论来源是西方享受主义哲学和英国经济学家亚当·斯密（Adam Smith）的劳动交换的经济理论，他们认为人性是懒惰的，人的一切行为都是为了最大限度地满足自己的利益，干工作都只是为了获取经济报酬，因此，需要用金钱与权力、组织机构的操纵和控制使员工服从并效力。最早提出"经济人"概念的是美国管理学家麦格雷戈（D. M. McGregor），在他1960年所著《企业的人性面》一书中，提出了两种对立的管理理论，其中，X理论就是对"经济人"假设的概括。

"经济人"假设的基本观点：

（1）多数人天生是懒惰的，他们尽可能逃避工作。

（2）多数人都没有雄心大志，不愿负责任而心甘情愿受别人指导。

（3）多数人的个人目标都是与组织的目标相矛盾的，必须用强制、惩罚的办法才能迫使他们为达到组织目标而工作。

（4）多数人干工作都是为了满足基本的生理需要和安全需要，因此，只有金钱和地位才能鼓励他们努力工作。

（5）人大致可以分为两类，多数人都是符合于上述设想的人，另一类是能够自己鼓励自己，能克制感情冲动的人，这些人应负起管理的责任。

这种假设重视完成任务而不考虑人的感情，员工的主要任务是听从管理者的指挥。主要用金钱来刺激工人生产的积极性，同时对消极怠工者采用严厉的惩罚措施。泰勒（F·W·Tayzor）

是"经济人"观点的典型代表，以严格控制和严密监督为根本特征，只考虑如何提高生产效率，毫不关心工人的心理需要和思想感性，他提倡的"计件工资制"则完全依靠金钱来调动工人的生产积极性。

2. "社会人"假设　这种假设的理论基础是人际关系学说，源于梅奥（G. E. Mayo）主持的霍桑实验。"社会人"的概念也是由梅奥提出，他认为在社会上活动的员工不是各自孤立存在的，而是作为某一个群体的一员，是有所归属的"社会人"。作为一个复杂的社会成员，金钱和物质虽然对其积极性的产生具有重要影响，但是起决定因素的不是经济报酬，而是员工在工作中发展起来的人际关系。

"社会人"假设的基本观点：

（1）在社会上活动的员工不是各自孤立存在的，而是作为某一个群体的一员，是有所归属的"社会人"，是社会存在。

（2）人具有社会性的需求，"社会人"不仅有追求收入的动机和需求，他在生活工作中还需要得到友谊、安全、尊重和归属等。

（3）人与人之间的关系和组织的归属感比经济报酬更能激励人的行为，社会交往、他人认可、归属某一社会群体等社会心理因素是决定人工作积极性的第一位的因素。

此假设强调除了应注意工作目标的完成外，更应注意从事此项工作员工的要求。不应只注意指挥、监督等，而更应重视员工之间的关系培养和形成员工的归属感和整体感。不应只注意对个人的奖励，应提倡集体激励制度。因而在管理上要实行"参与管理"，要重视满足员工的社会性需要，关心员工，协调好人际关系，实行集体奖励制度等。

3. "自我实现人"假设　"自我实现人"又称"自动人"，最早由美国管理学家、心理学家马斯洛（Abraham Maslow）提出。麦格雷戈总结并归纳了马斯洛等人的观点，结合管理问题，提出了 Y 理论，Y 理论就是对"自我实现人"假设的概括。所谓自我实现指的是人都需要发挥自己的潜力，只有人的潜能得以表现和发展，人才会有最大的满足。

"自我实现人"假设的基本观点：

（1）多数人是自主的、勤奋的，要求工作是人的本能。

（2）人们愿意实行自我管理和自我控制完成应当完成的目标任务。

（3）人们对组织目标的参与程度同获得的报酬直接相关。

（4）多数人会主动承担、寻求责任。

（5）多数人具有较高想象力、聪明才智和创造性，相当多的智能潜力只得到了部分的发挥。

此种假设要求在管理上创设适宜的环境与工作条件，以促进员工的自我实现，即潜能的发挥，强调通过工作本身的因素，即运用内在激励因素调动员工的积极性。

4. "复杂人"假设　"复杂人"假设是 20 世纪 60 年代末至 70 年代初由美国著名学者艾德佳·沙因（Edgar H. Schein）提出的。代表人物有摩尔斯（J·J·Morse）和洛斯奇（J·W·Lorsch）等。该理论认为，无论是"经济人""社会人"假设，还是"自动人"假设，虽然各有其合理性的一面，但并不适合于一切人。人不但有各种不同的需要和潜能，而且就个人而言，其需要与潜能会随年龄的增长、知识的增加、角色与人际关系的变化而发生改变。不能把人视为某种单纯的人，实际上存在的是一种具体的"复杂人"。依据这一理论，提出了管理上的"超 Y 理论"，即权变理论。

"复杂人"假设的基本观点：

（1）人的需要是多种多样的，而且这些需要随着人的发展和生活条件的变化而发生变化。每个人的需要都各不相同，需要的层次也因人而异。

（2）人在同一时间内有各种需要和动机，它们会发生相互作用并结合为统一整体，形成错综复杂的动机模式。

（3）人在组织中的工作和生活条件是不断变化的，因此会不断产生新的需要和动机。

（4）一个人在不同单位或同一单位的不同部门工作，会产生不同的需要。

这种假设认为，不存在一种一成不变、普遍适用的管理模式，应该依据组织的现实情况，因人而异、因事而异、因时而异地采取相应的领导与管理措施。

二、领导行为的理论描述

领导者拥有一定的法定权力，能否发挥其有效性的关键在于如何运用手中的权力，领导工作效率的发挥是通过领导行为表现出来的。领导行为理论集中研究领导的工作作风和行为对领导有效性的影响，主要研究成果包括：领导方式理论、领导生命周期理论、管理方格理论、领导行为连续统一体理论等。

1.领导方式理论　美国心理学家库尔特·勒温（Kurt Lewin）等学者提出领导风格理论，他们的研究发现，领导者们并不是以相同的方式来扮演他们的领导角色，他们通常运用不同的领导风格，不同的领导风格对组织成员的工作绩效和工作满意度有着不同的影响。他们把领导方式划分为三种领导风格，即专制型、民主型和放任型。专制型领导是指领导者个人决定一切，布置工作由下属执行，这种领导者要求下属绝对服从，并认为决策是自己一个人的事情；民主型领导是指领导者发动下属讨论，共同商量，进行决策，要求上下融洽，合作一致地工作；放任型领导是指领导者撒手不管，放任自流，他的职责仅仅是为下属提供信息并与外部进行联系，以利于下属的工作（表 3-1）。

表 3-1　三种领导风格的比较

	专制型	民主型	放任型
权力分配	集中在领导者个人手中	定位于全体成员	分散在每个下属手中
决策方式	所有决策由领导一人决定	由集体讨论后决定	下属决策自由
工作安排	具体的工作安排和人员调配由领导者个人决定	下属自由协商决定任务分工和选择与谁共同工作	领导者对具体工作安排和人员调配不做明确指导
工作评估	根据个人情感进行评估	根据客观事实进行评估	对工作成果不做评估

2.领导生命周期理论　美国管理学家科曼（A. K. Korman）、赫西（P. Hersey）和布兰查德（K. Blanchard）的领导生命周期理论重视下属在领导效果方面的作用，他们认为根据下属成熟度的不同来选择正确的领导风格就能达到领导效果。他们把领导方式分为四种（图 3-1）：一是命令型领导方式（高工作－低关系），这种方式由领导者进行角色分类，告诉下属应该做什么、如何做及何时何地去做；二是说服型领导方式（高工作－高关系），领导者同时提供指导性行为与支持性行为，领导者除向下属布置工作任务外，还与下属共同商讨工作如何开展；三

是参与型领导方式（低工作－高关系），领导者主要提供便利条件与沟通，较少发布命令，多与下属共同决策；四是授权型领导方式（低工作－低关系），领导者提供很少的指导和支持，通过授权来鼓励下属自主工作。

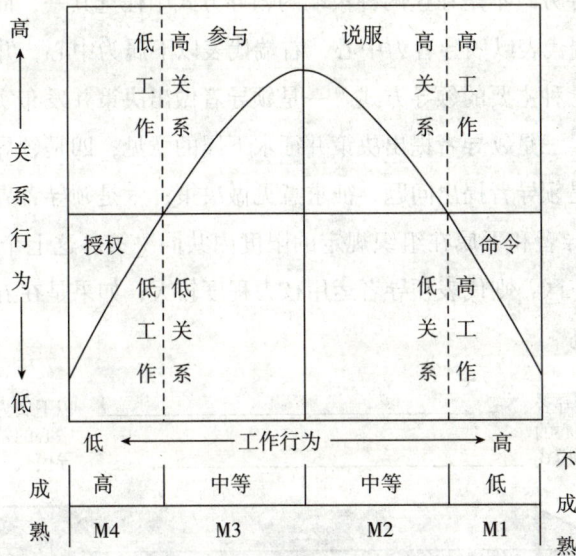

图 3-1 领导生命周期图

3. 管理方格理论 美国行为科学家罗伯特·布莱克（Robert R. Blake）和简·穆顿（Jane S. Mouton）提出管理方格理论，这种理论倡导用方格图（图 3-2）来表示和研究领导方式，指出在对工作关心和对人关心的两种领导方式之间，可以进行不同程度的互相结合。管理方格由两个坐标组成，横坐标表示领导者对工作的关心程度，纵坐标表示领导者对人的关心程度，这样可以将领导方式分为五种类型：一是贫乏型（1.1），领导者对业绩和对人的关心都少；二是俱乐部型（1.9），注重人与人间建立友好关系的需要，对人关心多，而很少关心工作；三是专制型（9.1），依靠安排工作保证工作的顺利进行，对工作关心多，而很少关心人；四是中庸型（5.5），关注工作中的平衡，求得和谐发展，对工作和人都是中等程度的关心；五是团队型（9.9），在管理过程中把工作的需要同个人的需要紧密结合起来，对工作和对人都很关心。

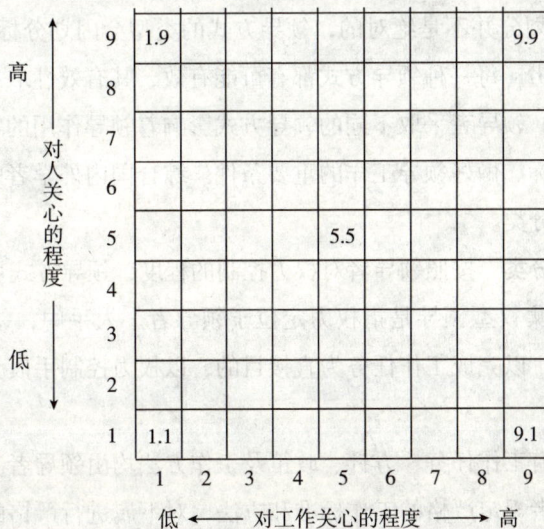

图 3-2 管理方格图

4.领导行为连续统一体理论 1958年，美国学者罗伯特·坦南鲍姆（Robert K. Tannenbaum）和沃伦·施密特（Warren H. Schmidt）提出领导连续流理论，这一理论以领导者和下属为中心，构成连续流的两个极端，这两个极端分别代表了专制型和民主型两种不同的领导方式，他们认为领导方式不是在这两种极端的领导方式中任选其一，而是有一系列的连续流（图3-3），连续流左端代表以领导者为中心，右端代表以下属为中心，并把坦南鲍姆的连续流分为七个区域，表示七种主要的领导方式。一是领导者做出决策并发布实施；二是领导者说服下属接受并执行决策；三是领导者提出决策并征求下属的意见；四是领导者提出决策，根据下属意见可做修改；五是领导者提出问题，征求意见做决策；六是领导者界定问题界限，下属集体做出决策；七是领导者和下属在组织规定的限度内共同决策。这七个区域又被分成上下两区，如果在一、二、三区，则代表领导者运用权力程度较大；如果是在五、六、七区，则代表下属享有的自由度较高。

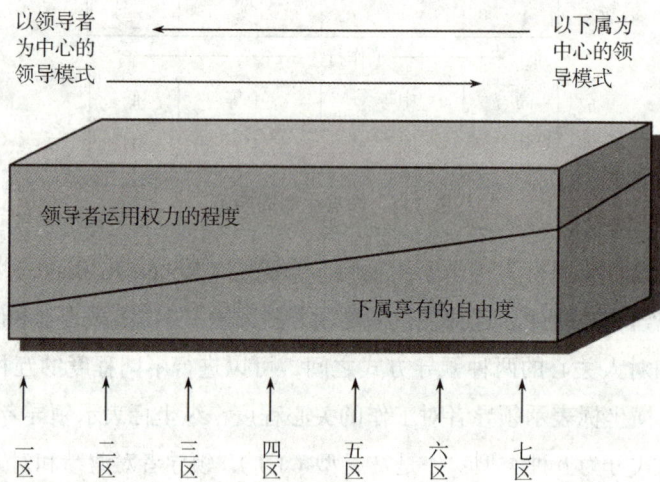

图 3-3 领导连续流

三、领导方式的类型

领导方式是在特定环境中领导者采用的作用于被领导者的行为模式，具有策略性和指向性。对领导方式类型的划分并不是绝对的，领导方式的类型会因划分标准的不同而有所不同。不同的领导方式各有优劣，每一种领导方式都有可能有效，其有效性取决于选取的领导方式是否适应当前的工作环境。领导者采取不同的领导方式影响着领导作用的实现，了解并合理运用领导方式是实现工作目标、做好领导工作的重要条件。综合国内外学者的研究，我们将领导方式按以下两种标准进行分类。

1.按权力控制程度分类 按照领导者对权力控制的程度，领导方式可分为以下三种：

（1）集权型领导 集权型领导是指权力定位于领导者个人手中，领导者将任务分配给下属，要求下属绝对服从，以完成工作任务为直接目的，以权力控制手段为主要形式的一种传统的领导方式。

其突出表现是：所有工作任务、方针、政策及工作方法均由领导者决定，下属没有参与和提供意见的机会；领导者规定严格的工作标准和方法，对下属进行严格的监督；领导者较少接触下属，忽视下属的情绪和利益。集权型领导方式有利于统一指挥，管理的成本在其他条件不变的情况下，相对较低，这对于组织在发展初期和组织面临复杂突变的情况时是有益的，但不容易发挥下属的主动性和创造性，不利于组织的长远发展。

（2）民主型领导 民主型领导是指权力定位于群体，领导者主要依赖于其个人专长和影响力来影响下属，采用鼓励和引导的方式发动下属参与讨论，集思广益，以调动人的主动性为直接目的，以激励手段为主要形式，做到领导者和下属和谐一致工作的领导方式。

其突出表现是：主要决策由组织成员参与讨论，领导者采取鼓励和协助的态度；在一定的工作目标下，下属对工作步骤、方法的选择有较大的自由；主要运用领导者个人权力和威信，而不是靠职位权力和命令影响下属；分配工作时，尽量照顾组织每个成员的兴趣、爱好和能力，上下级心理距离较小。民主型领导方式有助于发挥员工的工作潜能。民主型领导方式通过激励下属，组织发展所需的知识，特别是隐性知识，能够充分地积累和进化，员工的能力结构也会得到提高，相对于集权型领导方式，更能为组织培育未来发展所需的智力资本。但是，由于民主型领导方式的权力较分散，会使组织内部资源的流动速度减缓，导致决策速度降低，进而增大了组织内部的资源配置成本。

（3）放任型领导 放任型领导是指权力定位于员工，领导者放弃领导任务，不给予主动指导，只负责给下属提供工作所需要的资料条件或与外部进行联系，工作几乎全部依靠下属自行负责的领导方式。

其突出表现是：领导者对工作不加过问，无布置，也无监督，交由下属自行决策，个人自由度大；领导者对下属的奖惩被动、刻板，不能起到激励作用；领导者不关心下属，与下属关系疏远。放任型领导方式下，员工缺乏有效的领导和监督，容易导致绩效低下，工作混乱，这种领导往往不是自愿放任，而是或者是水平低下，或者是权力受限，既无能力或权力指挥，又无能力或资源支持。从长远来看，组织中的个人能力也无法得到发挥，群体协作也难以实现，不利于组织发展。

2. 按领导重心所向分类 按照领导重心所向，领导方式可分为以下三种：

（1）以人为中心的领导 以人为中心的领导者认为下属只有在愉快的工作中，才会产生最高的效率与最好的效果。领导者应致力于建立宽松和谐的工作环境，关心下属的生活，在工作中听取下属意见，授予其一定的权责，同时尊重下属人格，不滥施惩罚，运用激励方法给予鼓励。这种领导方式的优点是能够给人创造有利的工作环境，使领导者与被领导者之间的关系更加和谐。

（2）以事为中心的领导 以事为中心的领导者认为应该以工作为中心，注重组织的目标、工作任务的完成和工作效率、工作质量的提高。领导者只关心工作目标的完成，通过工作表现和成果来考核下属，对下属进行严格的监督。这种领导方式的片面之处在于把人看成是天生懒惰的，认为人参加工作的唯一动力是经济利益的需求，而且领导者对组织内的人际关系不能给予足够的关心。

（3）人事并重式的领导 人事并重式的领导者认为应做到关心人与关心事的辩证统一，既要关心下属，又要重视工作，两者不可偏废。关心人，才能调动员工工作的积极性；关心事，才能使每个员工都有明确的责任和奋斗目标，提高工作效率与质量。这种领导方式认为人们实际需要的是一种真正的、全面的人与人之间的信任与平等关系，能够充分调动人的工作积极性。

NOTE

复习思考题

1. 如何理解公共管理者所具有的公共性？

2. 你是如何理解领导者的？领导者与管理者有什么不同？

3. 领导者应该具备哪些素质？新形势下如何提高领导者的素质？

4. 谈谈如何强化对我国公共部门领导者的监督考核。

5. 谈谈你对我国领导体制改革的看法。

第四章 公共管理职能

第一节 公共管理职能概述

一、公共管理职能的内涵

所谓职能是特定组织基于某种规定所承担的基本职责和基于自身特定结构形式所能发挥的功能作用的统称，它是职责与功能的统一。公共管理职能是指特定环境下，公共管理部门在社会公共物品与服务的管理过程中所承担的基本职责与所具有的功能作用的统一体。公共管理职能主要涉及一个国家公共管理部门在特定环境中应该管什么、怎么管等基本问题。要完整、准确地理解公共管理职能的概念，必须注意以下五个方面。

（一）公共管理职能的实施者是整个公共管理系统

公共管理的实施者包括以政府为核心的各类公共管理组织。凡是与公共物品的生产与供应管理有关的组织、机构及其工作人员都是公共管理职能的实施者与承担者。在我国，公共管理职能的承担者主要包括中央人民政府（国务院）及其各部委，地方各级人民政府及其职能部门，各种以公共物品的生产与供应为主要目标的公共企业与事业单位。此外，一些非营利性的民间组织，例如各种慈善机构在一定程度上也可以列入这一范围之内。

（二）公共管理职能得以实施的依据

国家或社会通过某种途径赋予公共管理组织以某种特定权力或者权威，使其职能得以实施。其中，对于各种类型的政府机构而言，国家往往要通过宪法和法律的形式赋予它们一定的公共管理权力，就当代政府而言主要是行政权力。国家为实现其基本任务，必然要赋予公共部门以一定的权力。事实上，政府的公共管理职能正是公共部门通过运用这些权力来有效地完成国家所赋予的各种职能的。不过，对于一些社会性公共管理组织而言，它们往往并不具有实施公共管理的正式权力，而是依赖由某种特定因素而自发地形成的权威来运行的，例如，各种社会慈善机构与志愿者组织，它们行动的权威恰恰来自于它们自身扶贫助弱的种种慈善行为自身及社会对它们的认同与信任。

（三）公共管理职能的内容

公共管理职能的内容涉及公共管理系统对一国公共物品与公共服务进行管理的全部事务，诸如国防、公安与内政、环境保护、文化、教育、医疗卫生和福利保障等，它们构成公共管理的基本职责范围。同时，公共管理职能还应该包括这些组织为提供各种公共物品与服务而进行的管理活动，如决策、组织、领导与控制等职能活动。值得一提的是，既然职能包含有基本职责的意思，那么，它就是职能的承担者所必须履行的责任与义务。否则，如果不认真履行责任与义务，对任何一个公共组织而言，都构成了失职，乃至于渎职。

NOTE

（四）公共管理职能也是公共管理组织特定功能作用的一种反映

各种职责的履行与否及其履行质量与组织本身所具备的功能类型及大小密切相关。一般来说，尽管我们可以认为某个组织的特定功能作用是该组织所承担职能的一种结果，但是，特定功能的存在与维持却是特定职责得以履行的基本前提。关于特定公共部门的功能作用，我们必须做两方面理解：一方面，我们必须把职能理解为一种权力或者职权。如前所述，这是与职责相对应的。为了确保承担者能顺利履行相关职责，就必须赋予其相应的权力。职权的赋予构成职责授予的自然结果。但与此同时，另一方面，我们又应该把职能理解为一种能力或者说潜能，即赖以完成特定职责的某种功能作用。这是授予特定组织以某种职责的基本前提条件。

（五）公共管理职能是一个独立、完整的体系

公共管理职能的具体构成涉及社会生活的各个方面，都是为了实现各种各样的公共管理目标而确立起来的。各种职能相互依存，其运行亦是环环相扣，相互作用的，同时相互制约，构成了一个有机整体。此外，公共管理职能作为一个完整体系存在的另一个基本理由在于其职能体系具有动态性特征。在任何一个国家，公共管理职能都不是一成不变的。随着管理环境与管理目标的不断变化，公共管理职能也必须随之做出相适应的调整、转变。尤其是在当代，公共管理环境日趋复杂，职能体系的调整与变革越来越成为各种公共管理组织所面临的一项基本任务。事实上，对公共管理职能进行分类考察，在此基础上再从整体上予以把握，这也有利于对整个公共管理职能体系进行深入了解，正确处理其内部各部分的关系，以及其与外在环境的相互关系，最终促进公共管理职能的科学化。

基于以上几点，我们可以看出公共管理职能与通常所说的政府职能是既有联系又有区别的两个不同的概念。这主要是因为公共管理组织与政府是两个不同的概念。简言之，政府职能是公共管理职能体系的一个核心构成部分，在传统社会，政府职能甚至基本上可以被认为是等同于公共管理职能的。但是，在现代世界各国，随着社会自治能力的不断加强及政府职能社会化改革在各国的展开，公共管理职能越来越超出政府职能的范围，但无论在何种政治体制国家中，政府职能始终是公共管理职能的核心构成部分。

二、公共管理职能的构成

公共管理职能是指公共组织在履行公共责任，实现公共目标，向社会提供公共物品和服务的过程中所体现出来的功效与作用。接下来将基于公共管理职能的性质进一步探讨公共管理职能的构成。

（一）公共管理的程序性职能

作为公共部门开展的一种较高层次的管理活动，公共管理具有与其他各种管理活动相同的基本特征。公共部门也与其他的社会管理组织一样，履行着一些相同的程序性职能。这些职能反映公共部门在管理社会公共事务的过程中所具有的一般性或普遍性的作用，表现的是管理活动的共性方面，也是所有管理活动中最基本、最普遍的职能。

1.决策职能　决策是管理者为解决各种问题、实现特定目标而制定与选择行动方案的一项基本的管理职能，它贯穿于一切管理活动过程之中。任何社会组织的管理活动，从最高层管理者到最基层的工作者都拥有一定的决策职能，越向高层，目标性（战略性）决策越多；越往基层，执行性决策越多。具体来说，目标性决策往往是非程序性的，比较复杂，难度较大；而

执行性决策则是程序性的、可操作性的，难度相对较小。管理的决策职能不仅为各个层次的管理者所拥有，同时也体现在各项管理过程之中，因而它是管理活动中占首要地位的程序性职能。

2. 组织职能　公共决策的实施要依靠公共部门成员的合作，组织工作正是基于人类对合作的需要而产生的。如果想要在实现决策目标的过程中发挥比各个体功能之和更大的功能、更高的效率，则需要管理者根据工作的要求与成员的特点，设计工作岗位，进行授权与分工，将适当的人员安排在适当的岗位上，用规章制度确定各个成员之间的职责关系，从而形成一个有机的组织结构，并使整个组织得以协调运转，这就是公共部门的组织职能。具体地说，组织职能一般包括组织结构设计、人员配备与力量整合等基本内容。为了确保系统整体性功能的发挥，就需要组织机构中的各个部分实现协调运转，以及组织全体成员和谐一致地开展工作。为此，必须整合组织中的各种力量，建立高效的信息沟通网络，处理好组织的不同成员之间、直线主管与参谋之间及高层管理人员之间的各种关系，从组织结构上确保分散在不同层次、不同部门、不同岗位的公共部门成员的工作朝同一方向、同一目标努力。

3. 领导职能　决策与组织工作做好了并不一定就能确保公共部门目标的顺利实现，这是因为组织目标还要依靠全体成员的实际工作活动来加以实现。配备在组织机构各种岗位上的人员，由于各自的目标、需求、偏好、性格、素质、价值观、职责和信息量等方面存在较大差异，使得成员间在工作实践过程中必然会产生各种矛盾和冲突，因此就需要公共部门中的领导者运用领导职能，通过指挥人们的行为、沟通人们之间的信息、增强相互间的理解、统一人们的思想和行动，激励每个成员自觉地为实现组织目标而共同努力。具体地说，领导职能又包括指挥、沟通、协调及激励等基本职能活动。

4. 控制职能　控制职能是通过建立信息反馈和绩效评估机制，把决策实施过程中所取得的各种效果与所要实现的相关目标进行比较并做出评价，及时地发现和纠正各种偏差，以确保预期目标实现的一种职能活动。控制包括宏观控制和微观控制两种类型，其中以宏观控制对组织运行及总体目标的实现影响最大。控制职能有着严格的时间性和阶段性要求，超过了一定时间或阶段，再好的控制措施也难以发挥其应有的效用。公共部门控制职能的发挥一般包括确定标准、衡量成效与纠正偏差等三个步骤。

（二）公共管理的任务性职能

公共管理是公共部门对社会公共事务包括公共物品及公共服务的管理，它有自己特定的行为方式和活动领域；更为重要的是，公共部门必须以公共价值和目标为价值取向。因此，这些公共部门也相应地承担一些特殊的任务性职能。这些特殊职能是公共部门在社会事务管理过程中所发挥的具体的、特定的作用，反映了公共部门活动的个性方面。从我国来看，以政府机构为核心的公共部门主要行使经济、政治、社会、文化和生态五个方面的任务性职能。

1. 经济职能　各类公共部门存在的基本目的就是为其服务对象提供市场中所不能或只能以对整个社会不利的方式提供的各种公共物品与服务。为此，不同的公共组织必须根据各自的特点而分别承担一定的经济职能。就当代世界各国政府而言，推动社会生产力发展，确保经济基础的巩固和发展，也就是说承担起经济建设与发展职能是它们的基本职责。一般来说，公共组织所承担的经济职能可以划分为宏观调控与微观管理两大类。

（1）宏观调控职能　所谓宏观调控，主要指对整个国民经济进行的总量管理，包括制定国民经济计划和各种重大的国民经济政策、保持社会总需求和总供给的平衡、适当调整社会产业与区域结构、保持国民经济的适度增长和良好的经济投资环境，加强水利、电力、交通、邮电等对国民经济发展有重要影响的公用事业和基础设施的建设，促进国内外市场体系的形成和发展等。

（2）微观管理职能　在这里，公共组织微观经济管理主要指作为市场主体存在的各类公共组织，如公共企业、公司等单个经济主体所从事的与公共物品、服务的生产和经营有关的管理活动。虽然市场经济的根基在于生产与出售商品与服务，但市场并不能够提供整个社会所需要的所有商品和服务，或者可能会以一种对整个社会产生不利影响的方式提供这些产品，这通常包括桥梁道路、供水、电力、电信等关系到国计民生的具有自然垄断特性的产品与服务。在一定的社会经济发展水平下，这些产品和服务就往往只能由不以营利为目的的各类公共组织来提供。但是，为了实现社会资源的有效配置，这些组织通常也需要通过市场机制，通过市场竞争与买卖来确保公共物品的有效生产与供应。这样，这些组织，主要是各种公共企业也就具有了与私营企业相类似的商品生产与经营管理职能。这正是所谓的公共组织微观经济管理职能。

2. 政治职能　公共部门的政治职能主要是指公共部门防御外来的入侵与渗透，镇压敌对阶层的反抗，制止和打击不法分子的各种破坏活动，妥善处理人民内部的各种关系，建立和维护有利于统治阶级的社会秩序的系列政治职能活动。简单地说，它是一国政府对内维持社会秩序、对外维护国家安全的职能活动。具体地说，它由民主建设、社会治安与国家安全等多个方面基本职能共同构成。

（1）民主建设　世界各国公共部门都代表着统治阶级的利益和意志，并由统治阶级中的精英分子执掌着行政权力，因此，通常是在统治者内部乃至其同盟者中间实施民主。实际上，实行民主管理是当代民主国家政治制度的根本要求，也是公共部门管理必须遵循的基本原则。我国宪法明确规定："中华人民共和国的一切权力属于人民。"人民的权利中最根本的是管理国家的权利。我国政府加强民主建设的职能主要体现在以下三个方面：首先，坚持和完善人民代表大会制度；其次，为了从制度上保证人民依法行使管理国家的权利，政府必须在自己的职权范围内加强法制建设；再次，政府各项公共管理工作要坚持民主原则吸收人民群众参加，接受人民群众的监督；最后，加强各种自治性社会组织的建设，使人民充分行使自治权。

（2）社会治安　公共部门不仅要将自己的行为限制在国家法律和政策的范围之内，同时具有确保社会中所有机关团体和个人遵纪守法、维护社会秩序和保护公民合法权利的重要职责。一国政府的社会治安职能主要是运用法律、政策、条例等方式约束机关团体和个人行为，达到维持安全、稳定的国内社会法律秩序，并确保公民权利不受非法侵害。由于社会治安的维持通常需要以国家暴力手段来予以保证并往往也直接与之相关，因此该职能常常也被称作政治专政职能或暴力镇压职能。

（3）国家安全　一国政府要通过加强国防军事建设及开展外交活动来防御外来侵略和颠覆，保卫国家安全与世界和平，反对霸权主义。在复杂多变的国际形势下，我们在坚持经济建设为中心的同时，制定和执行科学合理的外交政策，并加强政府相关部门的军事保卫职能。为此，需要加强国家武装力量建设，加强国防工业建设与军事科学技术的研究工作，从而巩固国防、保卫国家安全；还要通过各种外交活动，联合一切力量反对霸权主义、支持正义斗争、促进各国人民的友谊，为自身的经济建设与社会发展营造一个良好的外部环境。

3. 社会管理职能　　公共部门除了必然要拥有作为立国之本的政治统治职能之外，还一定要行使管理"由一切社会的性质产生的各种公共事务"的职能，即社会管理职能。恩格斯曾这样认为："政治是以执行某种社会职能为基础，而且政治统治只有在它执行了它的社会职能时才能延续下去。"对于任何公共组织系统而言，社会职能都是它们必须承担的管理职能。所谓公共组织的社会职能是从狭义上来使用的，是指各种公共部门为了维护正常的社会生活水平与生活秩序，为增进国民福利而生产或供应社会福利性产品与服务的一种管理职能。

（1）提供社会保障　　社会保障既是对公民基本生存条件的保障，又是确保社会经济活动正常运行的风险规避机制。在市场经济条件下，国家社会保障体系主要包括以下两个方面：一是社会保险体系，这是社会保障的重要核心，它包括养老金保险、医疗保险、失业保险和工伤保险等四大类；二是社会救济体系，这是对社会保险体系的必要补充。凡是没有保险的领域和地方，不管哪个公民陷入困境，都应得到政府的救济和其他社会组织的援助。

（2）促进公正的收入分配　　一是克服机会的不均等。为了促进机会均等，当前我国公共部门应该支持和促进人才流动，清除对人才流动所设置的障碍；征收遗产税和赠与税；逐步打破城乡隔离的户籍管理制度。二是调节收入分配。即使一个社会给人们提供了均等的机会，但收入分配的巨大悬殊仍然存在。为此，政府还必须运用分配政策直接调节人们的收入水平。较为常见的有累进税收制度与转移收入政策，前者是对高收入者进行征税，以降低其收入水平；后者则是对低收入者进行补偿。三是改进分配政策。当前我国劳动者的收入并非完全由市场决定，而是在很大程度上由国家掌握和控制，分配不合理很大一部分原因是分配政策不合理。为此，政府可通过完善分配政策、切实贯彻按劳分配原则来加以解决。

4. 文化职能　　文化职能是在公共管理职能中比重日益增加的重要组成部分，它涉及科技、教育、文化、卫生、体育、广播电视与出版等各个方面。经济和文化是人类文明发展的两大支柱，前者主要涉及物质文明的进步和发展，后者则主要涉及精神文明的进步和发展。两者相辅相成、互相促进。现阶段，我国公共部门的文化功能主要体现在精神文明建设上。一方面，要加强思想政治工作，在公民中坚持开展爱国主义、集体主义和社会主义教育，发扬艰苦奋斗、勤俭建国的光荣传统，振奋民族精神。另一方面，大力发展教育、科学、广播电视、卫生、体育等各项文化事业，特别要重视科技和教育的发展。在信息与知识经济越来越占有主导地位的今天，教育与科学技术的发展和进步才是实现经济振兴的真正动力。只有依靠科学技术和科学管理才能实现优化产业结构，提高经济效益。

5. 生态职能　　过去我们将政府职能界定为"经济调节、市场监管、公共服务、社会管理"，党的十八届三中全会审议通过的《中共中央关于全面深化改革若干重大问题的决定》将政府职能概述为"宏观调控、市场监督、公共服务、社会管理、保护环境"。这一新的表述更加清晰地勾勒出市场经济条件下政府职能的准确内涵。把"环境保护"与其他四项职能相提并论、并驾齐驱地作为政府的"第五职能"。

（1）优化国土空间开发格局　　按照人口资源环境相均衡、经济社会生态效益相统一的原则，控制开发强度，调整空间结构，促进生产空间集约高效、生活空间宜居适度、生态空间山清水秀，给自然留下更多的修复空间，给农业留下更多的良田，给子孙后代留下天蓝、地绿、水净的美好家园。加快实施主体功能区域战略，推动各地区严格按照主体功能定位发展，构建科学合理的城市化格局、农业发展格局、生态安全格局。提高海洋资源开发能力，发展海洋经

NOTE

济，保护海洋生态环境，坚决维护国家海洋权益，建设海洋强国。

（2）全面促进资源节约 要节约集约利用资源，推动资源利用方式根本转变，加强全过程节约管理，大幅降低能源、水、土地消耗强度，提高利用效率和效益。推动能源生产和消费革命，控制能源消费总量，加强节能降耗，支持节能低碳产业和新能源、可再生能源发展，确保国家能源安全。加强水源地保护和用水总量管理，推进水循环利用，建设节水型社会。严守耕地保护红线，严格土地用途管制。加强矿产资源勘查、保护、合理开发。发展循环经济，促进生产、流通、消费过程的减量化、再利用、资源化。

（3）加大自然生态系统和环境保护力度 要实施重大生态修复工程，增强生态产品生产能力，推进荒漠化、石漠化、水土流失综合治理，扩大森林、湖泊、湿地面积，保护生物多样性。加快水利建设，增强城乡防洪抗旱排涝能力。加强防灾减灾体系建设，提高气象、地质、地震灾害防御能力。坚持预防为主、综合治理，以解决损害群众健康突出环境问题为重点，强化水、大气、土壤等污染防治。坚持共同但有区别的责任原则、公平原则、各自能力原则，同国际社会一道积极应对全球气候变化。

（4）加强生态文明制度建设 把资源消耗、环境损害、生态效益纳入经济社会发展评价体系，建立体现生态文明要求的目标体系、考核办法、奖惩机制。建立国土空间开发保护制度，完善最严格的耕地保护制度、水资源管理制度、环境保护制度。加强环境监管，健全生态环境保护责任追究制度和环境损害赔偿制度。加强生态文明宣传教育，增强全民节约意识、环保意识、生态意识，形成合理消费的社会风尚，营造爱护生态环境的良好风气。

第二节 公共管理职能的历史演变

一、传统社会的公共管理职能

所谓传统社会，有时也称为前资本主义时期，一般包括原始社会、奴隶社会与封建社会三个发展阶段。其中，原始社会时期由于社会生产力极其落后，其公共管理职能也极其简单，大多数都与谋取生活资料的生产劳动直接相关，不存在专门的公共管理组织或职能，其职能的运行方式是非强制性的。而奴隶社会和封建社会与之不同，二者绝大部分公共管理职能都是由国家或者说是政府组织来承担的。虽然二者存在巨大的差别，但就一般情形来说，二者的公共管理职能体系却相差不大。

总体上，前资本主义国家时期的公共管理职能体系存在三个基本特征。

（一）公共管理职能体系的重心相当清晰，即以政治统治职能为中心

奴隶主或封建主贵族通过强化政治镇压职能和国家安全职能，对内镇压广大被统治阶级的反抗，对外抵御或实施侵略，以维持本阶级的政权与经济统治地位。

（二）包括经济、文化职能在内的社会事务管理职能十分薄弱

不过，相对来说，封建社会时期的社会事务管理职能相对于奴隶社会时期有所增加。比如在中国封建国家自汉朝时起就开始举办官学，为国家培养管理人才；一些封建帝国也大都设有负责承担防洪与水利灌溉等职能的专门经济与社会事务管理组织。

（三）职能的有效运行主要依赖国家暴力手段

公共管理职能体系的运行以国家暴力手段的镇压为主要特征，这是与其公共职能体系的基本结构相一致的，也是由其社会矛盾的对抗程度所决定的。

二、西方国家公共管理职能的演变

人类社会进入资本主义阶段之后，社会经济基础发生了具有实质性意义的改变。社会生产力突飞猛进，落后的自然经济体系被更加高效的资源配置机制——市场经济机制所取代。相应地，公共管理职能体系也发生了实质性的调整与转变。不过，在资本主义的不同发展阶段，公共管理职能体系同样也分别呈现出明显的阶段性特征。这在西方各国公共管理职能体系的历史演变过程中有充分体现。具体地，根据其内在特点，西方国家公共管理职能的发展可划分为三个不同阶段。

（一）自由放任主义阶段

自由放任主义时期是资本主义发展史上的成长阶段。在这一时期，自由的市场经济取代了自然经济，大大小小的资本主义企业在刚刚形成不久的统一市场上自由地开展竞争，社会生产力得到迅速发展，在很短的一段时间内就创造了前所未有的社会财富。与此相适应的是，政府的公共管理奉行"政府要好，管理要少"的理念。除了必需的政治统治职能外，在经济与社会管理方面实行"私人自治"原则，主要是依靠"看不见的手"即市场来调节与引导经济及其他各方面社会事业的发展。在这一阶段，根据自由主义经济学早期代表亚当·斯密的观点，公共管理部门所应承担的职能或说"统治者的责任"只包括国家安全、法律秩序及少量的社会基础设施供应等三个方面。

这一时期的公共管理职能体系呈现以下几个特点。

1. 政治职能仍然占据中心地位　这主要是运用国家机器保卫国家安全和必要的社会法律秩序。但与此同时，一些有关公民政治与社会权利的法律，尤其是宪法得到制定与实施，使得民主政治职能也得到前所未有的发展。

2. 政府承担起"守夜人"的角色　在经济与社会职能方面，奉行自由放任主义政策，公共部门基本上起着维护社会与市场秩序的"守夜人"角色。

3. 社会管理职能逐渐加强　相对于传统国家而言，自由主义政府已经意识到，出于对整体利益的考虑，公共部门应该向社会提供某些类型的"公共商品"。在亚当·斯密看来，尽管要准确区分哪些产品属于这种类型并非易事，但教育至少是最基本的一类。由此可见，早期资本主义公共管理职能体系中已经包含了一些积极的社会管理职能。

（二）国家干预主义阶段

从 19 世纪末一直到 20 世纪 70 年代末，资本主义进入垄断主义时期。自由的市场竞争导致生产资料与社会财富日益集中在少数垄断组织和个人手中，这不仅使得市场无法依靠自身来实现自由运行，同时使得社会贫富分化，劳资矛盾也不断激化。因此，早期资本主义政府所奉行的自由放任主义政策及"守夜人"职能模式不能适应社会各方面发展的要求。与此同时，"福利主义"与"凯恩斯主义"等国家干预主义取代自由放任主义成为主流社会管理理论。相应地，西方各国公共管理职能体系也进行了大规模的调整。

在这一历史阶段，西方各国政府对其公共部门的职能体系进行了全面的改革与调整，具有以下几个特点。

1.政府权能体系迅猛扩张　"行政国家"取代"守夜警察"成为各国政府职能体系发展的主流趋势。由于自由市场自身发展所导致的垄断问题与社会财富"马太效应"的产生，这一方面使得自由放任的资本主义再也无法仅仅凭借市场的自动调节来促成社会资源的有效配置，并推动生产力与国民财富的不断增长，另一方面也使得社会矛盾，主要是劳资矛盾日益尖锐。其结果是以经济危机为核心的政权与社会秩序危机的持续加深，这集中表现在全球性经济危机与两次世界大战的爆发上。在这种情况下，先是"福利国家论"，然后是"凯恩斯主义"理论要求重新确定公共部门对社会及其国民所承担的责任，从而减轻古典自由主义政策所不能规避的种种经济与社会危机。于是，所谓"行政国家"，即在法制基础上以职能范围、机构与人员规模的不断扩张为显著特征的政府权能体系取代放任政府模式，成为西方各国政府的发展取向。

2.各国公共部门政治职能总体上进一步得到加强　由于经济与社会矛盾的普遍激化，为了维持必要的政治与法律秩序，西方各国的政治统治职能普遍得到加强。其中，以德国和日本为首的国家甚至一度走上了法西斯恐怖统治的极端道路。至于政治民主职能，除了美国等极少数国家之外，在西方各国总体上有所削弱。

3.在经济与社会职能方面，各国普遍采取了积极干预的职能模式　面对自由市场竞争所无法避免的种种经济与社会危机，西方各国逐渐认识到放任主义的局限性。事实上，早在19世纪末，德国的首相俾斯麦就已经意识到建立养老金制度的必要性，从而使得德国成为被人们视为福利国家的起源地。而凯恩斯主义的兴起更是要求各国政府采取积极的干预主义政策以解决经济发展、就业与社会福利等前所未有的公共价值目标问题。尤其在第二次世界大战之后，大多数西方国家都实施了全面的福利政策，为公民提供"从摇篮到坟墓"式的福利保障。与此同时，西方各国的公共事业组织也迅速成长起来。

（三）新古典主义阶段

毫无疑义，对于普通民众而言，干预主义公共管理职能模式无疑具有很大的吸引力。但经济与社会发展的历史表明，市场不能解决的问题公共部门也未必能解决好，甚至有可能给社会带来更大的损害。尤其是从20世纪70年代末开始，西方各国普遍出现了以低经济增长、高通货膨胀、高财政赤字与高失业率，即所谓"三高一低"为特征的社会与经济发展"滞胀"现象。由于这种现象干预主义理论解释不了，也无法解决，西方各国开始对干预主义失去信心。相应地，各国公共管理职能逐渐进入了一个新的发展阶段，即所谓的新古典主义时期。

新古典主义，又称为新自由主义，其基本理论要点是在重申个人理性假设的基础上主张在社会经济生活中市场力量的角色最大化和政府角色的最小化。在这一理论的指导下，西方各国政府对公共管理职能体系从范围到内容进行了较为全面的调整，开展了一场方兴未艾的公共改革运动，也就是所谓的新公共管理运动。根据这一运动的发展趋势，结合新古典主义理论的基本主张，当今西方各国公共管理职能体系呈现出以下特点。

1.民主建设职能进一步加强　政治职能中对内的统治职能尤其是暴力镇压职能相对有所弱化，而民主建设职能则得到进一步加强。各国政府一方面推行提高公共管理透明度的管理机制改革，确保公众对管理职能及其运行过程的参与权与知情权；另一方面则积极推行公共权力社会化改革，强调放松管制与促进社会自治，把尽可能多的政治统治权力转化为社会自治权力。但是，与此同时，在国家安全职能方面，面对全球化及国际政治经济格局转变所带来的竞争与压力，西方各国正日益关注加强各自的国家防卫与外交职能，以保护国家利益和减轻所面临的国际环境的不确定性。这突出表现为当代西方各国国防建设投入的持续增加及国家交往活动的日益频繁。

2. 经济社会管理职能的地位日益突出　　经济社会管理职能在各国公共管理职能体系中所占地位越来越重要，甚至成为核心政府职能。新古典主义并非古典自由主义的简单再现。尽管新古典自由主义也主张充分发挥市场在社会资源配置过程中的主导作用，但是，它也意识到市场存在着缺陷，也强调要利用公共管理组织，尤其是政府来弥补市场机制存在的不足。一方面，它强调要加强公共部门的经济管理职能，希望能运用各种宏观调控政策的引导来实现国民经济的协调与持续发展，并直接或间接地促成各种公共物品与服务的生产；另一方面，公共组织的社会管理与服务职能也不断得到加强。随着经济全球化进程的加快与各国经济的持续发展，诸如就业、交通、人口、环境保护等社会问题日益突出。为维护社会经济的发展和政治的稳定，西方各国政府及其他公共组织不得不承担起相应的社会管理与服务职能。

3. 公共管理职能主体的多元化与政府职能的不断强化并存　　如前所述，为确保经济社会的持续发展和政治的稳定，西方各国政府在政府改革过程中不断加强其宏观经济职能与社会发展职能，使得相关政府职能不断得到强化。但是，由于信奉"政府角色最小化"和"无形的手"的主导性作用，自 20 世纪 70 年代末以来，西方各国一直推行公共管理职能与权力的社会化改革运动，其目的是要通过各种民营化改革把尽可能多的政府职能推向社会，实现所谓的权力回归，从而缩小政府规模，减轻财政负担。其结果是许多公共管理与服务职能由非政府性社会公共组织来承担，促成了公共管理主体多元化格局的形成。

三、我国公共管理职能的发展变化

1954 年第一届全国人民代表大会第一次会议制定并通过了新中国的第一部宪法，随后在宪法的指导下，制定了有关政府组织及公共权力管理的一系列法律。在此基础上，我国也逐步建立起与国家政权性质相适应的公共管理职能体系。但是，随着国内外政治、经济与社会环境的不断发展变迁，我国公共管理职能体系也经历了一个逐步发展的过程。总的来说，以公共管理职能重心的转变为标志，我国公共管理职能体系目前正处于转型阶段。

（一）传统计划经济体制时期的公共管理职能体系

我国传统的公共管理职能体系是参照原苏联的高度中央集权模式建立起来的，这种模式的主要特点是在政治、经济、社会、文化等各方面都实行高度集中的统一管理。在这种职能模式下，传统公共管理职能体系具有以下几方面特征。

1. 以阶级斗争作为整个公共管理部门的工作重心　　政治统治职能占据绝对主导性地位，而忽视民主建设职能，在"文化大革命"这很长一段时期内，甚至可以说民主建设职能遭到了无情的践踏。这种职能取向与安排在一定程度上有其客观历史原因，但是其历史教训是极其沉重的。

2. 政府包揽一切经济管理职能　　事实上，我国在很长一段时间内实行高度中央集权的计划经济体制，并不存在现代意义上的市场，也不存在现代意义上的企业，或者说微观经济主体。市场买卖行为曾一度被禁止，企业沦为政府的附属生产车间。企业的产、供、销、人、财、物等一切具体、直接的微观管理权力和管理职能都由各级政府统一行使。

NOTE

3. 社会职能相当薄弱　社会、文化等管理职能也基本是由政府统包统揽的，服务职能相当薄弱。除了党与政府及其有关附属组织之外，其他类型的社会组织实际上几乎被禁止存在。因此，一切社会、文化管理职能也只能由党和政府及其附属组织来履行。党、政、社合一的人民公社是这一职能模式的集中体现。但是，由于种种主观和客观原因，这些职能，尤其是各种服务职能没有、也不可能得到有效的履行。

4. 公共管理职能的行使手段单一　在公共管理职能的运行方面，传统公共管理体系只注重思想政治教育与行政强制手段的运用，尤其是一味依靠行政强制手段来推行各项公共管理职能。事实证明，单靠这两种手段没有、也无法使公共管理职能得到长期有效的履行。

（二）我国公共管理职能体系的转变

很显然，传统的公共管理职能体系是新中国成立初期政治经济环境的产物。在社会主义政权建立的过程中，在国家政权面临外来侵略与需要迅速恢复经济的非常时期，这种职能模式发挥了不可忽视的重要作用。然而，一旦转入正常建设时期，这种职能体系固有的或人为的种种弊端就暴露无遗，这种职能模式也就再也无法适应各方面发展的需要。尤其是自十一届三中全会以后，我国开始进入社会主义经济体制转轨时期，相应地，公共管理体系的重心及其基本构成必然也要做出相适应的调整与转变。

1. 职能重心的转移　新中国成立以后，主要是在1956年后的长达20多年时间里，在极"左"思想的指导下，中国共产党和政府走上了一条"以阶级斗争为纲"的错误路线，重政治阶级斗争，轻经济与社会发展建设。其导致的结果是专政职能几乎成为公共管理部门的唯一职能，经济与社会发展停滞不前，国民经济几乎崩溃。幸运的是，党的十一届三中全会指出将党与国家的工作重心转移到经济建设方面，使国家生活步入正常的发展轨道。相应地，公共管理职能体系也由以阶级斗争为纲、以专政职能为重心转向以经济建设为中心、以经济与社会发展职能为重心。这就实现了我国公共管理职能重心的根本转移，从而也使得我国政治、经济与社会生活进入了一个新的发展阶段。

2. 职能体系的转变　所谓公共管理职能体系，在这里主要是指特定环境下，国家公共管理职能的基本构成及各种职能的相对重要程度。由于职能重心发生转移，同时也由于国内外政治经济环境的转变，尤其是受加入世界贸易组织（WTO）及经济全球化的影响，我国公共管理职能体系的具体构成正呈现出以下发展趋势。

（1）国内统治职能日益次要化，地位相对弱化。

（2）宏观经济调控与市场培育职能地位日益突出，且占有主导性地位。

（3）教育、科学、文化等职能将逐渐得到重视与加强，以建立健全、高效的教育体系与科学文化发展体制。

（4）对外交往职能急剧扩张，不仅外交部，其他政府职能部门甚至其他公共管理主体都将强化其外交功能。

（5）国家防卫职能也将适当加强。

3. 职能方式的转变　职能重心与职能结构的转变必然要求公共管理职能的运行方式做出相应的调整。

（1）社会资源配置方式　由传统体制下重计划反市场机制转向建立社会主义市场经济体制。社会主义市场经济体制是以社会主义公有制为基础，使市场机制在社会资源中发挥基础性作用，辅之以国家宏观调控弥补市场局限的经济体制。显然，由政府的行政指令进行资源配置到遵循价值规律的要求进行资源配置是一种根本性的转变。

（2）社会经济职能的运行方式　由传统的微观、直接管理方式向宏观、间接管理方式转移。在高度集权的计划管理体制下，我国经济与社会各项管理职能的行使都是采取直接的、微观的管理方式，对一切经济与社会管理事务，不分大小，都由政府统一计划，统一管理。这就使得政府管了许多不该管、管不了、管不好的事情，并且也不利于包括企业和职工在内的其他社会主体主动性、积极性的有效发挥，严重阻碍了经济与社会事业的发展。而在社会主义市场经济体制下，我国一方面要大力实现管理职能的社会化改革，把许多本来就不应该由政府行使的职能归还给各种社会主体，以充分调动各方面的主动积极性；另一方面也要充分发挥市场的调节功能，建立起"政府规范市场，市场调节企业"的宏观、间接的政府运行方式。

（3）管理手段　由以运用行政手段为主转向以运用经济、法律手段为主。在传统计划体制下，单一化的公共管理部门，也就是各级政府直接运用行政权力，通过行政命令等强制性的行政手段来实施各项管理职能，这是与传统的资源配置机制及公共管理职能运行方式相一致的。但是，随着社会主义市场经济体制的建立，社会资源配置机制及公共管理职能运行方式的转变，公共管理职能的实施手段也必然要进行相适应的调整。而市场经济本身就是法制经济和利益驱动型经济，这使得经济与法律手段成为经济与社会管理活动的内在要求。社会管理实践证明，经济与法律手段一般来说更有助于调动各方面主体的主动积极性和创造潜能，从而取得更好的经济与社会效益。

4. 职能关系的转变　职能关系主要涉及不同职能由谁来行使及主体间职责权限的划分问题。分清职能，理顺关系，划清职责权限是职能转变的一个关键环节。当前，我国公共管理职能主体之间关系不顺、职责不清的现象还相对严重，甚至在公共部门与私营部门之间也存在一定程度的职能交叉。因此，进行职能关系调整与转变也是实现我国公共管理职能优化的一个重要环节。

（1）中央与地方、上级与下级政府间及各职能部门间职能关系　一方面，要确保中央与上级政府制定的各项政策、目标得到顺利的贯彻落实，另一方面也要使得各地方及各级政府能够及时、有效地处理辖区或职能范围内的相关事务。这就需要以法律的形式明确规定各自的职能范围与相互关系。与此同时，也要实现同级政府或同一政府内部各职能部门间职能关系，消除职能交叉或界限模糊不清等问题。

（2）政企关系　政企分开是实现我国政府职能转变的关键所在。要实现这一分开，理顺政企关系，首先，要实现国有资产所有者职能与公共管理者职能分开，也就是要把承担公共事务管理职能的政府与作为国有资产所有者的政府实现分离。前者的主要职责是促成整个国家经济与社会的持续、有序发展，是以市场的调节者与辅助者身份出现的；而后者则以实现国有资产的增值保值为首要职责，以微观市场经济主体的身份存在。其次，要实现以营利为主要目标的国有企业和以公共物品的提供为主要目标的国有企业的分离。这是因为二者的性质、存在目标和价值有着根本性区别。最后，要实现国有企业所有权与经营权相分离。这是建立现代企业制度、实现国有资产优化配置的基本要求。

（3）党政关系及各种国家权力机关间关系　要在坚持党的政治、组织与思想领导的前提下，改变传统体制中党政不分，主要是以党代政的不正常关系，确保中国共产党与各级政府都能够在宪法与法律规定的范围内独立行使各自的职能。同时，也要理顺政府与其他国家机关之间的职能关系，主要有狭义政府与人大、司法机关间的职能关系，其直接目的是要各种国家政权机关职责清楚、关系明晰，使得它们能有效承担与履行各自的权责义务，从而最终能够协作一致，实现公共权力部门的各项政策目标。

（4）政府与其他公共管理主体间关系　除了以上主体间职能关系之外，我国政府还应该随着经济与社会的具体发展情况，及时调整政府与其他公共管理主体之间的职能关系。其中，首先要理顺政府与各种自治性公共组织之间的关系，如进一步完善基层政府与村民自治组织之间关系的相关法律法规，使这些组织能够真正行使法律法规所规定的各项自治职能。其次，还要通过多种方式培育社会自治能力，并适时推行政府职能社会化改革，把各种社会组织能够自行实施的公共事务管理职能尽可能多地交由社会组织承担。

第三节　公共管理职能转变

一、公共管理职能转变的动因

公共部门管理职能的转变是根据国家和社会发展的需要，对其职能的范围、内容和方式做出调整和变革，它的转变受到多方面的影响和推动。

（一）经济和社会服务职能地位的不断上升

在政府的职能体系中，公共管理的政治、经济、文化和社会服务职能是交互作用的。当前世界各国都把发展经济和社会稳定作为其主要任务，经济职能和社会服务职能逐步成为政府职能的中心。为维护经济发展，创设良好的社会环境亦成为政府的首要任务。当代世界各国，政府职能表现出一个基本的变化倾向，即政治统治职能的弱化，而经济职能和社会服务职能的强化。

（二）行政职能日益社会化

从目前许多国家行政改革的实践看，国家的行政职能并不绝对完全由政府承担。许多国家从立法上将行政职能进行分解，分别授权给若干个组织系统或机构具体执行，由社会承担。如美国国会建立的联邦能源管理委员会、联邦储备系统、联邦通信委员会等独立管理委员会就是行政职能分解的典型例子。行政职能社会化的另外一种表现是执政党或其他政治组织对公共管理的参与。这些职能的履行通常是和执政党或其他政治组织的领导地位或政治作用有关，主要集中于国防、外交、计划、人事、经济等有全局性影响的问题上。这种参与带有较多的政治因素，是和政府的政治职能密不可分的。政党和政府的关系问题直接影响到国家的统一和稳定，由于各国国情不同，所采用的国家领导体制和行政体制也各不相同，因此，执政党或其他政治组织承担行政职能的情况也各自具有不同的特点和体制。

（三）地方政府在公共管理中发挥越来越大的作用

行政职能下移不仅仅是国家行政改革的结果，更是地方政府自身优势的发挥。首先，地方政府了解当地的实际情况，有助于贯彻实事求是的思想原则，克服"唯上级命令是从"的官僚主义。其次，地方政府更具时效性，能够针对本地公共事务管理中出现的新变化和新问题迅速做出反应，及时进行决策和管理，相对克服层级上报带来行政效率低的弊端。再次，更易发挥地方政府的灵活性，调动地方政府的积极性，促进地方政府以积极主动的态度和行而有效的方法推动公共管理。最后，有助于增强地方政府领导者的责任感，能够使行政领导者近距离地切实感受到社会公众的需要，主动地、富于创造性地开展公共管理活动。

地方政府承担公共管理职能的大小是与社会发展程度密切相关的。一般而言，经济发达地区的地方政府要比经济落后地区的地方政府承担更多的公共管理职能，城市化率高地区的地方政府要比城市化率低地区的地方政府承担更多的公共管理职能，大城市的地方政府要比小城市的地方政府承担更多的公共管理职能。

（四）公共管理日益法治化

公共管理的法治化是指公共管理的主体依法行政，做到懂法、知法、守法和执法，而不能将之简单理解为用"法"来治理，"法"不是行政主体用以治理民众的唯一工具或武器。实现公共管理法治化是指公共管理主体必须在法律赋予的权限范围内开展活动，一切管理行为要有法律依据、符合法律规定、遵循法律程序、承担法律后果。

随着管理事务的范围不断扩大、管理事务的内容日趋复杂化，现代公共管理要求实现规范的法治化管理。从世界各国公共管理的实践看，法治化已是现代公共管理的必然趋势。如日本的每一次行政改革或提出重大改革措施，都是由内阁向国会提出法案，国会通过后成为法律，然后公布实施；英国政府的管理也一直在强调公共管理主体要做到有法律依据，实行"先立法后改革"的做法；美国宪法本身就明确规定，总统和政府级行政机构的权力是由宪法和法律授予的，其一切行政活动都必须以法律为依据，未经授权不得擅自采取任何活动。

二、公共管理职能转变的内容

我国公共管理职能转变主要表现在以下两个方面：一是为适应市场经济体制的确立而进行的职能转变；二是为实现"中国梦"而进行的职能转变。其中第一个方面在本章的第二节内容中有过论述，本部分着重分析第二个目标下的公共管理职能转变。

"中国梦"的本质内涵是实现国家富强、民族复兴、人民幸福。当代中国所处的发展阶段，决定了全面建成小康社会是"中国梦"的根本要求，相应地，政府行政职能也随之发生了一定的转变。

（一）公共管理职能内容的转变

实现"中国梦"的主要动力，第一是追求经济腾飞，生活改善，物质进步，环境提升；第二是追求公平正义，民主法制，公民成长，文化繁荣，教育进步，科技创新；第三是追求富国强兵，民族尊严，主权完整，国家统一，世界和平。为了实现"中国梦"，政府的行政职能又展现了新的内容，主要体现在以下几点。

1. 经济发展方面，全面深化经济体制改革，加快转变经济发展方式　继续处理好政府和市场的关系，更加尊重市场规律，更好发挥政府作用。健全现代市场体系，加强宏观调控目标和政策手段机制化建设。加快改革财税体制、金融体制，健全中央和地方财力与事权相匹配的体制，完善促进基本公共服务均等化和主体功能区建设的公共财政体系，构建地方税体系，形成有利于结构优化、社会公平的税收制度。完善金融监管，推进金融创新，维护金融稳定。

实施创新驱动发展战略，深化科技体制改革，推动科技和经济紧密结合，加快建设国家

NOTE

创新体系，着力构建以企业为主体、市场为导向、产学研相结合的技术创新体系。完善知识创新体系，强化基础研究、前沿技术研究、社会公益技术研究，提高科学研究水平和成果转化能力，抢占科技发展战略制高点。实施知识产权战略，加强知识产权保护，促进创新资源高效配置和综合集成。

推进经济结构战略性调整，改善需求结构、优化产业结构、促进区域协调发展、推进城镇化为重点，着力解决制约经济持续健康发展的重大结构性问题。

2. 社会管理方面，要全面建成覆盖城乡居民的社会保障体系　要统筹推进城乡社会保障体系建设，坚持全覆盖、保基本、多层次、可持续方针，以增强公平性、适应流动性、保证可持续性为重点。改革和完善企业和机关事业单位社会保险制度，整合城乡居民基本养老保险和基本医疗保险制度。完善社会救助体系，健全社会福利制度，支持发展慈善事业，做好优抚安置工作。积极应对人口老龄化，大力发展老龄服务事业和产业。健全残疾人社会保障和服务体系，切实保障残疾人权益。健全社会保障经办管理体制，建立更加便民快捷的服务体系。

根据我国国情，大力促进教育公平，合理配置教育资源，重点向农村、边远、贫困、民族地区倾斜，支持特殊教育，提高家庭经济困难学生资助水平，积极推动农民工子女平等接受教育。开展爱国卫生运动，促进人民身心健康。坚持计划生育的基本国策，提高出生人口素质，逐步完善政策，促进人口长期均衡发展。

加强和创新社会管理。积极提高社会管理科学化水平，加强社会管理法律、体制机制、能力、人才队伍和信息化建设。改进政府提供公共服务方式，加强基层社会管理和服务体系建设，增强城乡社区服务功能，强化企事业单位、人民团体在社会管理和服务中的职责，引导社会组织健康有序发展，充分发挥群众参与社会管理的基础作用。

3. 深入推进文化、社会及生态文明建设　"深化生态文明体制改革，加快建立生态文明制度"，是在"建设生态文明"的基础上，又进一步提出的一个新的要求。坚持科学发展观和建设生态文明，引导全社会加快经济转型升级、加强生态文明建设。在建设生态文明过程中引导全社会树立人与自然和谐相处的生态文明理念，引导公民参与生态建设，调动社会公众建设生态文明的积极性，增强人民群众对生态文明建设的责任和紧迫感，从而推进生态文明建设与发展。

一是运用制度手段和政策手段，通过制度构建和政策供给调节约束企业和公民的行为，建立符合生态文明建设的许可制度、奖惩机制、生态补偿制度、生态问责制度等。二是运用财税手段，运用经济方法调整企业生产行为和公民消费行为，如对于污染环境和破坏生态平衡的消费行为加征消费税，对生产企业增设环境污染税、大气污染税等，引导全社会的生产和消费符合生态文明建设的要求。三是运用法律手段，通过完善立法，加强执法力度，严厉追究污染环境和破坏生态环境的企业和个人的法律责任，为生态文明建设提供法律保障。

（二）公共管理职能方式的转变

1. 宏观调控与服务功能兼容，建设服务型政府　政府行政管理中坚持以群众为本的理念，在科学发展观的指导下，实现社会与人民群众的共同发展，就是坚持以人为本，重视维护和实现人民群众的根本利益。创新政府管理的方式方法，实现电子政务管理，促进政府管理方式从人工管理转变为电子化、智能化管理，进一步促进政府管理的公开性和透明度，加快政府职能转变，实现政府的服务管理质量和效果。坚持民主科学的管理机制，实现人民群众参与、专家与政府相结合的政策决策体制，实现集体决策与专家咨询，完善社会听证及公示体制，明确决策的相关责任及责任人，保证决策的科学合理。加强社会的职能体现，将政府的部门权力归还给社会，交由社会组织处理。

2. 继续简政放权，提高政府公信力和执行力　按照国务院关于不再保留"非行政审批"这一审批类别的要求，对非行政许可审批事项分类逐一进行深入清理，取消了没有法律法规依据、不按法定程序设定的非行政许可审批项目。对《行政许可法》明确要求设定的非行政许可审批事项，按照程序转为行政许可审批。对没有法律依据确需保留，不涉及公众，或具有行政确认、奖励等性质的事项，调整为政府内部审批，从而从制度上清除了审批"灰色地带"，堵住了权力寻租的"后门"，便利群众。坚决清理和精简职业资格许可认定，按照"减到位、落到底、定期检查、不留尾巴、不搞变通"的要求，对饱受群众诟病的"证照多"及"挂证""助考""考培挂钩"等问题集中开火。全面清理规范中介服务，开展行政审批中介服务和中介机构清理工作，采取严格设定的中介服务标准，着力破除中介服务垄断，规范中介服务收费。推动行政机关与中介机构逐步实现机构分设、人员分开、职能分离、财务分账、业务脱钩。

3. 坚持依法行政，构建法治社会　改进政府的立法工作方法，从全局考虑城乡、经济社会、人与自然、国内及对外等各项事业的发展情况，做到工作计划的科学、规范。逐步加强政府的立法工作，加强市场经济调节、监管及社会管理、公共服务方面的立法工作，保证政府工作有法可依、有据可循。坚持平等、正义的原则对现有的法律规范进行完善和补充，取消和修订不符合原则的法律规定。增强法律规定的透明度，严格法律规定制定的执法程序，自觉主动接受社会公众的监督。同时，逐步加强现代化信息技术的使用，提高依法行政的效率，加强信息的传播。

复习思考题

1. 如何理解公共管理职能的基本内涵？

2. 公共管理职能的程序性职能有哪些？任务性职能包含哪些内容？

3. 如何认识当前西方发达国家公共管理职能最新的发展变化趋势？

4. 结合实现"中国梦"，试分析在新的历史时期我国公共管理职能体系有何特征，其发展趋势如何？

5. 结合当前国内外发展形势，试述我国公共管理职能转变的必然性及其要求。

第二篇　制约与保障

第五章　公共管理环境

第一节　公共管理环境概述

一、公共管理环境的含义

公共管理环境是指对公共部门及其管理过程、管理方式、管理效果产生直接或间接作用或影响的外部条件的总和。公共管理环境对于公共管理意义重大，它是公共部门及其管理者开展活动的根本依据和出发点，它的发展变化影响和制约着公共部门管理职能的确立及其变革。一般而言，公共管理环境具有如下四个方面的特征：

（一）范围广泛

作用于公共管理部门的外部条件和要素，有物质的，也有精神的；有自然的，也有社会的；有国内的，也有国际的，这些都可能属于公共管理环境范畴。从地形地貌、山川河流到气候特征、自然资源；从人口素质、民族关系到阶级关系、历史传统；从文化教育、科学技术到社会、政治、经济制度；从生活方式、人际关系到价值观念、道德风尚等，都能对公共管理发生作用，又为公共管理所改造，因而都属于公共管理环境的范畴。

（二）内容复杂

公共管理环境是一个复杂的开放系统，它对于公共管理活动的影响是广泛而复杂的。构成公共管理环境的条件和要素不仅范畴广泛，而且关系错综复杂。例如，单就科学技术这一要素讲，它同人口素质、文化教育、社会制度、生活方式、价值观念等要素之间的关系及其他要素之间的关系也是非常复杂的。

（三）作用各异

从整体上看，公共管理环境是影响公共部门有效管理的基本条件，也是公共部门赖以生存发展的关键因素。但是，由于公共管理环境是一个包含众多要素的体系，因此对公共管理主体的影响与作用也有着较大的差异，直接或间接地影响着公共管理主体，影响可能是决定性或突发性的，也可能是渐进性或持久性的。不同国家、地区、民族之间公共管理的环境千差万别，公共管理的主体对其环境的影响也存在着各种差异。

（四）动态发展

公共管理环境不是一成不变的，而是在动态中不断发展。公共管理环境中各要素的变化，或是潜在的，或是明显的，前者像是"风平浪静"，后者则如"轩然大波"；或小或大，前者是基本稳定的，变化不大，后者是变化明显，甚至是异常；公共管理环境各要素之间的变化，或是文化教育提高了人口素质，或是科技发展改变了生活方式，或是经济变化引起了政治变革等。

二、公共管理环境的理论依据

公共管理环境对公共管理活动有着重要的影响，它是公共管理活动的根本依据和出发点。其理论依据主要有：

（一）辩证唯物主义与历史唯物主义理论

辩证唯物主义理论认为在处理人与环境的关系过程中，应该将环境作为人物活动的一切基础，人的互动行为应该随着环境的变化做出相应的改变。与此同时，作为人类活动对象的环境也必将随着人类的活动而改变。这也表明了环境的改变和人的活动的一致是在实践基础上的一致。历史唯物主义进一步深化了两者之间的关系，认为在社会历史领域内，起主导性的生产关系的总和构成了一个社会基本的社会经济基础，而上层建筑则是建立于生产关系之上的政治经济法律制度和社会意识形态。经济基础决定了上层建筑的性质与结构，而上层建筑则必须适应经济基础的变化和发展。同时，上层建筑并非只是单纯地受制于经济基础，它依然会对经济基础产生能动的反作用。辩证唯物主义关于人与环境关系，以及历史唯物主义对经济基础与上层建筑关系的科学阐述，为分析公共管理与公共管理环境的关系问题提供了最基本的理论依据。公共管理系统相关的公共部门的性质、结构、职能和变化是公共管理活动的上层建筑的重要组成部分，受到以经济环境为核心的公共管理环境的支配和制约。同时，在一定条件下，它也可以能动地改变和创新公共管理环境。

（二）开放式系统理论

开放式系统理论主要是分析作为开放式系统的组织如何适应环境改变。该理论的代表人物是美国的丹尼尔·卡茨（Daniel Katz）和罗伯特·L·卡恩（Robert L Kahn）。在 1966 年他们出版的《组织的社会心理学》一书中，两位作者指出，任何组织都是一种开放性的系统，它通过输入、输出及反馈等过程同外部环境保持着能量的交换，从而增强自己的生命力。组织作为一个高效运作的系统，必须努力适应各种影响，满足社会、经济和技术因素所提出的强制性要求。他们的观点显示了系统理论的普遍性和探索性的特点。公共部门作为组织形式的一种，也应该是一种开放式的系统。公共部门通过公共管理环境之间的"能量"交换，不断了解社会的需求，提高自己的适应能力，从而使自身也不断发展，更好地实现自己的目标。

（三）偶然性理论

偶然性理论是 20 世纪六七十年代形成的在组织分析中居于支配性地位的理论，詹姆斯·汤普森（James Thompson）是该理论的主要代表人物。该理论认为，高效的组织可以使其结构适应于偶然性事件，这些影响组织结构和设计的主要偶然性因素包括环境的不确定性和复杂性、组织任务技术的多样性和复杂性、组织的规模及管理人员的战略策略。组织的环境具有复杂性和不确定性，组织可以通过采取更为复杂、更为灵活的结构而对此做出反应。在较为简单均一、稳定的环境中，组织可以采用机械运动型和集中化的结构取得成功。而在复杂、不稳定的环境中，组织要取得成功必须更为有机地将权力分化给各部门，但同时也应具有相应的凝聚程序。偶然性理论为公共部门更好地迎接其任务和环境的需求所带来的挑战提供了理论指导。

三、公共管理环境与公共管理的辩证关系

公共管理与公共管理环境密切关联，它们相互影响、相互依赖。公共管理是适应其所处的内外部环境的需要而产生的，又能动地选择与塑造外部环境。与此同时，公共管理系统也在不断地塑造着新的外部环境，使之不断地适应公共管理系统的变化与发展。公共管理环境与公共管理的辩证关系决定了两者之间不断磨合互动和互相塑造的过程。

（一）公共管理系统对外部环境的依赖

公共管理系统对外部环境的依赖具体包括：第一，公共管理系统是适应外部环境的需要而产生的；第二，外部环境的需要不仅决定公共管理系统的产生，而且制约着其价值观、目标、规模、结构与行为方式；第三，公共管理系统的物质要素——人、财、物，非物质要素——信息，都要从外部环境输入。因此，公共管理系统只有不断地与其外部环境进行物质、能量与信息的交换，只有适应外部环境的需要，才能求得生存，才能发挥其功能作用，并反作用于外部环境，服务于社会。

公共管理系统对外部环境的依赖依照其依存的类型与程度可以划分为宏观和微观依赖。所谓公共管理系统对公共管理环境的宏观依赖是指公共管理系统广泛依赖影响其自身运作的外部环境。例如，一国所处的自然地理环境及该国在国际社会中的实际地位，这种管理系统外部环境对公共管理活动产生了重要的影响，一定程度上决定和塑造了一国公共管理系统的基本结构。所谓公共管理系统对公共管理环境的微观依赖是指公共管理系统对某个影响其运作的外部环境的特定性依赖，例如学校的公共管理系统依赖于整个社会的教育体制，政府地质部门管理系统的设置有赖于该国特定的地质资源，例如海湾国家往往设置"石油部"就是这种微观依赖的具体表现。但是值得注意的是，这种公共管理系统对公共管理环境的宏观依赖与微观依赖只是相对的。这种宏观与微观依赖并非体现为孰轻孰重，只是体现为对公共管理系统影响的方式、角度的差异。

（二）公共管理系统对外部环境的选择与塑造

公共管理系统对外部环境的选择与塑造具体包括：第一，公共管理系统作为一个开放的系统，必须要从外部环境中接受物质、能量和信息的投入。但是，公共管理系统不可能接受外部环境的所有投入，而必须有所选择和取舍，只纳入自身所能接受的那一部分。第二，公共管理系统不仅选择外部环境，更要设法改善、控制外部环境。公共管理系统通过对外部环境的改善，使外部环境得到优化；公共管理系统通过对外部环境的控制，使其按照公共管理系统的希望与要求去发展。随着现代政府的功能领域不断扩大，管理范围逐渐加宽，公共管理系统对外部环境的反作用也越来越大。公共管理系统功能的大小、管理的好坏，在很大程度上直接决定了社会的治乱兴衰。

总之，公共管理系统与其外部环境之间的关系是辩证统一的关系。外部环境创造了公共管理系统，而公共管理系统反过来又改变了外部环境。公共管理系统首先从其外部环境中吸取物质、信息与能量，接受外部环境的要求或支持。然后，又经过自身的加工，将其转换为路线、方针、政策及具体的公共管理行为，输出给外部环境以满足外部环境的需要并推进社会的发展。

NOTE

（三）公共管理系统应对公共管理环境要素的要求

固然公共管理的内外部环境对公共管理系统有着深刻的影响，但是公共管理必须根据所面对的各种环境要素的复杂状况，因人、因时、因地、因事确定适宜的公共管理的原则、目标、方式和方法，具体而言需要明晰以下几个基本原则。

一是就公共管理的原则而言，世界上不存在一套百试不爽的公共管理原则。任何管理原则都必须符合各种环境要素的要求，脱离环境要素要求的原则就变成了教条，用教条去指导公共管理的实践势必失败。显而易见，公共管理的原则在不同的公共行业、公共部门或单位都应各有其特点，切不可不顾自身的特点千篇一律地去套用对别人行之有效的原则。

二是就公共管理的目标而言，不同的公共行业、公共部门或单位应根据其所面临的内外部环境要素的具体状况，确定切实可行的管理目标。不顾自身环境要素的制约，盲目地确定高目标，或不能充分利用环境要素提供的可能保守地确定低目标，都不会取得管理的最佳效果。

三是就公共管理的方式方法而言，更要与所面临的环境要素相适应。公共管理的方式方法一定要灵活可行，尤其在专业分工日趋细密的市场经济体制下，昔日行之有效的公共管理的方式方法是否在今日仍能普遍适用，应视其所面对的环境要素而定。比如在正常的环境或处于危机状态的环境下，所采取的管理方式方法就是大不一样的。

总之，任何一项公共管理活动如果能够在管理原则、目标、方式和方法几个方面都与其所处的各种环境要素相适应，符合其要求，就会取得成功，否则将招致失败。

判断公共管理成败的标准最终反映在公共管理的效率与效益之间的关系上。所谓效率，是指投入与产出的关系。如果投入固定，产出提高了，就意味着效率提高了；或者投入减少了，产出仍能保持不变，那也意味着效率提高了。本文所言的投入，相当一部分就是公共管理环境所包含的资金、人力、设备、组织、知识和关系等资源的投入。然而仅有效率是不够的，公共管理还讲究效益。也就是说，公共管理活动只有达到其预定的目标才算是有效益的。效率涉及的是管理的方式，效益涉及的是管理的结果。或者说，效率是手段，效益是结果。效率追求的是在资源利用时的低耗费，效益追求的是目标实现时的高成就。显而易见，只问目的，不择手段的公共管理观念已经过时。只讲效率，不讲效益；或者只讲效益，不讲效率都有失偏颇。如果公共管理达到了最佳的效率与效益的统一，那就意味着成功。我们分析和研究公共管理与其所属的环境要素之间的辩证关系的初衷也正在于此。

第二节　公共管理环境要素分析

一、公共管理环境的基础要素

纵观中外公共管理理论，结合党的十八大提出的"五位一体"发展格局，我们认为任何公共管理活动都应该包括经济环境、政治环境、文化环境、社会环境和生态环境等五个方面的一般性或基础性环境。

（一）经济环境

经济环境是决定公共部门管理活动的重要因素。能够对公共管理活动产生影响的经济环境包括社会物质技术程度、经济制度及经济发展水平等指标。一个社会物质技术水平的高低及拥有量都直接影响着公共部门的办事效率和水平，而公共部门的职能定位、管理方式等活动更是直接受制于社会经济制度的决定性影响。以经济学的视域观之，公共部门管理活动的目的是促进社会公共利益的增进和公共福祉的达成，本质活动都是与经济利益密切相关，而此种经济利益构成了整个公共管理活动的原动力。经济建设的根本目的是为公共管理其他四个方面的建设提供雄厚的物质条件，具体表现为人们物质生产的进步和物质生活的改善。

（二）政治环境

亚里士多德的"人天生就是政治动物"这句政治名言表明，生存在这个世界中的人无时无刻不受政治环境的影响。作为凭借所拥有的"公权力"展开公共管理活动的政府及其他公共部门，更是无法脱离政治环境的影响。可以说，政治环境是公共管理环境中最重要的组成部分，所有的公共部门都会直接或间接地受到政治环境的影响，公共部门管理活动的开展必须在政治环境所确定的制度框架内进行。政治环境主要是指社会中的政治运作过程和政治制度的特点，如国家政权的性质和组织形式、集权分权程度、立法制度及党政制度等。政治环境尤其是政权性质、政党制度和立法制度对公共部门的地位和作用、组织结构、管理范围、管理方式的作用最为直接。社会主义民主政治不仅体现为不断完善的制度规范，也表现为不断提升的政治伦理；不仅体现为井然的政治秩序，也表现为人们普遍享有的民主权利和平等关系；不仅体现为社会管理者政治上的高素质，也表现为社会成员对人类现代文明基本原则的尊重和崇尚。

（三）文化环境

文化环境就是实现人的理想建设和道德的规范建设环境的总称，文化环境为其他方面建设提供了精神的支撑。在人们搞好文化建设的条件下，公民就有了较高的文化素养，人们有了崇高的人生观、价值观和高尚的道德情操才能在经济建设、政治建设、社会建设、生态建设中提供智力支持，这足以表明文化环境在管理活动中的重要作用。可以说，在当今社会，没有一个良好的文化环境，就没有也不可能有好的公共管理。文化环境主要是指在文化艺术、科学、工程技术、医药及其他诸多领域内知识和能力的一般水平，文化环境对公共管理的影响是多方面的。在人类社会的发展过程中，"任何文化都倾向于创造一个新的人类环境"。

（四）社会环境

社会环境是在自然环境的基础上，人类通过长期的生产实践活动、有意识的社会劳动所创造的文明体系。它包括一切人类创造出的物质生产体系及积累的文明成果，是与自然环境相对的概念。但本文对社会环境的界定是从狭义的角度出发的，认为社会环境是与经济环境、政治环境、文化环境和生态环境相对应的体系。社会环境是影响政府及其他公共部门管理活动的一个重要因素，对于公共部门的管理活动而言，社会环境为公共管理活动的开展提供了基础性的保障。社会环境的优劣程度和现代程度是反映一个国家与社会公共管理水平能力的重要指标。良好的社会环境包括诸多要素，既需要有较高素质的公民和完善的法律法规体系，也需要有合理的收入分配格局和健全的人权保障机制等。在现代社会中，社会环境对公共秩序的获得，公共管理活动的正常化、可持续化，甚至在公共管理人员为自己的决定而承担的社会责任等方面，有着至关重要的影响。

（五）生态环境

生态环境作为公共管理环境的一个重要内容早已引起人们的关注。早在 1947 年，美国公共行政学家、哈佛大学教授约翰·高斯（John Gaus）就开始了对公共部门进行生态学的考察。弗雷德·W·里格斯（Fred W. Riggs）则利用生态学的观点来分析相关社会背景尤其是经济背景下的公共行政模式。生态环境主要是指人的生存环境，包括气候、地理特点、污染状况、自然资源状况及同类人口的特点和密度等。其中，地理特点、污染状况及自然资源状况对公共管理活动有着重要影响。自然界先于人类而存在，人类社会也是自然界长期发展的产物，没有一个良好的生态环境，人和社会也就不能更好地持续发展。大力推进生态文明建设，必须树立尊重自然、顺应自然、保护自然的生态文明理念，把生态文明建设放在突出地位，融入经济建设、政治建设、文化建设、社会建设各方面和全过程，坚持节约优先、保护优先、自然恢复为主的方针，着力推进绿色发展、循环发展、低碳发展，变革生产方式和生活方式，为人民创造良好的生产生活环境。

二、公共管理内部环境

如果以公共管理组织为界来分析影响公共管理行为的因素，则这些因素分别来自组织内部和组织外部。相应地，公共管理环境可以分为外部环境和内部环境两个方面。所谓内部环境，主要是指公共管理机构内部的各种关系和要素组合等，包括公共管理的物质条件、制度条件和人群关系。公共管理内部环境中构成要素各自处于不同的地位，对公共管理有不同的作用。

（一）公共管理的物质条件

1. 物质条件   公共管理的物质条件是指开展公共管理活动所必需的人员、物资设备、图书资料和经费等实体性客观要素的总和。

（1）人员   指根据工作职位的要求和用人标准，按照一定的程序和方式吸收录用的公共部门的成员。人员是公共管理的主体性要素，离开人员的公共管理是不可想象的。

（2）物资设备   指公共管理成员借以开展公共管理与组织自身管理活动的一切物质手段的总和，包括房产、设备和办公用品等。其中房产又包括办公用房和生活用房。设备是指在一定期限内使用，不丧失原有使用价值的非一次性消耗的物品的总和，包括通常使用的桌椅、工具、仪器，以及现代化的办公自动化设施。办公用品是指使用一次后即失去效能的消耗性物品，包括笔、墨、纸张、日历等。物资设备是管理活动所必不可少的物资前提。

（3）图书资料   指供公共管理成员阅览查阅的各类书籍、报刊及其他信息载体，包括地图、字典、图表、报纸、杂志、音像材料等。图书资料是公共管理有效运转的一个重要保证。

（4）经费   指由国家财政预算支出拨付给公共管理组织的行政事业费。主要包括人员经费和办公经费两部分。其中，人员经费是指直接用于人员支出的各种经费，包括在职人员的工资、福利费、补助费及退休人员的工资费用等。办公经费是指用于行政管理的公务费、物资设备和图书资料的购置费、设备安装与维修费等。经费是公共管理组织维持生存和开展活动的财力基础。

2. 物质条件对公共管理的影响

（1）人员决定公共管理的生存、结构与活动效率   人是公共管理的主体。离开一定数量的行政工作人员就不存在现实的公共管理，行政人员的有无及其数量直接决定着公共管理能否现实存在；而行政人员的质量与结构则直接影响公共管理的结构是否合理，影响公共管理运转效率的高低。在管理实践中，影响组织管理结构与效率的因素固然很多，但人员的素质和结构是其中决定性的因素。所以，当代世界各国都十分重视对行政工作人员的选拔与培养，都十分重视各种类型的公务员的合理组合。

（2）物资设备制约公共管理的活动及其效率　物资设备是进行公共管理的必要物质条件，是行政工作人员推行政务所必需的物质手段。没有最低限度的物质设备，公共管理的活动就会停滞；没有必要的物质手段，公共管理工作就只能是"无米之炊"。物资设备对公共管理的影响不仅表现在物资设备的有无直接制约着组织活动能否开展，同时还表现在物资设备的先进程度影响着组织活动效率的高低。当代公共管理面对着结构复杂的社会，面对着多变的环境和亟待处理的大量信息，迫切要求把公共管理建立在先进的物质基础之上，迫切要求尽快地实现办公自动化，利用现代的科学技术，不断迫使部分人工的办公业务转化为人以外的物资设备的机械运动和电子运动，形成一个以人为中心，人、机械、电子装置相结合的人机信息处理系统，从而高速、准确地处理行政信息，开展公共管理活动。

（3）经费是影响公共管理全部活动的命脉　公共管理活动的开展需要有财力上的保证，经费是公共管理生存与发展的基础。公共管理活动如果缺少人员经费，就必然导致人员外流，工作积极性下降，从而使公共管理陷于瘫痪甚至解体。公共管理活动如果缺少公务经费，就必然导致有关行政活动减少，甚至停止，从而制约公共管理活动的范围与能力。公共管理活动如果缺少设备的购置费，就必然导致急需的物资不能及时得到供应或维修，从而严重干扰公共管理效率的提高与目标的达成。总之，经费的有无或短缺关系到公共管理的生存与发展，关系到公共管理的整个工作状态。

（4）图书资料影响行政人员素质及行政工作效率　图书资料是行政人员的精神食粮，对行政人员提供必要的图书资料能够提高他们的知识水平，改善他们的知识结构，转换他们的思维观念，从而提高他们的素质。同时，图书资料还能够为行政决策及执行提供必要的理论与材料准备，从而提高行政管理活动的科学化水平。

（二）公共管理的制度条件

1.制度条件　制度是调整人类社会关系的行为规范，包括法规、条例、规则、规章和章程等。公共管理的制度条件可分为公共管理对外行使职能的制度和内部自我管理的制度。公共管理的对外行使职能主要包括对国家领土主权的保卫功能、代表国家主体开展对外交往功能、维护和促进社会经济发展的功能等。公共管理内部自我管理制度是处于公共管理界限之内的有关组织行为的一系列法规、规章的总和，主要包括组织制度、领导制度、人事制度、办公制度、检查监督制度和岗位责任制度等。

（1）组织制度　指规定公共管理组织的法律地位、机构设置、人员编制、职责权限、活动原则，以及对行政机关进行变更、撤销的程序等法律规范的总和。包括宪法的有关部分，以及行政机关组织法、行政机关编制法、行政机关设置的程序法等。

（2）领导制度　指规定公共管理组织的领导体系，以及领导者的产生方式、任期、职责、权限、决策和指挥活动等法律规范的总和。

（3）人事制度　指公共管理组织关于人事行政管理的规范，包括对工作人员的录用、考核、培训、交流、回避、奖惩、辞职、辞退、工资、福利、退休等一系列管理活动的具体制度。

（4）办公制度　指公共管理组织内部开展行政活动的过程。包括行政机关责任制度、文件

NOTE

制度、会议制度等。

（5）检查监督制度　指公共管理组织内部对公共管理活动的工作人员的行政行为进行自身检查和监督的规章制度。

（6）岗位责任制度　指在公共管理组织内部的各个职位之间进行责权划分的制度。也就是根据每个行政机关的任务设置工作职位，进而确定职位的责权范围，充分发挥人的作用的管理制度。

2. 制度条件对公共管理的影响

（1）制度使公共管理具有相对稳定性　任何社会组织一经产生就需要具有一定的稳定性，稳定性是社会组织实现其既定目标和完成具体工作任务的必要条件。缺乏稳定性的组织只能是一个目标不明、责权不清、结构紊乱和工作混乱的拼盘。公共管理组织作为处理国家政务和社会事务的庞大组织，需要更大的稳定性。它不仅要求职责、权限、职能、工作方式与程序基本稳定，而且要求行政结构体制的基本稳定。公共管理组织要达到这种稳定就必须依靠制度的保证，把各种标准、观念和规则规范化、固定化。离开制度的稳定就不可能有真正的组织稳定。

（2）制度使公共管理具有统一性　公共管理作为一个系统是由相互作用的许多个部分构成的，从机构的权限与管辖范围看它有中央行政机关与地方行政机关之分。从一个行政机关的内部构成看，行政机关又可分为领导机关、职能机关和辅助机关等。结构复杂、规模庞大的公共管理要协调运转，必须在上下层级之间、左右部门之间通过具有普遍约束力的宪法、法律和行政法规的规定才能予以确定和得到保障。因而，制度可以使公共管理具有统一的规范，即公共管理的统一性要由制度来保证。

（3）制度促进公共管理活动的法制化　公共管理对社会的管理是一种依法行政的执法活动，应当按照法律所赋予的权力执行法定的职责，依照法定的办事规则、程序进行管理，为了保证公共管理对外依法行政，公共管理的自身管理也必须依法进行。为此，要建立健全各种制度，使公共管理的自身管理做到有法可依、有法必依、执法必严、违法必究。只有公共管理内部管理的法制化水平提高了，才能促进并保障公共管理对外活动的法制化。

健全的制度，在促进公共管理活动法制化的同时，也有利于克服公共管理中存在的官僚主义现象，防止公共管理成员以权谋私的腐败行为。通过建立严格的制度，尤其是人事制度和检查监督制度，并认真执行这些制度就能在最大限度内防止和克服官僚主义和腐败现象。

（4）制度条件直接影响公共管理的工作效率　影响公共管理效率的因素是多方面的，其中公共管理制度的健全、完善与否是一个极重要的因素。公共管理制度越健全越完善，其工作效率就越高；反之，工作效率就越低。如果制度不完备、不健全就会在工作中出现职责不清、权限不明等情况，从而导致各机关、各层次、各部门之间的争功抵过、公文旅行、踢皮球等现象，其结果必然大量浪费人力、物力、财力与时间，致使效率低下。因此，公共管理各项制度的完备程度直接影响到效率的高低。当然，制度的健全并不意味着规章制度的繁琐化，过于繁琐的规章制度也会降低效率。

（三）公共管理的人际关系

1. 人际关系　公共管理内部的人群关系包括人际关系、群团关系及组织摩擦等内容，这里首先研究人际关系对公共管理的影响问题。人们在社会活动与社会交往过程中所发生的人与人之间的各种社会关系，通常被称为人际关系。公共管理中的人际关系是指公共管理内部各成员之间的交往关系。研究公共管理的人际关系，主要是考察公共管理中各级、各类人员之间的相互理解、相互信任、感情融洽、和睦相处的程度，以及其对公共管理的影响。

（1）人际关系的层次划分 从人员的层次上划分，人际关系包括三个方面：一是行政领导者与一般行政人员之间的关系，这是决定各个公共管理组织是否有内聚力的关键；二是行政领导者相互之间的关系，这是公共管理组织是团结或分裂的关键；三是一般行政人员之间的关系，这是整个公共管理组织是否团结一致的最终反映。

（2）人际关系的基本内容 公共管理内部的人际关系从内容上看包括公共管理成员之间的相互了解、和睦相处和积极协作三层意思。相互了解是良好人际关系的基础，没有公共管理成员之间的相互了解便谈不上他们之间真正的和睦相处，更谈不上工作中的积极协作。公共管理成员在客观上存在着各方面的个体差异，如在思想品德上有优劣之分，在智力水平上有高低之分，在性格上有外向、内向之分，在兴趣爱好上更是千姿百态。在这种差异中要保证组织目标的共同认可，要谋求组织工作的协调一致，必须相互了解、求同存异。只有相互了解才能相互理解，只有相互理解才能相互谅解，从而才能真正相互学习、相互照顾，以一种宽容的态度和睦相处，而只有和睦相处才能使组织成员对公共管理产生真正的归属感，才能自觉地相互协作，保证公共管理照常运行。

2. 人际关系对公共管理的影响

（1）人际关系影响公共管理成员的素质与能力发挥 人际关系在公共管理中无时不在，无处不在。良好的人际关系可以让组织成员热爱本职工作，勤于钻研业务，为其天赋和潜能的充分施展提供一个广阔的天地，使人们相互信任、相互帮助、相互学习、取长补短，能够奋发上进、发奋图强，最终会把组织成员铸造成道德品质优良、心理健康、素质较高、能力较强的有用之才。相反，不良的人际关系使人厌恶本职工作，懒于学习业务，其天赋与创造力也受到压抑或扭曲，使人相互猜忌、互不信任、争权夺利、假公济私、以权谋私，从而消磨人的斗志与工作热情，会把组织成员变成道德品质低下、心理不健康、素质与能力都较差的庸才。影响组织成员人格心态的因素是多方面的，外在的社会环境和整个社会的人际关系对公共管理成员的人格均有重要的影响，公共管理内部的人际关系对其影响无疑是最直接、最经常的。

（2）人际关系影响公共管理的内聚力 领导者与被领导者之间人际关系的好坏是决定公共管理有无内聚力的关键。领导者独特的角色地位，使其握有行政权力，能代表公共管理组织对其他成员施加影响，并在相当程度上决定他们的晋级、升迁及个人全面发展的机会。现代管理制度表明组织内部管理者和普通员工之间构建起良好的关系是保持组织生命力的有效方式，这种组织内聚力不仅不会消散组织的行政权威，反而会柔化组织管理活动的刚性权威。当前，在深化市场经济改革的时代，摆脱领导者与员工之间的畸形依附关系，构建起更为平等的关系是塑造新型公共管理人际关系的当务之急，也是改善公共管理环境的有效举措。

（3）人际关系影响公共管理的工作效率 现代科层制的行政管理体制更趋向于理性化和定量化，集体化的行政分工已然成为现代科层组织的工作方式。这就表明人际关系的优劣可以直接对公共管理过程产生重要的影响，古典管理理论产生时期所开展的"霍桑实验"就表明了组织内部非正式小群体的内部亚文化与次规范对组织管理活动的巨大影响。因此构建分工明确、充分发挥组织成员的专业性和积极性的内部管理制度与和谐向上、友爱互助的组织内部人际关系是提高组织绩效、降低行政损耗的必然之举。

三、公共管理外部环境

公共管理外部环境主要是指公共管理主体之外的对公共管理产生影响的各种因素的总和，如自然因素、政治因素、经济因素、文化因素等。人们对公共管理主体自身一切要素的研究扩展均属于内部环境之列，因而通常所说的公共管理环境主要是指其外部环境。这里需要明确两个问题：一是对公共管理内部环境和外部环境的划分并不具有绝对的性质，尽管特定的公共管理有其特定的边界，但由于组织系统独立性与联系性并存的特点，不同类型公共管理之间可能会出现外部环境的关系。例如，相对于政府组织而言，其他类型的公共管理就可能成为其外部环境，即使是同一公共管理内部的不同部门之间，在彼此关系上也有外部环境的属性存在。二是有些客观存在的环境因素，虽然从理论上说应该与公共管理有一定的联系，但由于其对公共管理本身没有发生直接的作用和影响，因而就不在公共管理的环境之列。

公共管理与其外部环境是一种相互依存和相互制约的互动关系。一方面，外部环境决定和影响着公共管理；另一方面，公共管理也影响和制约着它周围的外部环境。不同的环境会对公共管理产生不同的作用，提出不同的要求，公共管理也会对不同的环境要求做出不同的应对，对环境做出符合自己需要的选择，并反作用于环境，从而表现为一个互动的过程。公共管理的外部环境十分复杂，其类型也多种多样，在此采取综合划分法，以内容划分为主体，同时适当采用区域划分法，从自然环境、政治环境、经济环境这几个角度对公共管理外部环境进行分析。

（一）自然环境

自然环境是指与公共管理系统发生密切联系并与之进行物质、能量和信息交换的外部自然条件。自然环境主要包括地理环境、生态环境和宇宙环境。自然环境与一定的公共管理系统发生着这样或那样的联系，影响着公共管理的过程及其结果。构成自然环境的显然不是无边无界的整个自然界，而是与公共管理直接或间接相关的那一部分自然界，自然界的哪些部分进入公共管理的自然环境的范畴是随着历史的进展而不断地改变着的。

自然环境对人类社会的发展具有重要作用。例如，自然资源比较丰富的地区，人类获取财富就相对较为容易。中东地区石油资源十分丰富，中东产油国的国民财富就增长得比较快；而资源比较缺乏、气候相对比较恶劣的蒙古等国家，其经济的发展就十分缓慢。但是，自然环境已经不是人类社会发展的决定因素。例如，国土狭小、自然条件并不优越的日本、以色列等国家，就克服了自然环境的制约和限制，使国民经济得到了较大的发展。缺水干旱的以色列发明了农业生产的滴灌设备，对本国的农业生产起到了积极的推动作用。这说明人类已经在一定程度上克服了自然环境的限制，使自身社会得到良好发展。

公共管理的任务就在于科学地认识本国、本地区的自然环境，合理地配置和改造环境资源，在利用环境资源创造经济效益的同时，注重环境资源的保护和再利用，真正实现双赢。

（二）政治环境

广义的政治环境是指影响和制约公共管理实现其功能的各种政治因素，包括国家制度、政党制度、法律制度、选举制度、官吏制度、公共政策等方面。政治环境与公共管理的关系最密切、最直接，也最复杂，有什么样的政治环境就会产生与之相适应的公共管理，当然，公共管理对政治环境也会产生影响。具体来讲，公共管理政治环境的内容主要包括以下几个方面。

1. 国体与政体　国体就是社会各个阶级在国家中的地位。它说明的是一个国家究竟掌握在哪个阶级的手里，即由哪个阶级来管理国家的问题。我国是工人阶级领导的以工农联盟为基础的人民民主专政的国家，人民是国家的主人，通过各种途径和形式管理国家事务。这是我国国体的基本特征。

任何国体都有与它相适应的政体。所谓政体指的是政权构成的形式问题，即占统治地位的阶级采取何种形式去组织反对敌人、保护自己的政权机关。国体与政体的关系就是内容与形式的关系，内容决定形式，国体决定政体。

从政治制度的角度看，一个国家实行民主政体还是专制政体，就是政治环境中对公共管理活动起重要影响的因素。如果是专制政体，那么它的公共管理活动总是围绕着独裁者的利益来进行，缺乏民主，为政腐败，使行政活动失去应有的生机和活力，行政效能低下；反之，民主政体就为公共管理活动的开展创立了一个良好的环境。

2. 政党政治　当今世界各国大都实行政党政治，因此，公共部门公共关系活动与政党政治的关系极为密切，也是影响其活动的因素之一。政治权力的行使，在正常的情况下都是通过政党政治实现的。执政党的主要作用就是通过组建政府、制定政策来实现国家权力。

3. 法律制度　法律制度指由国家制定或认可，体现统治阶级意志，以国家强制力保证实施的行为规范的总和，是管理国家事务的法律依据，它包括制定法律和执行法律两个方面。拥有立法权的国家机关依照法定程序制定完备的法律是公共管理活动开展的根本依据，而以执行法律为主的行政机关依法办事是公共管理的根本保证。

政治环境是对公共管理影响最直接也是最大的环境，必须积极营造民主、法治的政治氛围，从而推动公共管理的发展。同时，公共管理活动的不断发展也会推进政治的民主化、法制化进程。

（三）经济环境

经济环境主要是指特定的经济制度和结构、经济实力和发展水平、经济利益等因素。经济环境对公共管理有着重大影响，从世界各国的公共管理情况来看，一般而言，经济发达国家和地区的公共管理效率较高，非政府组织比较发达，政府职能相对单纯一些，政府管理的制度化、规范化、现代化、电子化程度较高；经济不发达的国家和地区，非政府组织比较不发达，公共管理的效率相对较低，政府管理的制度化、规范化、现代化、电子化程度较低，政府管理的随意性、主观性较大，往往出现较多的混乱和动荡，腐败盛行。

1. 经济制度　经济制度包括财产所有制形式、公共财政收入的渠道与征收手段、国民收入的分配与再分配形式、公民个人的收入来源及形式、社会保障体系的建立情况、市场体制等。例如，如果社会保障体系比较健全，国家公共财政实力强大，就可以给公民提供更多的社会保障，各项社会经济改革措施也会顺利进行；反之，改革措施就难以进行，或者会遇到很大的困难。我国经济发展水平不高，社会保障体系处于起步阶段，还有许多不完善之处，国家的经济实力有限，要想向社会提供全面的社会保障，尚需要做很大的努力。

2. 经济发展阶段　由于历史、原有基础、居民素质、自然条件等不同，各个国家可能会处于不同的经济发展阶段，经济学家罗斯托提出"经济成长阶段论"，把世界各国的经济发展归纳为五个阶段，即传统社会阶段、起飞前的准备阶段、起飞阶段、迈向成熟阶段、高速大量消费阶段。一个国家某个时期只能处于一个发展阶段，具有这一阶段的经济特征。但是，当一个

NOTE

国家处在转型时期，即处在从一个经济发展阶段向另一个经济发展阶段转变的时期时，它就同时具有两个经济发展阶段的特征。

不同的经济发展阶段对公共管理有着不同的影响。一般而言，经济发展阶段较高的国家，公共管理的法制化、制度化程度较高，政府对市场的干预相对较小，经济制度对政府的公共管理职能的发挥进行了有价值的补充和发展。而在经济发展水平不高的国家，政府管理的范围过于广泛，致使政府不能完全承担社会公共管理职能，又缺乏非政府组织来进行补充，因而政府职能常常出现"缺位"；有时政府又管了不该管的事，出现了政府职能的"越位现象"；有时政府对自己的公共管理职能定位不准，管理方式和管理手段存在失误，出现了政府职能时常出现"错位"。作为公共管理工作者，要认清所处的经济发展阶段的特点，确定适合这一发展阶段的公共管理目标，制订相应的公共管理工作计划，促进社会经济协调、可持续发展。

3.经济收入　经济收入是构成经济环境的重要因素，经济收入包括国民收入、个人收入、可支配个人收入、可自由支配个人收入等。经济收入的高低对公共管理有着一定的影响。国家财政收入如果比较充实，就可以为社会提供较多的公共产品和公共服务。城乡居民的个人收入如果比较高，那么国家的税收也就会比较多，公共财政的体量和能力相对较大；反之亦然。

经济环境是公共管理环境中最基本的要素，经济基础决定上层建筑的性质使得经济环境对公共管理的性质、原则及其活动方式具有决定性的影响作用。

第三节　当代中国的公共管理环境

一、国际环境

进入 21 世纪后，伴随着生产力的迅猛发展和科学技术的不断进步，经济、社会、政治、文化等各个方面都发生了日新月异的变化，国家间的联系日益加强，我国的国内外环境随之发生了重要改变，这一切为我国当代公共管理事业的发展带来了新的机遇，同时也提出了新的挑战。

（一）经济全球化下的双重张力

伴随着科技革命的不断推进，信息技术发展迅猛，知识与技术的更新速度大大提高，科技成果向生产力的转化无论是在规模上还是在时效上都远远超过了以往任何时代。在科技的推动下，经济全球化的趋势加快，各个国家的经济发展与世界市场的联系日益密切，国际竞争与合作不断加深。人们的思想观念、意识形态在全球化的浪潮下也发生了重大改变，各种文化交流日益扩大，意识的开放性、竞争性和有效性日渐凸显。

经济全球化存在着双重张力，对我国的发展既有正面影响，也有负面影响，对我国公共管理来说既是机遇又是挑战。一方面，我国可以更加充分地利用外资和西方先进的生产技术和成熟的管理经验，扩大商品市场，不断推进我国产业结构的合理性调整，促进我国经济的可持续发展。另一方面，经济全球化下各国经济同世界经济的联系都更为密切，彼此间的交流日益频繁，因此国内经济发展的稳定性不仅仅取决于国家内部的因素，还会受到国际因素的深刻影响，这对我国的经济主权和经济安全来说存在着潜在的风险性和不安定因素。加之现行的全球经济运行规则的不尽合理，话语权被西方发达国家所掌控，利益分配并不平衡，因此处于发展中国家的我国面临着更大的挑战与压力。

（二）在和平与发展的大背景下，局部不安定因素依然存在

和平与发展是我们时代的主题，是现代国际环境的基本趋势和主要特点。所谓和平，是指世界相对和平，局部战争虽然不断，但无世界大战；所谓发展，是指经济发展和社会进步成为世界各国的主流，社会政治制度的变革退居次要位置。我国的政治体制改革与行政管理体制改革需要一个稳定的国际环境，而目前正具备这种环境。我们可以利用这种较为稳定的国际环境，避开国际形势动荡对国内改革产生的冲击，将改革可能遇到的国际风险降到最低程度，稳步推进我国政治体制与行政管理体制的改革。

当前的国际形势仍然是以和平发展为主题，各民族和各国家都将和谐稳定发展作为第一要务。进入 21 世纪后，由宗教矛盾和种族仇恨引致的全球性恐怖主义势力愈演愈烈，中东地区深陷阶段性战争的危险之中。我国的周边环境同样存在着诸多的不稳定因素，如朝鲜半岛无核化问题、钓鱼岛及南海等问题。这就要求我们必须珍视来之不易的和平发展环境，坚决维护国家的领土和主权完整，绝不容许他国干涉内政，在涉及我国的人权、环境等标准的问题上坚持自身立场，从而保障我国和平的公共管理的政治环境。

（三）信息技术革新推动公共管理的发展

随着信息科学的发展，网络科技的进步，自 20 世纪末叶，现代人类社会发生了深层和广泛的变革，深刻影响了现代社会的社会结构、管理模式和价值观念。而这一切变革都与信息技术的发展和进步息息相关，一场以信息技术为核心的新技术革命已悄然成形。在这次新技术革命的背景下，传统的公共管理模式正在向新型的管理模式演进，这种演进体现在管理模式的各个方面。首先，信息时代的出现挑战了传统的国家行政治理理念，给现代的国家行政提出了挑战：信息时代下低成本的信息传播方式和新生的媒介形式使得统一的舆论环境逐渐瓦解，公众的认知变得多元，对信息的判断不再有千篇一律的标准，情感、体验也千差万别；互联网时代的公民对现代民族国家观念逐渐淡漠；虚拟的社群团体和各种网络组织的出现孕育了新的政治参与渠道。其次，信息技术和互联网的普及也带来了更高效的公共管理技术，优化了公共管理环境，引入新的管理价值和理念。所以在信息时代，现代管理方式要以信息为基础，创新为灵魂，高科技为支柱。信息时代的变革是全球化的，多方面的。在世界变革的大环境下，我国的公共管理宜顺应其发展趋势，一方面把握契机，利用先进的技术和理念以改善管理环境、提高管理效率；另一方面要建立和完善对应的保障措施，如信息安全的法律建设、信息公开的体制建设等。

二、国内环境

（一）人口基数大，人均资源占有量小

国土面积大、自然资源丰富、人口众多构成了我国的基本国情。由于人口总数已接近 14 亿，造成了人均资源占有量小的社会现实。我国陆地国土总面积虽然居于世界第 3 位，但人均面积仅达世界人均土地的 1/3；我国矿产资源虽总量丰富，但人均占有量不足，仅为世界人均水平的 58%，居世界第 53 位。基于这一客观现实，我国在进行公共管理活动时必须考虑到自身特定的自然环境，秉持可持续发展的理念，合理开发利用自然资源，树立人均观念，注重新

能源的开发，完善绿色可再生资源的利用，加强不可再生资源的高效节约。

（二）生产力水平有所提高，但社会主义初级阶段的社会现实并未改变

我国现阶段社会生产力发展水平还比较低，我国处于并长期处于社会主义初级阶段，这是我国的基本国情。与世界一些国家相比，我国国民经济发展水平与其还有很大的差距。我国处于社会主义初级阶段的基本国情是我国制定路线、方针、政策的根本依据。社会主义初级阶段理论的提出使我国国情有了明晰、科学的定位。这一理论既规定了我国社会主义的社会性质，又反映了脱胎于半殖民地半封建社会的还不成熟的社会状态。这对于明确公共管理工作重心，制定科学的公共管理目标体系，形成与现代管理相适应的价值观念、行为模式和管理手段具有指导意义。我们必须根据这一客观情况，在生产力还比较低下的环境下，在公共管理过程中实事求是，在已有的基础上继续以经济建设为中心，寻找一条中国特色的社会主义发展道路。

（三）经济体制改革不断推进，但社会贫富差距矛盾依旧

我国确立了社会主义市场经济体制，划清了政府与市场在资源配置上的不同功能和相互关系，经济管理体制改革取得了突破性进展，确立了分税制的财政体制。国民经济市场化、社会化范围不断扩大，城乡人民生活水平不断提高，各项社会事业全面发展，综合国力不断增强。但社会生产力水平仍然很低，国民经济结构不尽合理，地区之间发展不平衡，人口结构、产业结构、消费结构、技术结构等内部及相互之间的比例不尽合理，东部和中西部地区经济发展差距不断拉大，产权关系不明晰、政企不分和政经一体的现象仍然存在，国有企业改革尚未完成等。解决好这些矛盾和问题是我国政府今后一定时期内紧迫而又重要的任务，必须继续坚定不移地实施改革开放，深化经济体制改革，调整产业结构；走"科技含量高、经济效益好、资源消耗低、环境污染少、人力资源优势得到充分发挥"的新型工业化道路；以实现最终富裕为目标，兼顾效率和公平，统筹城乡发展，统筹区域发展；继续推进政企改革，不断完善市场经济体制。

（四）传统文化与现代文化相互融合，文化价值张力凸显

遗存的传统文化、渗透的西方文化及以马列主义、毛泽东思想为指导的社会主义新文化是我国文化环境的基本要素，其中更以政治意识形态（马列主义、毛泽东思想、邓小平理论和科学发展观）为主体。这种文化背景对我国公共管理体制的建立与变革、人事制度的发展与完善、政策的制定与执行都有深刻的影响。同时传统的社会价值观也随着社会的不断转型（传统社会向现代社会的转变、计划经济向市场经济的转变等）发生了变化，不同价值观之间的冲突也逐渐升级，可以说，市场经济是一把双刃剑，它催生了自由、民主、公平，使人们具有了开放和法制意识，但是个人主义、享乐主义等也随之伴生。这是集体主义与个人主义的冲突，更是传统价值观和现代价值观的冲突。因此，我们在充分享受文化多元所带来的巨大红利的同时，更要注重道德建设，对传统文化和现代文化采取取其精华、去其糟粕的态度，引导大众文化朝着积极、高尚的方向发展。

（五）国家政治社会和谐稳定，但仍存在不安定因素

随着我国政治民主化程度的不断推进，人民代表大会日益发挥其作用，法制建设日臻完备，政治体制改革不断深化，国家公务员制度不断完善，政治民主化、法制化进程日益加快，政局相对稳定等，这些为我国公共管理活动提供了坚强有力的政治保障。但是，我国在政治上仍存在一些不足之处和不安定因素。首先，我国的根本政治制度还需不断完善，人民的民主权

利还有待进一步加强，有法不依、违法不究的情况仍然存在，领导干部队伍中的腐败现象还在蔓延等。其次，我国目前仍然存在许多不稳定因素，依然制约着我国民主和法制化进程。进入20世纪90年代中后期，伴随着市场化改革的全面深化，我国的社会经济发展与计划经济时期的单位体制逐渐作别，在重构社会基层管理秩序的进程中由于新旧体制之间的张力产生了诸多的转型期新问题。加之市场化进程中对诸如下岗职工补偿、失地农民补偿、城市新贫困群体的保障制度尚未到位，产生了一系列的群体性事件，对我国社会秩序的稳定形成了重大的挑战。这就要求我们必须创新社会管理体制，优化公共管理环境，着力提升政府的执政效能；不断转变政府职能，建设服务性政府，提高政府公信力。

复杂的国内外环境对我国公共管理事业的发展既是机遇也是挑战，这决定了我国公共管理要走有中国特色的道路，既要从当前实际出发，关注基本国情，又要坚持对外开放，吸取国外的先进经验。一方面要以马列主义、毛泽东思想、邓小平理论、科学发展观和习近平同志的系列讲话为指导，努力建设社会主义；另一方面要始终坚持以经济建设为中心，加强公共管理体制改革，并在改革中提高效率，最终实现公共管理的目标价值，与此同时，还要明确我国的现代化建设是一项长期的艰巨的任务，应充分尊重我国社会主义初级阶段的社会现实，积极奋斗，稳扎稳打，推动我国公共管理事业的持续稳定发展。

复习思考题

1. 如何理解公共管理环境与公共管理活动间的关系？

2. 谈谈如何有效发挥政治环境、经济环境、社会环境、文化环境和生态环境对公共管理的综合影响力。

3. 试举例说明如何解释政治环境对公共管理活动的影响。

4. 面对我国公共管理环境的各种挑战，在公共管理实践中如何做到趋利避害？

NOTE

第六章　公共管理规范

第一节　公共管理责任与伦理

一、公共管理责任

公共管理责任与公共管理伦理是紧密联系、内在统一的。从某种意义上来说，公共管理责任是公共管理伦理的具体化，是公共管理产生和存在的基础。公共管理责任只要与一定的责任意识相联系，就是公共管理伦理问题，就可能表现为有利于或有害于国家和人民利益的行政行为，它们也就同时成为公共管理伦理责任。

（一）公共管理责任内涵

1. 责任的内涵　责任（responsibility）被誉为构建行政伦理学的关键概念，甚至是行政管理（无论是私人还是公共部门）词汇中最为重要的一个概念。责任即职责、义务。"责"有索取、负责、责罚之意，"任"有任务、担任、任职之意。从《汉语大辞典》的解释来看，"责任"被赋予三层含义：一是使人担当起某种职务和责任；二是分内应做的事；三是做不好分内应做的事，因而应该承担的过失。它包含客观责任和主观责任两个方面。客观责任与从外部强加的可能事物有关；主观责任与那些我们自己认为应该为之负责的事物有关。只要是社会主体，就应负有一般意义上的责任。

2. 公共责任的内涵　公共管理本质上是对公共事务负责，因此，不同于个人责任，公共管理的责任本质上是一种公共责任。广义的公共责任是指公共组织在解决社会公共利益问题所负有的责任。这种公共组织如果是政府，那么在政治体系中，对公共利益的负责表现为对国家权力机关负责；如果是非政府组织，则表现为对组织章程所规定领域的公共利益负责。狭义的公共责任是指公共组织在处理社会公共事务的过程中，因其实施公共管理行为引起的必然结果，表现为违反法律法规所规定的职责和义务时必须承担的责任。法律法规所规定的权利和义务在伦理选择和道德责任上必以社会公共利益为标尺，所有负有狭义的公共责任必以负有广义的公共责任为前提。

（二）公共管理责任的分类

不同学者对公共管理责任进行了多角度的划分，依据胡税根的分类方法，把公共管理责任划分为三种类型。

1. 主观责任与客观责任　责任常常表现为一种社会关系的规范，调整着处在某种社会关系中人的行为，具有客观性；同时也表现为行为人的行为自觉，具有主观性。责任是人的主观自觉与客观规范的统一。客观责任主要指法令规章及上级交付的客观应尽的义务责任，对行政人员来说，行政责任来自法律的、组织的与社会的要求。行政人员如何去做，源于社会对行政职责的要求，行政人员一旦接受该职位就等于接受了社会的期望与约束，从而承担起特定的角色义务。客观责任的具体形式有两个方面：职责和应尽的义务。主观责任是指忠诚、良心及认同，它是行政人员本身对责任的感受。主观责任强调行政人员之所以去做某事，乃是源于内在驱动力，即行政人员伦理的自主性。主观责任根植于行政人员自己对忠诚、良知、认同的信仰。履行行政管理角色过程中的主观责任是职业道德的反映，该职业道德是通过个人的经历而建立起来的。

2. 制度责任与伦理责任 为了让政府及公务员更好地履行职责，政府承担的责任不仅是制度所规定的责任，也包括伦理层面上的责任。所谓制度层面的公共管理责任是公共组织及其公职人员履行其在整个社会中的职能和义务，即法律和社会所要求的义务。它不仅意味着公共管理主体"正确地做事"，即不做法律禁止的事，而且意味着公共管理主体"做正确的事"，即促进社会变得更好的事。在这个意义上，当一个公共管理主体在履行自己的义务时，就可以说它是负责任的。制度层面的公共管理责任具有广阔的社会内容和意义，其内涵包括：公共管理责任是一种义务，公共管理责任是一种任务，公共管理责任是一种监督、控制和制裁行为。所谓伦理层面的公共管理责任，在很大程度上体现为公共管理主体对其职责和公共利益的体认，是基于一种价值判断。一般认为其基本内涵应涵盖：自身行政能力的发展和完善，对公共利益的忠诚和对公共利益的热诚。

3. 政治责任、法律责任与伦理道德责任 首先，公共管理主体必须承担政治责任。所谓政治责任即指国家机关及其工作人员所为必须合理、合乎目的性（合乎造福于民、服务于民的宗旨），其政策、法律、规章、行政命令等决策必须符合人民的意志与利益。其次，公共管理主体必须承担法律责任。所谓法律责任是指法律明确规定的，由国家强制力保障实行的，由国家授权机关依法进行违法追究的机关或个人必须承担的责任。一般而言，法律责任包括刑事法律责任、民事法律责任、行政法律责任。这些责任的存在是由公共管理的法治原则决定的。最后，公共管理主体必须承担公共管理的道德责任。"道德责任"就是行政伦理，指管理机关及其管理人员在执行职务时必须承担的道德意义上的责任，主要依靠管理人员的伦理自律性和新闻媒体与公众舆论的追究机制来实现。现实社会中众多因素决定了公共管理主体必须承担道德责任，其管理行为必须接受道德规范和伦理标准的约束。

（三）公共管理责任的意义

在现代社会，公共管理责任越来越成为国家政治生活中的一个重要方面，从而使确立和保证公共责任具有重要意义。

1. 约束行政权力和职能进一步扩张的需要 进入20世纪60年代后，西方国家通过国家行政改革的方式，进一步扩大政府的某些职权，这就产生了如何在变化的社会条件下，既能充分发挥富有灵活性和机动性的行政权的作用，又能维持基本的三权相互制约的国家权力结构及民主精神、法治精神的问题。解决这一矛盾的核心问题即是在新的历史条件下确立和确保行政责任问题。

2. 有效应对公共管理主体扩展的需要 随着社会及科技的进一步发展，公众对物质和精神的需求进一步扩大，这些对国家行政管理的方式、内容和范围都提出了新要求，要求政府通过自身调整以适应新的要求。特别是20世纪70年代以来，新公共管理运动蓬勃兴起，传统的行政管理模式受到挑战，政府行政管理不断加入市场因素，第三部门不断得到发展，公共管理的

NOTE

主体得到扩展，管理方式和内容日趋增多，政府组织结构和行政权力的再分配更为复杂，政府公务人员的数量和种类大为增加，这就需要创立新的管理制度和法律法规以适应新的公共管理环境，即确立和确保公共管理责任。

3. 进一步发展民主政治的需要   公共责任是一种以外在的约束力为支撑力的个体或群体行为。在实现民主政体的国家，公共组织是为主权所有者即国民服务的。为此，必须根据国民的意志，通过一定的方式控制公共组织及其管理活动，防止公共组织肆意追求特殊利益，而置国民利益于不顾。同时，为了保证国民利益能够更好地得到实现和维护，必须从法律和制度上保证国民对公共管理活动的知情权和参与权，这是发展民主政治的必然要求。

二、公共管理伦理

伦理能够对人与人之间的关系进行调整，调整的范围包括整个社会范畴。因此，管理与伦理具有很强的内在联系和相关性。公共管理伦理不仅包括作为社会行为基本规范的伦理的一般规定性，而且由于公共管理伦理所固有的特殊性质和地位，决定了必然在伦理上有自己的特殊要求和内在规定性。

（一）公共管理伦理的内涵

伦理一词源于古希腊文"ethos"，意指外在的风俗与习惯及人内在的德性。在中国，"伦"指人与人之间的关系，"理"乃"条理"，引申为道理、准则。伦理是指处理人们相互关系所应遵循的道理和准则。在维系人际关系，创造和谐、有序社会的过程中，作为人类最古老、最基本的特殊意识形态，伦理借助于信念、习惯、传统、教育和舆论的力量，通过规范普遍存在于社会生活中的人伦关系，使人养成正直的品德，学会如何用善与恶、高尚与卑鄙、光荣与可耻、公正与偏私、正义与非正义等道德观念来评价、约束自己和他人的行为。伦理关系广泛存在于人类社会生活的各个领域，并相对稳定。

公共管理是对社会公共事务进行管理，是一种组织活动的过程，公共组织是这种组织活动的主体。公共组织是以管理社会公共事务、协调社会公共利益关系为目的的组织。然而，公共组织必须按照一系列的行为规则从事公共管理活动，这些规则就是公共管理伦理。公共管理伦理就是用以规范公共管理主体——政府组织和非政府组织的行为，以保障其公正合理地对社会公共事务进行管理，有效地实现公共管理目标的准则体系。综合国内外的研究成果，不同学派主要从公共利益、公共决策及其过程、价值理性、工具论、行政责任等角度来界定公共管理伦理。国内外学者从不同的角度对公共管理伦理的内涵进行了界定。

1. 从公共利益的角度来界定公共管理伦理   公共利益是公共管理的出发点，公共管理人员应当是公共利益的代理人，而不是个人私利或集团利益的代言人。政府具有促进和实现公共利益的义务和责任。

2. 从公共决策及其过程的角度来界定公共管理伦理   在这个意义上，公共管理伦理指的是行政过程和行政决策中的道德。行政决策者在制定公共政策时或多或少要受到该社会主流价值观念的影响，行政决策常常反映一个社会的核心价值观。

3. 从价值理性的角度来界定公共管理伦理   公共管理伦理可以被看作是行政活动和行政过程中的价值追求和实现。公共管理不仅仅要重视经济和效率，同时也要重视公平、正义和民主，要维系并发展民主法治社会的基本价值理念和公共管理的基本价值理念。公共管理不仅外显为工具理性，充当执行国家意志的手段和工具，而且内含价值理性，公共管理必须捍卫民主宪政，致力于发展、弘扬民主治理过程中的合法性、合理性、公正性。民主、法治、自由、人权、公共利益、社会公正、正当程序等价值构成了现代民主政治的基础，公共管理有责任维护并发展这些基本价值。公共管理伦理就是回应在行政活动和行政过程中对这些基本价值的挑战，从而促进这些基本价值的追求和实现。

4. 从工具论的角度来界定公共管理伦理　公共管理伦理被当作是抑制行政腐败、重塑政府形象和重建公共行政伦理秩序的手段与方法。公民对政府的信任和认同是政府合法性的来源，"善治"需要政府、公民、企业、社会之间的信任关系的存在，这种信任关系的重要基础在于公共权力的公共使用。腐败侵蚀着这种信任关系的基础，损害政府的合法性。学者们在探讨用法律手段来抑制腐败、惩处腐败的同时，也积极从提高行政人员的内在道德素质来反腐倡廉。

5. 从行政责任的角度来界定公共管理伦理　美国行政伦理学家库珀（Terry L. Cooper）认为，责任是构建行政伦理学的关键概念。公共管理伦理就是与公共责任相关的各种伦理问题。公共管理人员必须为特定的职责承担责任，尽管公共管理人员在公共管理过程中会遇到各种角色冲突和义务冲突。

（二）公共管理伦理的类型

公共管理伦理是一个有机的体系，主要包括体制伦理、政策伦理和职业伦理三种类型。公共管理伦理不仅是作为社会行为基本规范的一般性的伦理规定，而且由于其所固有的特殊性，决定了它有属于自己的特殊的内在规定。

1. 体制伦理　人们谈及伦理时，都有意无意地将伦理范畴看作个人道德的代名词，看作纯粹个人主观观念的范畴。实际上，公共管理伦理首先应该体现在体制伦理方面。行政体制伦理是相对于行政管理这个个体道德而言的，它由行政体制内在的一系列分配和义务的原则、规范所构成，并通过社会结构关系、一系列的政策、法规、条例和成文的或不成文的制度等环节表现出来。任何体制要充分发挥其对社会的引导与整合作用，就必须得到民众的认同、信赖和服从，而民众的认同、信赖和服从的前提则是体制本身应具有道德合理性。体制伦理依附于体制而存在，与个体道德相比，体制伦理对于维系社会秩序、规范人们的社会行为具有重要作用。

2. 政策伦理　公共政策伦理作为公共部门伦理的一种构建有两层含义：一是指维护某种公共秩序所需的伦理规范，由政府或其他社会权威机构设计、制定和推广。如对弱势群体进行救助的最低生活保障制度、消费者权益保障法、反垄断法等，无不体现了公共社会的价值目标和伦理导向。二是对于政府倡导的公共领域的伦理规范，除了用社会舆论、良心自律等软约束手段予以支持外，还要为其配置政策化的硬约束手段，使这些伦理规范真正成为公众在公共领域中的普遍化行为方式。比如，中共中央颁发的《公民道德建设纲要》及在全社会范围内倡导树立社会主义荣辱观的决议等，体现了伦理政策化的倾向。

3. 职业伦理　公共管理者既要具备社会成员的一般伦理，又要具备作为政治角色的职业伦理。职业伦理应该是相对于社会群体的关系及特别事项而言的，职业道德实质上就是责任与义务的表现。责任就是国家权力主体责任，通过自身职责的履行来为国民谋利益。对国民负责，从国民的利益着想，实质就是"公仆责任"。责任也是一种义务，承担为其服务对象尽职尽责、谋取利益的义务。对行政管理者来说，行政活动过程是一个承担为国民尽义务的过程。崇高的人生目的赋予责任以意义，而责任也可被看作是目的的一部分。实现责任伦理必须具备两方面的基础，一是指导行为的行政良心，二是实现职业功能的能力。

（三）公共管理伦理的功能

1. 规范功能　公共管理伦理不仅通过一定的制度和原则规约着公共管理过程，而且通过行为的制度规范、外在的舆论评价、内在的道德意识和良知，对管理者的行为进行界定和约束。在公共管理活动中，公共管理伦理对于符合公共管理伦理精神和伦理原则的过程及行为模式予以激励和正强化；对于那些不符合公共管理伦理精神和伦理原则的过程和行为模式予以负强化，特别是对那些与公共管理精神和伦理原则相悖的管理过程、认知、信念等及时加以矫正或惩戒，以避免产生不良的行为后果，促使公共管理方式合理化、管理制度合法化、管理行为规范化。

2. 维系功能　在社会公共领域，社会公众关注社会秩序以更注重社会正义的功效，因为只有建立在大多数社会成员一致认可的公平正义基础之上的社会秩序才会赢得公众的拥护。如果公共组织，特别是政府在调整社会结构、协调社会关系、解决社会冲突等活动中，其管理活动及行为缺乏合理性、公平性和正义性等价值理念和伦理道德原则，就会失去公信力，进而影响社会秩序的稳定。孔子认为："以政为德，譬如北辰，居其所，而众星共之。"（《论语·为政》）虽然孔子所说"德"的内涵与现代社会所倡导之"德"的内涵不同，但"为政以德"无疑仍然是现代社会公共组织（政府）赢得公众信任的重要途径。如果公共管理人员在管理公共事务、进行公共决策、履行公共职责时能真正秉承服务于民、合法合规、公平公正、强化责任等价值原则，必然会在整个社会上下形成很强的向心力，民众就会与公共组织一道营造稳定的社会秩序，谋求社会政治、经济和文化的繁荣和发展。

3. 引导功能　公共管理主体在进行公共事务管理的过程中，常常需要在不同的利益关系、价值目标、道德冲突之间做出抉择，公共管理伦理标准有助于引导其在道德两难中做出符合社会普遍价值和理想的选择，也有助于其养成良好的公共责任意识、提高其公共管理行为的选择能力与控制能力，成为真正拥有正义和美德的人。同时，由于公共管理主体的社会角色，以及公共管理伦理所具有的公共示范性，使公共管理主体在国家的德治建设中可以成为一个示范群体，他们的道德行为对社会有着楷模般的影响作用，他们的道德观念对社会有着价值引导的功能。也就是说，公共管理在社会生活中有着特殊地位和巨大影响力，其主体的行为风范、价值取向会渗透到社会生活的方方面面，并成为公众关注的焦点，其道德品性的状况直接影响社会人际关系的好坏、影响社会公德的践履和社会祥和氛围的营造、影响社会道德风尚和社会文明的建设。

第二节　公共管理立法

一、公共管理立法的分类

根据公共管理主体的不同，我国公共管理立法可以分为行政立法、行政规范性文件的制定和非政府公共组织规则的制定三大类。

（一）行政立法

行政立法是指国家行政机关根据法定权限，遵守法定程序制定行政法规和行政规章的活动。

1. 行政立法的主体是依法享有行政立法权的国家行政机关　目前，我国具有法定行政立法权的国家行政机关有：国务院及其所属各部委，省、自治区、直辖市人民政府，省、自治区人民政府所在地的市和经国务院批准的较大的市及经济特区人民政府。

2. 行政立法是各行政立法主体遵循法定程序进行的准立法行为　不是所有的行政机关都享有行政立法权，享有行政立法权的国家行政机关也不能就所有问题进行行政立法。哪些行政机关享有行政立法权，可以就哪些问题进行行政立法及应当遵循什么样的立法程序，这些都由法律特别规定。

（二）行政规范性文件的制定

行政规范性文件是指国家行政机关为执行法律、规范和规章，对社会实施管理，依法定权限和法定程序发布的规范公民、法人和其他组织行为的具有普遍约束力的政令。行政法规、规章以外的行政规范性文件在我国公共管理中具有非常重要的地位。根据行政规范性文件发布的主题，行政规范性文件可以分成三类：一是享有行政立法权的行政机关发布的行政规范性文件；二是不享有行政立法权的国务院工作部门发布的行政规范性文件；三是不享有行政立法权的地方人民政府发布的行政规范性文件。

（三）非政府公共组织规则的制定

非政府组织的管理和服务的职能情况比较复杂，有的是对内部事务而言的，有的是对社会公共事务而言的。对社会公共事务而言，由于非政府组织行使的公共管理和服务职能是公权力，而公权力与私权利的一大明显区别就是公权力的行使应当由法律、法规授权或政府委托；私权利的行使则以法律不禁止为限。因此，非政府组织行使公共管理和服务的职能应得到法律、法规的授权或政府的委托。而对其内部事务的管理和服务而言，非政府组织行使的职能是其成员大会或成员代表大会一致通过并经过登记机关和业务主管单位审查同意的章程所赋予的，不必得到法律、法规的授权或政府的委托，只要其章程写明即可。

除了对内部事务的管理和服务外，许多非政府组织的章程或规则在规定本组织的责任和任务方面，也有一些涉及社会管理和服务的原则性内容。这些原则性规定只要不违背法律、法规或章程的内容，而且经过其成员大会或成员代表大会的通过并报业务主管单位或登记机关审查同意就具有法定的效力，也可以作为非政府组织行使公共事务管理和服务的职能依据。

二、公共管理立法的原则

（一）行政组织立法的原则

据一般法理，行政立法过程中应当遵循合法性的原则、权限相符原则和相对方参与原则。我国《立法法》《行政法规制定程序条例》《规章制定程序条例》对行政立法的原则做了相应规定，我国的行政机关在行政立法活动中必须遵循合法性、民主性、统一性、科学性四项原则。

1. 合法性原则　这是行政法治理念在行政立法领域的延伸，要求行政立法必须由法定的行政机关依照法定的权限和程序进行。

2. 民主性原则　这是"一切权力属于人民"这一宪法原则在行政立法中的体现。这一原则

NOTE

要求立法应当体现人民的意志、保障人民通过多种途径参与立法活动。

3. 统一性原则   这是指处于从属性地位的行政立法规范作为整个法律体系中的一个组成部分，应当服从于法律体系的统一性和完整性。一方面行政立法的产物，即行政法规和行政规章必须服从上位法的规定；另一方面应注重不同的法律法规之间的协调性，避免彼此之间的冲突。

4. 科学性原则   行政立法的科学性是对行政立法技术的客观要求。它要求行政立法必须从实际出发，适应经济社会发展和全面深化改革的要求，科学合理地规定公民、法人和其他组织的权利与义务、国家机关的权力与责任。法律规范应当明确、具体，具有针对性和可执行性。

（二）非政府公共组织的自治章程制定原则

1. 合法原则   非政府公共组织的自治章程，如社团章程、行业规章、村规民约等不得与宪法、法律、法规和国家政策相抵触，不得有侵犯其他成员的人身权利、民主权利和合法财产的内容。

2. 直接民主原则   社团章程、行业规章、村规民约等从内容到形式，都必须反映该组织成员的切身利益和基本要求，从群众中来到群众中去。

3. 实事求是原则   从实际出发，结合本地经济发展状况、社会发展状况、风俗习惯、民族传统、文化水平等，制定切实可行的社团章程、行业规章和村规民约。

三、公共管理立法的程序

（一）行政立法的程序

《立法法》《行政法规制定程序条例》《规章制定程序条例》共同构成了我国行政立法程序的规范体系。行政立法主要包括立项、起草、审查、决定、公布、解释等环节。

1. 立项   国务院有关部门认为需要制定行政法规的，应当于每年年初编制国务院年度立法工作计划前向国务院报请立项，其立项申请应当说明立项所要解释的主要问题、依据的方针政策和拟确立的主要制度。国务院法制机构应当根据国家总体工作部署对部门报送的行政法规立项申请汇总研究，突出重点，统筹兼顾，拟订国务院年度立法工作计划，报国务院审批。

2. 起草   行政法规由国务院组织起草。国务院年度立法工作计划确定行政法规由国务院的一个部门或者几个部门具体负责起草工作，也可以确定由国务院法制机构起草或者组织起草。起草行政法规应当深入调查研究，总结实践经验，广泛听取有关机关、组织和公民的意见。听取意见可以采取召开座谈会、论证会、听证会等多种形式。起草部门将行政法规送审稿报送国务院审查时，应当一并报送行政法规送审稿的说明和有关材料。

3. 审查   报送国务院的行政法规送审稿由国务院法制机构负责审查。在审查过程中，国务院法制机构应将送审稿或者送审稿涉及的主要问题发送国务院有关部门、地方人民政府、有关组织和专家以征求意见。国务院法制机构在认真研究各方面的意见并与起草部门协商后，对行政法规送审稿进行修改，形成行政法规草案和对草案的说明。

4. 决定与公布   行政法规草案由国务院常务会议审议，或者由国务院审批。国务院法制机构应当根据国务院对行政法规草案的审议意见，对行政法规草案进行修改，形成草案修改稿，报请总理签署国务院令公布施行。签署公布行政法规的国务院令载明该行政法规的施行日期。行政法规签署公布后，及时在《国务院公报》和在全国范围内发行的报纸上刊登。国务院法制机构应当及时汇编出版行政法规的国家正式版本。

5. 法规解释　行政法规条文本身需要进一步明确界限或者做出补充规定的，由国务院解释。国务院法制机构研究拟订行政法规解释草案，报国务院同意后，由国务院公布或者由国务院授权国务院有关部门公布。行政法规的解释与行政法规具有同等效力。

6. 修改和废止　行政法规、规章在实施一定的时间后，由于社会环境的发展变化、上位法的修改或废止及进一步规范的要求等，需要做一定的修改甚至加以废止。行政法规、规章的修改和废止也是一种行政立法活动，应当按照法定的程序进行。

（二）非政府公共组织规则制定的程序

由于非政府公共组织的种类繁多，对于其自治规章的制定程序，法律并无统一的规定。下面仅以村民自治章程和村规民约的制定程序加以说明：一是宣传，由村民委员会向村民宣传党的政策和国家法律、法规知识，向村民宣传制定自治章程和村规民约的必要性、可行性；二是草拟并修改，以各种形式广泛征求村民意见，草拟规约条款，然后提交村民委员会修改，形成初稿；三是提交村民会议通过；四是张榜公布，并报乡镇政府备案。

四、我国公共管理立法的完善

法治建设的推进是当代政府管理创新的重要内容，是市场经济运行的基石，是实现公共利益的重要保证。科学立法是推进法治的重要一环。当前，在我国公共管理领域的立法方面仍然存在不少问题，应当积极寻找对策，推进立法的科学化。

（一）我国公共管理立法存在的主要问题

目前在我国公共管理的立法领域尚存在不少问题，针对如何完善公共管理立法这一主题也开展了诸多研究。

1. 规范行政程序的立法滞后　在推进公共管理部门依法进行公共管理活动的过程中，存在一个重要而需要迫切解决的问题，即公共部门在进行公共管理的过程中，在许多方面缺乏统一明确的法律规范，尤其是缺乏规范行政机关行政程序的法律。在当代国际社会，行政程序已经成为监督和制约行政权力的最为重要的手段，制定全国范围内统一的行政程序法典来确保行政组织的日常活动乃至在处理紧急突发事件时都有章可循，已经成为一个基本趋势。法律必须明确规定每一种行政行为所要遵循的程序，而行政行为的实施必须符合法定程序。

2. 部门利益倾向严重　目前大多数法律草案的起草都由有关业务部门负责，这种立法模式难免有意无意地将本部门利益塞进法律，只讲权利不讲义务，或者权利尽可能多、实，义务尽可能少、虚；管理内容多，服务内容少；权利内容多，义务内容少等。

3. 立法整体质量不高　我国现行的行政法规范性文件主要是通过行政法规来表现的，法律性比较少，这种现状的不良后果是立法质量不高。近年来，我国颁布实施的一些法律文件修改频繁，有些在实践中难以实行，问题的要害在于立法时立法者对该法所调整的社会关系缺乏科学而精细的研究，或者着力于通过立法解决本部门的编制、级别、经费及其他种种具体问题。另外，由于现行法律对行政部门行使立法权的具体范围并不十分明确，导致实践中行政需要什么权力行政法规就赋予什么权力的现象。

4. 法律之间的协调与配套不够　在一个国家的法律体系中，法律规范之间配套与协调是检验立法水平的一个重要标志。立法机关在审议法律文件的过程中，不能只注重文件内容和内部

NOTE

法律规范之间的协调问题，而且还要注意相关法律文件的法律规范之间的配套与协调问题。在现行的同属法律层次的行政法律文件之间就存在着诸多不协调的问题。

5. 缺少监督立法行为的有效机制 我国目前还没有统一的授权法，故而没有建立起真正完善的法律监督体系，有关权力机关对行政立法进行监督的法律只存在于少量的法律条款之中，没有详细规定细则，缺乏可操作性，因而在实际中很难起到监督作用。另外，依据宪法，全国人大常委会对行政立法的整个过程进行监督，可依职权主动撤销与宪法、法律相抵触的行政法规、规章，但从实践来看，全国人大常委会并未进行有效监督。而且，在立法过程中，公民不能很好地参与监督等弊端依然存在。

（二）进一步完善我国公共管理的立法

1. 坚持科学立法的指导思想 尽管存在"管理论"和"控权论"的争议，但从我国国情和建设社会主义法治国家的目标出发，我国公共管理领域的立法，尤其是行政法应该是规范行政权的法，是规范行政权的授予、行使和对行政权进行监督的法。因此，应该坚持科学的行政立法指导思想。一是坚持职权法定原则。行政机关行使的是一种公共权力，必须由法律授予或设定。二是坚持职权与职责相统一原则。行政机关对自己享有的行政权力没有处分权。法律赋予行政机关的职权实质上也是为行政机关设定的义务和责任，行政机关必须依法履行。

2. 进一步加快行政立法进程 当前，行政立法的重点是制定规范行政机关主要行政程序方面的法律。公正、合理的行政程序法是产生公正、合理的行政实体法的前提条件，也是充分发挥行政实体法效力的有力保障。作为人民行使国家权力的最高机关，全国人民代表大会及其常委会要切实履行好自己的职责，担当起法律赋予的神圣使命，加快行政立法步伐。

3. 建立多元化的法规起草体系 法规的制定从根本上说是一个发扬民主、吸引社会广泛参与的过程。现行的起草工作主要由政府职能部门进行，这就很难克服部门利益提高立法质量。要采取多种形式，扩大社会参与度，将立法起草主体从单一化转向多元化。一是强化人大立法职能，实现由人大常委会统一规划指导，政府部门、人大及其常委会的专门委员会和工作机构、人民法院、人民检察院、法律科研院所、高等院校、社会团体及专家学者、实际工作者共同参与起草工作。二是在法规起草中实行规避制度，执法部门在起草法规问题上实行回避，需要创设必要的委托立法形式以填补回避后的空白。

4. 改进立法技术，提升立法质量 第一，要树立系统观，提高对建构整个法律体系的驾驭能力，不可头痛医头、脚痛医脚。第二，要加强法律条文起草工作中的文字推敲、逻辑论证，避免粗糙甚至在语言、逻辑上留下硬伤，给法律适用带来困难。第三，要在粗细、繁简上掌握好度，既要克服法律建设初级阶段所倡导的"宜粗不宜细"，法律条文过于简单，也要防止走上另一个极端，即法律条文冗长繁琐，使人不知所云。第四，要处理好法律的变动与相对稳定的关系，法律频繁变动，不利于树立法律的权威和培植民众对法律的信仰。第五，必须加强立法的科学化，进一步改进立法技术，提高立法质量，做到行政法律规范之间有机配套与协调。

5. 强化立法的监督机制 首先，制定切实可行的授权法。通过立法的形式，把权力机关对行政立法的监督固定下来。其次，设立委员会制度。在我国，全国人大委员会对行政立法的审查监督权在实践中并未有效行使，因此可考虑在全国人大之下设立一个专门委员会，对行政立法进行具体监督。最后，开展立法听证和法规草案公示活动。制定法规可采取召开立法听证或者登报公示的办法，广泛听取意见，使所立之法为利益冲突的各方所能接受并实行。

第三节　公共管理监督

一、公共管理监督概述

公共管理监督是公共管理过程中的一个重要环节，它贯穿于公共管理过程的始终，制约或影响着公共管理的其他环节，是公共管理机构制定的决策是否有效、快速执行的关键。党的十八大明确提出要"健全权力运行制约和监督体系"，党的十八届三中全会又进一步提出"必须构建决策科学、执行坚决、监督有力的权力运行体系"，"形成科学有效的权力制约和协调机制"。

（一）公共管理监督的含义

"监督"一词的英文是 supervision，意为监视、督促，引申为监察、督导。公共管理监督是指国家机关、政党、社会团体、公民等各类监督主体根据宪法和法律的授权，按照法定的形式依法对国家行政机关及其公务员、非政府类公共组织及其工作人员行使公共权力的行为是否合法、合理和有效所实施的监察和督导活动。公共管理监督概念可以从以下几个方面理解。

1.公共管理监督主体的多层次性　依据监督力度和幅度的不同，公共管理的监督主体可以划分为三个层次：第一个层次主要包括国家立法、司法、行政机关等国家机关及各社会团体、公民等，其监督的基本任务是公共管理行为的合法性与合理性；第二个层次是公共管理机构的授权或委托机构、招标单位，包括由它们所委托的专业监督机构等，其监督的主要任务是合同是否属实、质量是否达标等技术性问题；第三个层次是公共管理机构组织内部的监督机构，其监督的基本任务是下属部门及职员的工作态度、工作效率和工作能力等问题。三个层次各司其职并相互配合，共同承担对公共管理行为的监督任务。

2.公共管理监督的客体是确定的　公共管理监督的客体主要是承担公共管理任务的各级、各类公共组织机构及其人员。它既包括政府公共部门及其公务员，也包括非政府组织、事业单位及其工作人员。

3.公共管理监督内容　主要包括四个方面：一是对公共组织管理行为合法性的监督，即依据宪法原则和其他法律条款，通过法定程序对公共组织的所有管理行为实施监督；二是对公共组织管理行为合理性的监督，公共组织的管理行为必须具有一定的程序、合理的动机和目的；三是对公共组织管理行为责任性的监督，这里的责任既指职业道德和伦理意义上的责任，也有职业技能、技术上的责任；四是对公共组织管理行为有效性的监督，即公共组织的管理行为是否遵循科学化和民主化的程序和原则，是否有效地使用职业技能和技巧来提高管理效率等。

4.公共管理监督必须依法进行　公共管理的监督是依法监督，公共管理的监督机制及监督机构都是依法建立的，其权力是依法授予的，因而公共管理的监督必须依照法律并按照法定程序进行。这是公共管理监督权威性的重要来源。

（二）公共管理监督的原则和方法

公共管理的监督必须遵循一定的原则和方法，按照李金龙、唐皇凤的总结，它们主要为：

1. 公共管理监督的原则

（1）合法性原则　监督主体必须是合法的，即在它拥有法律授予的监督权力的情况下，它才能实施监督行为。监督的内容必须是合法的，即监督主体的监督范围应当在法律规定之内，如果监督主体的行为超出了法律规定范围，其行为就是违法。监督的程序必须是合法的，即每项具体的监督活动都必须严格按照法律规定的程序进行。监督的方式必须是合法的，即必须以事实为依据、以法律为准绳进行监督。

（2）公正性原则　公平、公正地执行监督是公共管理监督权威性和有效性的重要保证。在具体的监督过程中，如果没有统一的监督标准，赏罚不公正，就会影响监督的效力。

（3）系统性原则　监督主体的多样化在可能带来全面监督效果的同时，也可能因为各个监督主体之间职权不明或者相互推诿而导致监督效率低下。这就要求协调各个层次的监督机制系统地安排各个监督机构的权责，并使之相互配合，这样才可能真正发挥整个监督体制的功效。

（4）柔性原则　公共管理的监督作为高层次的管理，在坚持合法、公平、公正的原则下，在具体实施阶段也要坚持人性化的柔性管理原则。所谓柔性原则，并非要徇私枉法，因情废法，而是在实施监督时，要尊重和体谅下级。人性化的监督更容易调动被监督者因为尊重而被调动起来的积极性，也有助于监督主客体之间的协调和沟通。

（5）时效性原则　公共管理监督的目的是及时纠正管理过程中的失误，这就要求监督必须注重时效性。所谓时效性，不仅是要及时发现问题，而且要及时予以解决和补救。

2. 公共管理监督的方法　公共管理监督采取的具体方式主要有以下几种：

（1）检查、调查与视察　检查是指公共管理的监督机构对公共组织及其成员的管理行为合理性和合法性的检查。调查是指公共管理的监督机构根据所得到的线索对公共组织专门事项或特定对象进行的调查。视察是指监督主体为了了解情况、沟通信息而对公共组织的全面工作或某一方面工作的现场检查。

（2）工作考核与奖惩　工作考核和奖惩的方法通过直接和个人利益挂钩，将公共管理的监督落实到位，是实际工作中较为行之有效的方法。它主要是指公共管理监督机构对监督客体的工作状况及工作人员的管理行为进行综合考核和评定，并以此做出奖惩措施。

（3）报告与汇报　对于政府组织来说，根据我国宪法规定，中央和地方的各级人民政府要向相应的同级立法机关报告工作。通过听取和审议政府工作报告，了解并掌握政府的工作情况，督促政府各部门改进工作，提高效率。对于非政府组织来说，汇报是下属部门自觉接受上级监督部门监督的一种方式，它一般采取年终鉴定、述职报告等形式，通过下级总结、分析，自己发现问题，也使监督机构及时发现问题和解决问题，起到监督作用。

（4）预算、决算与审计　公共管理监督的重要方面就是财政监督，保证财、物最合理、最有效地得到利用，科学地做好预算审批和决算审查就是非常必要的监督方式。除此之外，还要有专门的审计部门对公共组织及其人员的财政会计进行审查。

（5）申诉、控告　申诉和控告是实施监督的法律手段。申诉是指公共监督的主体认为公共组织及其人员在管理过程中侵犯了自身的合法权益，向有关部门提出重新处理的意见和要求的行为；控告是指公共管理监督主体认为公共组织及其人员在行使管理权力中存在违法乱纪行为，依法向有关部门提出控诉并要求对其依法惩处的行为。

二、公共管理监督体系

公共管理监督体系是指具有法定监督权的、多元的监督主体在对公共管理组织及其成员进行监督时的任务和权限的划分。根据监督主体与监督客体之间关系的标准，将公共管理的监督体系划分为内部监督体系和外部监督体系。

（一）内部监督体系

公共管理的内部监督是指公共管理组织内部的某些部门和人员对另一些部门和人员进行的检查、督促等自主监督活动。我国公共管理内部监督体系的主要形式有以下四种。

1. 职能监督　职能监督是指公共管理组织各职能部门就其所主管的工作，在其职责范围内对其他有关部门实行的监督。例如，公安机关对各部门、各单位依法实施的对安全保卫工作、消防工作的监督等。这种监督的优点是监督主体与监督客体虽无隶属关系，但在各自的业务范围内，可以相互监督。另外，由于这种监督是在法定的职权范围内进行的，具有强制力和保障力。

2. 一般监督　一般监督是指公共管理组织机构按直接隶属关系自下而上和自上而下所产生的垂直的双向监督。由于上级拥有领导权和指挥权，上级对下级的监督是组织内部实施的一种最经常也是最普遍的监督形式。一般监督确保了组织政令畅通和良好的工作局面。

3. 特种监督　特种监督是指公共管理组织机构普遍适用的专业性监督，如审计监督、物价监督等。其中审计监督就是国家审计机关进行经济监督的一种活动，它有权依法对政府组织、企事业单位及其他同国家财政有关单位的财务进行全面的审查。由于专业性监督主体在公共组织内部具有相对的独立性，它与被监督对象既无隶属关系，又无经济利害关系，从而使其监督具有较高的自主性、主动性和客观性。

4. 专职监督　专职监督是指政府专设的监督机构，即监察机关对其他各机构实施的监督。监察机关的监督范围是：本级政府中各工作部门及其公务员；本级政府所属企事业单位中行政机关任免的领导干部；监督下级政府的主要负责人；受理下级监察机关的监察事项。我国监察机关的权限包括：检查监察对象贯彻执行国家政策、法规的情况，查处其违法行为；受理对监督客体违法、违纪行为的申诉和控告；审议本级政府任命人员的纪律处分事项；教育监察对象遵纪守法；制定、颁布监察工作相关的规章、命令和指示。

（二）外部监督体系

公共管理的外部监督是指公共管理组织以外的各种监督主体对公共组织及其人员的管理活动所进行的多渠道的、多种形式的异体监督。外部监督体系的主要形式有以下四种。

1. 权力机关监督　权力机关监督是指国家立法机关对公共管理机构及其活动实施的监督，是具有法律效力的最高层次的异体监督。由于世界各国的政体和国体的不同，国家权力机关的监督内容与模式存在着差异性。在实行"议行合一"的国家，国家权力机关拥有国家主权和最高法律地位，在国家体制中居于核心地位，任何机关没有制约它的权力。例如，我国的各级人民代表大会及其常务委员会，它决定了国家行政机关、司法机关的产生和组成。因此，理所当然成为公共管理最重要的监督主体。

我国由人民代表大会及其常务委员会实施的立法监督的主要工作方式有：①听取和审议同级人民政府的工作报告，其中包括年度报告、财政预算报告、各项重大措施和政策报告、政府各部门负责人工作活动报告等。②审查并撤销本级行政机关发布的不适当的法规、规章、命令和决议。③罢免同级行政机关的组成人员。④向政府及所属部门提出质询和询问，发表意见，同级政府组织的有关人员必须负责答复。⑤视察和检查政府工作，办理群众来信来访，包括接受人民群众对政府机关及其公务员违法失职行为的控告，组织特定问题的调查委员会，处理某些紧急或特定的问题等。

2. 政党监督　政党是当今世界各国政治中最重要的组成部分之一，它在监督领域中占有重要的地位。我国的政党监督是指执政党和各民主党派对公共管理组织及其成员的监督。政党监督主要体现在两个方面：

（1）中国共产党的监督　中国共产党从中央到地方各级党组织、党的纪律检查委员会组织及广大党员对公共管理组织进行监督，这是中国共产党作为执政党实行领导的一种重要方式。具体的方式有：一是通过制定正确的路线、方针和政策来规定行政活动的方向；二是通过党的纪检机关检查处理组织中党员的违法违纪行为，十八届六中全会通过的《关于新形势下党内政治生活的若干准则》和《中国共产党党内监督条例》，标志着全面从严治党进入了全面制度化的阶段；三是通过对党员的教育，促进和保证公共组织中的公务人员依法办事，自觉履行党的义务和职责，充分发挥党员先锋模范作用。十八大以来所推出的八项规定和开展的三次学习教育活动，都强调纪律的重要性，强调纪律和规矩是管党治党的尺子和不可逾越的底线。

（2）民主党派的监督　民主党派的监督方式有：通过政治协商会议或通过该党在人民代表大会中的代表，协商国家大事，参与制定国家的大政、方针和国家事务的管理，参加政府工作并对政府机关的活动提出批评和建议；通过该党党员及主办的各种报纸、刊物对各级政府的行为提出建议和批评。

3. 司法机关监督　司法机关监督是指国家司法机关对公共管理机构及其活动实施的强制性的监督。世界各国的司法监督实践主要包括两个方面：一是专门的宪法法院或普通法院系统对政府颁布的行政法规和行政措施进行审查，以判断其是否违反宪法；二是由司法机关对政府管理有关的行政纠纷进行审理和裁判，以维护当事人的合法权益，即行政诉讼和行政裁判。在我国，由人民检察院和人民法院对政府机关及公务员的具体的、违法的行政行为行使检察权和审判权。审判机关可以对大量的、具体的行政行为的合法性进行监督，而检察机关则对行政行为的合法性、合理性行使法定的监督权，它的监督往往必须依照司法程序实施。

（1）审判机关的监督　我国的人民法院作为国家的审判机关，主要是通过审理与公共管理组织机构及其人员有关的案件、处罚公共管理人员违法犯罪的行为实施对公共管理的监督。审判机关的具体监督方式有：①通过审理刑事案件，追究违法、失职、侵犯公民权利公共管理人员的责任。②通过审理民事案件，追究公共管理组织及其人员在民事活动中的违法、侵权的民事责任。③通过审理行政案件，对政府组织及其人员管理活动的合理性、合法性进行监督，追究监督客体的行政责任，保护公民的合法权益。④通过提出司法建议的形式，向有关单位及其主管部门提出改进的意见和建议，进行积极的监督。

（2）检察机关的监督　我国人民检察院作为国家的法律监督机关，主要是通过对公共管理组织机构人员触犯法律的罪行和利用职权犯罪的事件进行侦查、批捕和提起公诉来实施监督的。检察机关的具体监督方式有：①法纪检察部门管辖以下案件：严重破坏国家的政策、法律、法规、政令统一实施的重大犯罪案；侵犯公民权案；渎职案；检察部门认为需要直接受理的其他案件。②经济检察部门管辖以下案件：贪污案、行贿受贿案、玩忽职守案、重大责任事故案、挪用国家抢险救灾物资案等。③检察院在办案中发现问题，以司法建议书、司法建议通知书的方式，向发案单位及其主管部门提出改进意见和建议。

4.社会监督 这是指由各种社会组织和团体及人民群众对公共管理机构及其活动实施的广泛监督。公共管理机构的一切权力原本是由社会和公民赋予的，因而社会的各种组织、团体及人民群众有权对公共管理机构及其人员的一切行为实行监督，这也是民众行使权力、参与管理的一种形式。社会监督的具体形式主要有三种，即社会组织和团体的监督、社会舆论的监督和公民的监督。

（1）社会组织和团体的监督 我国的社会组织和团体的监督是多元化的、有组织的、经常性的监督，主要是人民政协、工会、共青团、妇联等人民团体，以及居委会、村委会等群众自治组织依法对公共管理机关及其工作人员的监督。我国社会组织和团体监督公共部门及其工作人员的方式有：召开会议，向有关部门提出意见、要求或建议；对侵犯公共利益的行为进行检举、申诉和控告等。

（2）社会舆论的监督 社会舆论监督是指通过报纸、电视、广播等大众传播媒介对公共部门及其工作人员实施的监督。社会舆论监督的途径主要有三个：一是新闻报道，对公共部门的重要工作和活动进行及时的宣传和报道，并通过报道无形中使公共部门置于整个社会的监督之下；二是公开曝光，新闻媒介及时对公共部门及其工作人员的违法违纪行为进行曝光和谴责，从而引起社会多方面的关注和重视，通过舆论压力促使有关部门对违法违纪行为及时纠正，并对有关人员进行惩处；三是表达民意，新闻媒介播出或刊登群众对公共部门工作的意见或建议，督促他们更好地履行职责，为社会提供优质高效的服务。

随着近年来互联网技术的飞速发展和网民数量的激增，互联网作为现代信息传播的主要方式，为普通公民参与公共管理的监督提供了一条重要而新型的途径和渠道，网络舆论监督的功能体现得越来越明显，并越来越成为一支不可忽视的力量。伴随着网络的兴起，网络开始成为新的舆论阵地，网络监督应运而生，它指的是人民群众通过互联网了解国家事务，交流和发表意见、建议，对国家的经济、政治、行政、法律、文化等活动进行评价。网络上空前繁荣的虚拟社区、论坛等成为重要的网络舆论场所，网络举报、网络曝光、网络讨论等是重要的网络监督形式，它们加快各种舆论在网上的形成和流动，从而加速网络民意的传播和传达。数量庞大、无处不在的网民正成为现代民主政治发展进程中制约权力的重要力量，为我国的公共治理开辟了新的通道。

（3）公民的监督 公民对公共部门及其工作人员进行监督，是国家宪法和法律赋予的基本权利之一。公民对公共部门及其工作人员实行监督的主要方式有：通过信访对公共管理活动进行监督；通过人民代表向公共管理机构提出批评、意见和建议；通过向有关国家机关检举、揭发以反映公共部门及其工作人员存在的违法乱纪事实；通过向司法机关申诉、控告、诉讼等维护自己的权益，制止和惩处公共部门及其工作人员侵害公民合法权益的行为；通过报纸、电台、电视等新闻媒介表达自己的看法和意见，对公共部门及其工作人员实施广泛的社会监督等。

三、我国公共管理监督的完善

新中国成立以来，经过长期的不断发展与完善，我国已经形成了较为完备、有效的公共管

NOTE

理监督体制。但在发展中仍然存在一些问题值得重视。

（一）我国公共管理监督体制存在的问题

目前我国公共管理监督体制尚存在不少问题。

1. 监督主体众多，缺乏科学的协调与配合，监督效能偏低　随着公共管理监督体系的不断发展，我国目前已经形成了多元化、多渠道、网格式的公共管理监督体制。但是，各个监督主体之间缺乏统一的协调和相互配合，从而使众多监督主体和部门处于分散化运行的状态，不能形成监督合力，公共管理监督体系的总体监督效能不高。

2. 公共管理内部监督体系中的专门、专业监督主体地位不高，监督力度不大　在政府部门中，我国行政监察机构和审计机构等专门监督机构，不是独立地与行政管理机关并列的关系，而往往是受同级行政机关和上级业务部门的双重领导，其负责人往往不是由党政领导人兼任就是由党政机关实质性任命。这种监督机构附属型的隶属关系体制，使得监督主体在人事、财政等方面受制于监督客体、受制于长官意志，严重削弱了监督的权威性。

3. 社会监督权威性不高、监督渠道不畅、监督力度不强　目前各社会团体对于行政机关及其公务员的监督还不具备足够的权威性，往往影响了其监督效力。新闻舆论监督由于受到太多限制，还不能发挥社会舆论的强大力量。公民个人缺乏直接制约政府的可操作性的具体条文和制度，对于政府公共行政行为的监督往往只停留在表面，公民监督的实际效力也不明显。

4. 公共管理监督的法制化程度不高，监督效能的弹性较大　改革开放以来，我国在公共管理监督立法方面已经迈出了较大步伐，先后制定和颁布了一批有关公共管理监督和反腐倡廉方面的法律、法规。这些法律、法规对于促进和保障公共部门及其工作人员廉洁勤政具有重要的保障作用。但从总体上讲，我国的公共管理监督立法还不完善，许多应当制定的法律一时还制定不出来，致使一些公共管理监督主体的具体监督活动无法可依、无章可循，监督过程也缺乏可操作性，监督效能也就有很大的弹性。

5. 公共管理监督轻预防和过程，偏事后惩罚　我国的公共管理监督普遍存在偏重于事后的惩罚性监督，忽视事前的预防性监督及事中的过程性监督的现象。公共管理监督应在事前、事中、事后全方位地进行，做到三者的有机结合，只有这样才能起到"惩前毖后"的效果。我国的公共管理监督一直是把监督的重点放在追惩性的事后监督上，往往忽略了公共管理行为发生前的预防和实施过程中的控制。事前预防和事中控制的缺乏常使公共管理监督机构陷入"查错纠偏"、被动消极的不利局面。

（二）进一步完善我国公共管理监督体制

反腐倡廉的核心是制约和监督权力。正是基于此，习近平总书记提出把权力关进制度的笼子里，通过制度来制约权力。"要加强对权力运行的制约和监督，把权力关进制度的笼子里，形成不敢腐的惩戒机制、不能腐的防范机制、不易腐的保障机制。"要坚持用制度管权管事管人，抓紧形成不想腐、不能腐、不敢腐的有效机制；坚持党要管党、从严治党，实现不敢腐、不能腐、不想腐。

要从根本上解决我国公共管理监督中存在的问题，完善我国公共管理监督体制，需要从全局思维出发而不能仅仅聚焦于局部的完善。中国共产党作为我国的执政党，从本质上看，对公共管理权力的监督力度与效果主要取决于党的决心和意志。习近平总书记以全面从严治党思想为指导提出的"三不腐"机制——不敢腐的惩戒机制、不能腐的防范机制、不易腐的保障机制，对在坚持中国共产党的领导地位和执政地位的前提条件下，完善既具有中国特色又遵循科学社会主义基本原则的公共管理权力制约和监督体系无疑具有全局性的指导意义。

1. 惩戒机制建设 进一步重视和加强公共管理监督立法，推进公共管理监督的法制化进程，保持惩戒的威慑力。首先，要加快公共管理监督立法进程，制定一系列的专门监督法律、法规。其次，通过完善现有的法律、法规，对各类监督主体的职责和权限、监督的对象和范围、监督的方式和手段、监督者与被监督者的义务和权利等做出明确的界定。最后，应根据在建设社会主义市场经济的新形势下公共管理活动出现的新情况、新问题，制定或修改相关的公共管理监督法律、法规。

2. 防范机制建设 对公共管理权力的监督要做到惩防并举、注重预防的综合治理，不断完善内部监督，强化监督效果。公共部门内部的自我监督既是公共管理监督中经常运用的一种监督形式，也是公共管理活动的基本内容。要提高公共管理自我监督的成效，就必须强化各级领导干部和一般人员的问责机制，并通过教育提高他们的法律、责任意识，尤其是廉洁勤政的意识。同时要改革行政监察部门和审计部门的双重领导体制，进一步增强行政监察部门和审计部门的独立性和权威性，进一步发挥它们在公共管理监督中的作用。

这里需要特别指出的是，国家监察委员会的设立是政府完善自我监督的一项重要举措。国家监察委员会作为国家监督机关，与国家行政机关和司法机关都是平行的。此次改革是重大的政治改革，是由"一府两院"变成"一府一委两院"。国家监察委员会的职能是对所有公权力主体实施监察，意味着所有国家财政供养的组织、群体都有必要纳入国家监察范围，包括法院、检察院、医院、学校，都纳入监察范围。目前已经选择了浙江、山西和北京三地作为试点。

3. 保障机制建设 推进政务公开，畅通社会监督的渠道，以群众满意为标准，是确保权力合理有效运行的关键保障。要完善公共管理监督体制必须进一步完善信息公开机制，继续推进公共部门管理和服务行为的公开性和透明性。这就需要加快信息公开的立法进程，完善信息公开的考核评价机制，健全信息公开的责任追究机制。只有公共部门的公共管理行为公开、透明，才能使各种公共权力的寻租、腐败现象无藏身之地；才能保证社会团体、新闻舆论、人民群众与公共部门之间信息沟通渠道的畅通无阻，并运用合理、合法的权利对公共部门及其工作人员进行监督。

4. 整体上应注重机制协调，发挥协同效应 首先，不同的监督机制涉及不同的监督主体，应加强公共管理监督主体之间的沟通与协调，明确职能，理顺关系。明确各类公共管理监督主体之间的地位、职责、监督权限和范围等，形成明确的责任、权利和义务相协调的关系。其次，各类监督主体之间应形成协调、沟通的常态机制。为了更好地加强公共管理监督主体之间的协调、配合，可以考虑成立专门的协调机构，赋予其相对独立性和权威来统一协调各类监督主体的关系。最后，建立统一的公共管理监督情报信息网。要形成有利于发挥公共管理监督整体功能的协调、沟通和共享机制，就必须在公共管理监督体系中建立一个情报、信息的沟通网络，强化公共管理主体之间的统一和协调作用。

在监督方式上，应建立全过程的监督模式。应完善监督方式，把事前监督、事中监督和事后监督三者有机地结合起来，即加强事前监督的预防和教育，强化事中监督的跟踪和监控，结合事后监督的查处和惩罚。只有将公共管理监督的三个重要过程或阶段全方位地运用起来，才

NOTE

能充分发挥公共管理监督的综合效能，有效发挥监督的作用。

复习思考题

1. 我国公务员应承担什么样的制度责任和伦理责任？
2. 简要分析公共管理伦理与个人伦理间的异同点。
3. 如何有效推进我国公共管理的立法水平？
4. 请结合实例来谈谈如何提高社会监督的效果。
5. 新形势下如何进一步完善"不敢腐、不能腐和不想腐"的反腐倡廉机制？

第七章　公共管理体制与方法

第一节　公共管理体制

一、公共管理体制的概述

体制是社会系统组织整合的框架和轮廓，体制改革是社会系统的自我完善。为拥有良好的发展特征，不同的社会系统应根据自身的具体情况，采取不同的组织管理体制。

（一）公共管理体制的内涵

公共管理体制是相对于私人部门管理体制而言的，是指为了公益目的，由社会上发展起来的多元管理主体及它们组成的网络结构，综合运用公私部门所提供的有效方式与方法，在公民广泛参与和制约下，对公共事务进行管理活动并承担管理责任的一种体制。

公共管理体制有广义和狭义两种。狭义的概念是指为了确保国家目的的实现而确立的，关于以政府部门为核心的公共部门在职能定位、权力配置、运行规则和法律保障等一系列制度的总称。广义上的公共管理体制除了狭义的界定外，还包括为顺利实现这些制度所确立的目标的配套制度——公务员制度、社会自治组织制度、公共财政制度等的总称。

公共管理体制在管理目的、管理职能、运作方式等方面都与其他的管理体制存在着很大的不同。

1. 公共管理体制不同于企业管理体制　利润最大化是企业管理的根本目的，企业管理体制在经济领域中运行主要以适应市场经济的发展而形成。公共管理则是以非营利性为主要特征，以公共利益的实现为目标的。公共事业组织的发展不靠出售产品和服务来维持，而是依赖于立法机构的授权及社会收入的二次分配。公共管理的工作绩效不以利润和效率为标准。公共管理体制受到的法律限制更为严格，对政治环境也更为敏感。

2. 公共管理体制不等同于政府的行政管理体制　行政管理体制指国家权力机关的执行机关为依法管理国家事务、社会公共事务和机关内部事务而建立的管理规范、管理制度和机制的总和。行政管理主要是以政府为中心来研究行政制度、行政立法及行政体系的模式、范例与运行机制。公共管理把研究对象由政府的行政机关扩大到非政府组织的公共机构甚至私人部门的公共方面，强调公众的参与性，具有明显的社会性。由于我国公共组织的行政依附性过强，公共管理体制一直受行政管理体制的影响。随着政事分开的逐渐深入，公共管理体制将会逐渐形成一套独特的体系。

（二）公共管理体制的特征

公共管理体制与经济体制和社会各项事业的管理体制紧密相关，具有以下主要特征。

1. 政治性   公共管理体制是政治体制的重要组成部分，这是其政治性的主要体现。公共管理体制的政治性具体体现在三个方面，一是体现政治和政治体制的要求，是实现阶级统治目标，保证和加强公共组织合法性功能的体制性和强制性工具。二是公共管理体制附属于政治权威和政治体制，改革必须由政治权威决定。三是公共管理体制是以各级各类公共组织有效地进行政治统治和社会公共事务管理为价值的，而处理好社会公共事务是以扩大政治统治基础为目的的。

2. 规范性   公共管理体制的规范性特征来自于确立公共管理体制的目的。确立公共管理体制的目的之一是明确组织权力划分、机构设置及运行规则，保证公共管理实践中权力行使的范围、程度、界限等有章有据，避免出现侵权、越权等情况。公共管理体制的规范性可以确保公共组织的设置、权力划分、运行及各类要素之间关系的有序性。

3. 稳定性   公共管理体制的稳定性主要是由政治体制的稳定性决定的。一个国家的政治体制是涉及阶级统治的大问题，一般是不会轻易改变的，作为政治体制组成部分的公共管理体制也必然具有稳定性，一种公共管理体制一旦形成，便不会经常变动。公共管理体制的稳定可以确保公共管理的有序性和社会的稳定性。

4. 系统性   公共管理体制的系统性体现在其本身就是一个大的系统，由公共组织子系统、公共权力子系统、职能子系统等组织构成。各级各类公共组织在公共管理体制的整合下形成一个有机的整体，各自发挥作用而又互相协调。这一系统有纵向结构和横向结构，纵向结构又称为层级结构，这些结构之间具有相关性和有序性，使公共管理体制发挥整体作用。

5. 滞后性   公共管理体制形成后具有一定的稳定性，但各种社会构成要素是十分活跃的，时时刻刻都在发生变化，而公共管理体制不可能对社会每时每刻发生的变化及时做出反应。公共管理体制的变革或变化往往发生在社会变化之后，与社会的其他构成要素相比，更趋稳定，往往表现为僵化或保守。公共管理体制对一般的社会演进通常不会及时做出反应，否则会造成管理和社会的混乱，除非社会演进累积到一定的程度，即量变发展到质变的时候发生质的飞跃，必须进行体制改革对这些变化做出反应。

（三）公共管理体制的构成要素

公共管理体制是由若干相互关联的要素构成的一个系统，主要包括职能定位、权力划分、运行规则和法律保障四个基本构成要素。

1. 职能定位   职能包括职责和功能两个方面的内容，是二者的统一体。公共管理职能是公共管理体制的基础，确定了公共管理的范围和公共管理系统的职能结构，为公共管理权力的执行提供了条件。公共管理组织机构是公共管理体制的载体和表现形式，是履行公共管理职能和行使公共管理权力的组织保障。以职能为依据依法设置规范、统一、科学的公共管理组织机构是机构工作效率的重要保证。

2. 权力划分   在政治学上，权力是指一种广泛的影响力或支配力，它所强调的是事物的相互作用及这种作用的不平衡。也就是一定主体对一定客体的支配，通过这种支配使客体的行为符合主体的目的性。而法治视角下的权力，则是指各级政府机关及其他依法履行公共管理和服务职能的行政主体在履行职能的过程中，依照法律法规的规定所享有的影响力和支配力。公共管理权力是实现公共管理职能目标的手段，为公共管理主体完成任务创造条件和途径。

权力和职能是两个关系极其密切的范畴，它们两者之间实际上是手段和目的的关系；职能的设定为各级政府确定了工作的任务方向和价值目标，而权力则是为各级政府完成这些任务创造了条件和途径。因此，权力的配置应与职能联系在一起，每一个政府机构无论拥有什么权力、多大权力，都应当是其实际职能的反映。公共管理权力划分是政府机构、政党组织、群众团体及其他非政府公共组织之间的权力分配关系及其制度的总称。公共管理权力的配置包括一系列具体内容，如权力在中央与地方各级政府之间的配置；权力在没有隶属关系的同级政府之间的配置；权力在同一级政府内部各部门之间的配置；权力在政府和非政府公共管理主体之间的配置等。

3. 运行规则　"运行"原本为物理学术语，指物体运动和行进的过程，强调物体的一种运动状态。公共管理权力的运行是指公共管理权力在公共管理系统内部的运作过程。公共权力的运行规则是公共管理权力运行的基本规则，是构成公共管理体制的纽带。公共管理体制是一个动态的体系，如何把公共管理职能和公共管理权力有机地联系在一起，关键是建立有序的公共管理权力的运行规则。

政府组织中的公共权力的运行规则是指行政权力在各级政府及政府各部门之间进行界分和配置的基础上，行政权力在政府系统内部运行的运作过程；强调的是权力在上下级政府之间、同级政府之间及本级政府内各部门之间的运行和行进。政府行政权力的运行贯穿于行政权力行使的所有环节，如决策、执行、监督、协调、控制等。在计划经济体制下，权力运行规则主要是以命令和服从为基础。而在市场经济深入发展的今天，传统的权力运行规则在逐渐解体，而新的权力运行规则尚未完全建立，因而导致一些违背法治精神的"潜规则"的出现。大量"潜规则"的存在只能使权力运行偏离正常轨道，背离设置权力的初衷。

4. 法律保障　法律规范是公共管理体制框架的重要内容。行政法治就是以法律规则作为政府行为的基本依据，法律规则一旦制定出来，政府就不能以政策修正或改变、政府首长更不能以行政命令变更法律规则。政策或行政首长的命令与法律规则相抵触时，执法机关应执行法律规则而不是执行政策或命令。如果缺乏对权力配置和运行的法律规范和监督，"潜规则"等制度性腐败就会盛行，"权为民所用，情为民所系，利为民所谋"的执政理念也很可能成为空谈。因此，公共管理体制不能回避法律的价值和作用，法律保障是公共管理体制的基本内容之一。

二、公共管理主体间关系

公共管理主体是公共管理中的主体要素，主要是指行使公共权力的组织和个人，行使公共权力的组织主要是政府和非政府公共组织，组织权力的行使则通过公共管理者最终实现，公共管理主体对公共管理职能的实现有着决定性作用。

随着公共管理这门学科的发展，公共管理不再是一元化的政府管理，而是政府组织、非政府组织、企业组织和公民的共同参与。在公共管理活动的组织与实施当中形成以政府为核心的多元化体系，涵盖了事业单位、社会中介组织、民间公益组织、基层群众的自治组织等提供公共服务的部门，上述主体共同构成公共管理的网络结构，实现公共服务的有效供给，这也是公共管理区别于公共行政的显著特征之一。

（一）公共管理主体间的基本关系与其主要特征

1. 公共管理主体间的基本关系

（1）公共管理的核心主体是政府　政府是指国家进行阶级统治和社会管理的机关，是国家意志表达、发布命令和处理事务的机关。在多元化的公共管理主体体系中，政府处于主导地位，是最主要的公共管理主体。这是因为从某种意义上说，只有政府才掌握着社会的公共权力，社会管理职责是政府的最基本职责之一，政府的基本作用就是维持、处理社会公共事务，保证全社会公平与效率的实现。政府是各种社会公共服务的直接管理者，公共部门的管理主要是政府的管理，政府作为公共权力的执掌机构，对提供公共产品和公共服务负有最后责任，地位极其重要。从当前来看，政府依然主导着整个公共管理过程并承担着主要职责。

（2）公共管理的辅助主体是非政府组织　非政府组织一般是指政府组织和经济组织之外的社会组织形态，是一个庞大的组织体系，包括的社会组织类型相当广泛。由于语言、习惯或者意识形态等方面的不同，在不同国家有不同的称谓，如第三部门、非营利性组织、独立部门、志愿者组织等。以往人们普遍认为管理社会公共事务的职能仅属于国家所有，公共管理主体的多元化使得政府承担的很多公共管理职能及具体内容由非政府的公共组织来承担。

（3）国际组织成为全球治理下的新兴辅助主体　关于国际组织的概念各个学派尚未形成统一的认识。一般将国际组织定义为两个或两个以上活跃于世界舞台、具有独立地位的国家为实现共同的政治经济目的，依据其缔结的条约或其他正式法律文件建立常设性机构，以解决公共问题和处理公共事务为目标导向的国家间的组织实体。

2. 公共管理主体间关系的主要特征　目前，公共管理主体多元化已成为主导趋势。从世界各国的公共管理实践看，不同主体间的关系特征主要表现如下：

（1）政府不再是公共管理的唯一主体　公共管理职能已不限于政府一方承担，政府不再是公共管理的唯一主体，主要的表现是政府逐渐把传统公共行政模式下完全由其自身担当的职能和责任部分地转移给市场和社会，且非政府组织在公共管理过程中扮演着越来越重要的角色，其参与公共管理的程度、范围及影响力都得到了较大的扩展。

（2）公共管理主体间通过互相合作开展活动　在履行公共管理职能的过程中，各个公共管理主体受自身或外部因素的限制，不可能单独承担全部公共事务，必须与其他部门展开互动合作，唯有如此，在社会问题和公共事务不断增加的情况之下，公共管理的效率才能得到有效的提升。

（3）政府的核心作用是不可替代的　政府是公共管理活动中最重要的组织，在公共管理多元主体中处于核心地位。政府能够凭借自身的规模和权威性最大限度地调动各种资源以保证公共管理任务和目标的实现，政府完整意义上的公共性也能够保证公共管理任务和目标的实现；政府能确保公共利益得以最大化的实现。另外，政府的核心地位还体现在它要为其他公共管理主体及其活动提供制度化途径和渠道，使其他公共管理主体具备法定资格来参与公共管理活动。

（二）政府体制的类型

政府与国家是两个不同的概念。国家是一个政治联合的形式，它是一个由人民组成的政治社会。政府是人和制度的组合体，它依赖并服从于国家，是国家表示意志、发布命令、处理事务的机关，它的一系列职能都是国家职能的具体化。任何政府要实行对社会的管理与控制，都必须借助一定的组织形式，建立相应的制度体系，这就形成了政府体制，简称政体。一个国家实行什么样的政府体制，是由历史传统、文化背景及现实政治、经济、社会的发展等多种因素决定的。现代社会，一个国家的政体基本都是通过宪法加以规定，宪法是一个国家政体构成的基础。

根据立法、行政和司法权力之间关系的不同，政府体制分为三权分立制、议行合一制和权力独裁制三种类型。

1. 三权分立 三权分立制指立法、行政和司法权力分别由议会、内阁（或总统）和法院掌握，各自行使职权又相互制衡的制度。在实行"三权分立"的国家，按照宪法规定，"三权"之间既相互分离，各有自己的职权范围，又相互制约，任何一方的权力都受到另一方的限制，从而形成三种权力的相互制衡的权力关系。

从世界范围来看，权力结构实行"三权分立"基本原则的国家的具体政府体制主要有内阁制、总统制及委员会制三种典型类型，采用的国家几乎都是当代资本主义国家。

（1）内阁制政府体制 内阁制起源于18世纪的英国，后来为许多西方国家所采用，逐步成为一种颇具影响的政府体制。实行内阁制政府体制的国家，国家元首是世袭和终身任职的，但不掌握实际权力，一般是世袭的国王、天皇或由公民选举产生的总统担任。国家元首代表国家，但不是政府首脑。国家元首颁布的法令必须经内阁总理或首相签署；治理国家的权力掌握在以总理或者首相为首的内阁手中，内阁总理或者首相是国家最高行政首长，但不是国家元首，内阁总理为议会多数党领袖，内阁由多数党组建，政府成员也由总理或者首相选择、推荐并组阁，如果有不同意见的阁员固执己见，则可由他主动提出辞职，或者内阁总理（首相）将他罢免；实行内阁制的国家是以议会为最高权力机关。议会拥有立法权和监督内阁的权力，是国家政治活动的中心；内阁对议会负责，内阁对重大问题的决议须取得议会的多数支持；当议会对政府投不信任票时，内阁必须辞职，或解散议会重新选举，以重组内阁。英国、德国、意大利、日本、澳大利亚、奥地利、比利时、加拿大、丹麦、新西兰、以色列等国家实行的是内阁制政府体制。

（2）总统制政府体制 总统制起源于18世纪末期的美国，是以总统为国家权力中心的政治体制；总统既是国家元首，又是国家最高行政机关的政府首脑；总统是国家的权力中心和决策中心，有任免政府高级官员的权力，有代表国家同其他国家缔结条约和签订协定的权力，是国家最高军事统帅，有指挥军队的权力。

在实行总统制的国家，议会由选民选举组成，是国家的权力机关和立法机关，但议会不能限制总统的行动；总统则是由选民间接或直接选举产生，不需要议会批准，对选民负责，不对议会负责；议会没有对总统投不信任票或迫使总统辞职的权力，但是有权对总统违法违宪的行为进行弹劾，总统无权解散议会；总统没有向议会提出法案的权力，但对议会通过的法案有签署权，并且有否决权，议会通过的决议要经总统批准；总统隶属的政党未必就是议会多数党，总统的某些决策权受议会制约；国家的行政机关由大选中获胜的总统组成，内阁成员由总统任免；内阁会议是总统的集体顾问和办事机构，总统不定期召开内阁会议；总统独自进行决策，不需要争取内阁成员的同意，固执己见的内阁成员或主动辞职，或被总统免职。实行总统制政府体制的国家主要有美国、芬兰、法国、墨西哥、阿根廷等国家，以美国最为典型。

（3）委员会制政府体制 委员会制又称合议制，起源于19世纪中期的瑞士，兼具总统制和内阁制的特点。它的最大特点是国家的最高权力不是由国家元首或首相个人来行使，而是由议会中选举产生的一个委员会来集体行使，委员会是议会的执行机关。

委员会的委员们地位完全平等，职权完全相同。委员会中的主席、副主席只是作为礼仪上

NOTE

国家代表，定期轮换，其权限与委员会其他成员一致。委员会所掌握的全部行政职权都必须经过委员会的集体讨论，以少数服从多数的原则予以通过，用委员会的名义签署。瑞士是世界上唯一实行委员会制政府体制的国家。

2. 议行合一制　议行合一制是指国家权力机关统一行使立法和行政，是民主集中制原则在国家机关权力分配关系及其工作关系上的体现。该制度起源于 1871 年的巴黎公社，后通行于社会主义国家。在议行合一的权力结构中，民主集中制是权力运行的基本原则。议行合一制是在现代社会权力的所有者与执行者分离条件下解决两者关系，保证权力执行者切实执行权力所有者意志。从理论上讲，议行合一不仅可以克服行政权力失控的现象，而且更能够体现民主原则，它把政治上的民主与行政上的权力集中统一特性有机地结合在一起。

我国的人民代表大会制是在"议行合一"原则的基础上建立起来的一种有中国特色的政府体制。全国人民代表大会是国家权力机关，行使国家立法权，并产生和监督国家行政机关、司法机关，这些机关都是它的执行机关，对它负责，受它监督。各级人大都由民主选举产生，对人民负责，受人民监督；各级人大及其常委会集体行使权力，严格按照民主集中制的原则行使职权；国家行政机关、司法机关都由人大产生，对它负责，受它监督；在中央的统一领导下，发挥地方的积极性；在少数民族聚居的地方实行民族区域自治，香港、澳门实行高度自治。

国务院是最高国家行政机关，实行总理负责制，总理对国务院工作有完全决定权，全面领导国务院工作，代表国务院对全国人大及其常委会负责；由总理主持国务院常务会议，国务院工作中的重大问题必须经全体会议或常务会议讨论；国务院每届任期 5 年。国务院制是一种建立在合议制基础上的个人负责制的行政体制，它体现了行政领导的规律，并贯穿了民主集中制、法制及对国家最高权力机关负责的重要原则，是符合中国国情的一种行政管理体制。

3. 权力独裁制　权力独裁制是指国家权力由君主、宗教领袖或其他权威人物掌握。独裁制在海湾地区国家中较常见，权威人物不是由人民选出或议会选出，而是由继承、政变的方式产生。权力独裁制主要有三种类型：

（1）政教合一型　即把政权和教权合二为一的一种政治体制。位于意大利罗马城西北的梵蒂冈是一个以教皇为君主的政教合一的国家。在这里，教皇拥有立法、司法和行政全权。

（2）君主亲政型　君主的权力不受限制，君主既当朝，又执政，属于传统的君主专制体制。君主亲政不同于君主立宪制，在君主立宪制下君主的权力受到宪法或其他机构的制约，君主是"虚位"的，有名无权。海湾地区的君主制大多是君主亲政型。

（3）军人独裁型　指军事权力和行政权力合二为一，并以军事权力作为整个国家权力的核心和后盾，国家立法机关、司法机关等都受军事政府操纵的一种体制。20 世纪五六十年代以来，在非洲和拉美等地区，军事政变此起彼伏。军队首领发动政变，获得政权后，有的镇压反对派，加强专制统治；也有的引进"民主"政体，实行大选，结果多是军人首领成为总统，在"民主"外衣的掩盖下，军人统治的合法性增强。

（三）政府组织的类型

政府组织可根据不同的标准相应地划分为不同类型。在多数情况下，主要按照政府机构的工作性质和职能作用不同来划分。目前，中国的各级行政组织基本是按照这样的标准来划分。

1. 领导机关　领导机关是指中央和地方各级政府的首脑机关，是各级政府的指挥决策中心，领导机关在整个行政组织系统中起着中枢和统率作用。其主要任务是对职权范围之内的一切行政管理活动进行统辖和指挥。国务院和地方各级人民政府的领导机关的功能主要是通过行政首长在民主集中制基础上行使其职权来实现的。

2. 执行机关　执行机关是各级政府在领导机关的直接领导下，直接管理某一方面行政事务的专业性机关，又称为职能机关。执行机关的职能涉及社会经济的各个领域，是具体公共事务的管理者和组织者。执行机关根据行政管理职能的需要，经法定程序而设置，是领导机关的职能部门和组成部门。执行机关的设置要随着社会经济发展变化而变化，也与一个国家的政府管理体制、方式等有密切联系。职能机关对上执行领导机关的有关决策；对下在其所属范围内行使专业性的行政管理权限，领导或指导业务上相同的下属行政部门的工作。执行机关的负责人往往要参与一级政府的决策与领导活动，而且对于上级的决策指令必须认真贯彻执行，并对所属的下级机关负有业务上的指导职责。我国政府行政组织中的大部分属于执行机关。

3. 辅助机关　辅助机关是为领导机关与执行机关设置的行政组织，属于政府行政组织系统的内部机关，在行政管理活动中担任必不可少的辅助性工作，辅助机关不直接从事管理活动，但是为管理活动创造、提供条件。比如国务院和地方政府的办公厅（室）就属于辅助机关。辅助机关的主要职责是协调领导机关或其他行政机关之间的关系，办理领导机关交办的各项行政事务，或掌握行政机关的某方面综合性工作或专业性工作。辅助机关的上述职能决定其一般不具备对外的职权，也不直接参与社会公共事务的管理。在中国现行的行政组织体系中，辅助机关主要包括办公机关、参谋咨询机关、情报信息机关、后勤或机关事务管理机关等。

4. 派出机关　即指一级政府根据公共管理的需要，按法律规定或经上级批准，在职权或所辖区域内设立的代表机关。派出机关不是一级国家行政机关。派出机关的设立大致有两种情况：一是需要专门负责和特殊处理某一方面事务或某一区域的行政事务；二是由于下一级管理层次的管理幅度太宽，而难以适应公共管理的需求。新中国成立后我国地方各级政府的派出机关主要有省人民政府派出的行政公署，县人民政府派出的区公所，市辖区人民政府派出的街道办事处等。随着行政改革的深入，有些派出机关如行署、区公所等大多数已被撤销，而街道办事处则日趋增多。另外，其他一些组织如工商、医药、海关、审计等专业管理机关也正在加强派出机关的建设。

5. 非常设机关　非常设机关是为了处理某一阶段性、专门性的行政事务或组织协调某种跨地区、跨部门工作而设置的行政机构。非常设机构的名称一般为委员会、领导小组、指挥部或办公室等。

（四）中央政府与地方政府的关系

1. 中央与地方关系的实质　中央政府与地方政府的关系模式一直是各国政治的核心问题，中央与地方关系的核心内容是中央和地方的权力关系和职能关系。中央和地方的关系的主要内容是权力关系、财政关系、行政关系。权力关系就是中央与地方各自地位和职权范围的划分，它是中央与地方关系的基础。权力关系由国家的宪法和法律规定，受到经济、政治和社会的多种因素影响，实际情况并不能与法律规定完全一致。财政关系是关于中央与地方各级政府之间的财政分配问题，它是中央和地方关系的核心。财政分配状况直接关系中央与地方政府的职权实现能力，从而影响各级政府在社会公共事务中的地位与权威，是调节中央和地方关系的重要杠杆。行政关系是在管理社会公共事务中形成的中央和地方政府的活动关系，它是以权力关系和财政关系为基础的。

NOTE

中央与地方政府关系的实质是国家利益与地方利益的关系。中央政府是国家利益的代表，地方政府是地方利益的代表。一般来说，国家利益是国家的整体利益和集体利益，是统治阶级的根本利益，而地方利益则是局部利益和特殊利益，两者之间不必然存在矛盾，却很容易产生矛盾。任何国家都必须处理好中央与地方的关系，实现中央与地方关系的协调发展。

2. 西方国家中央与地方政府的关系　按照中央与地方政府的法律地位和权力关系、中央政府的实际地位和作用等可以把世界各国中央与地方关系的模式分为联邦制模式、单一制模式和特别自治模式三种。其中，联邦制和单一制模式是两种基本模式。

（1）联邦制模式　联邦意指不同的团体联合起来，以某种共同的身份站在同一面旗帜下。联邦制模式是由两个以上的政治实体（共和国、州、邦）联合组成统一国家的模式，它的基本特征是国家由中央政府和各成员政府两套政府组成。

联邦制实行中央政府和地方政府分权，是一种复合制的国家结构。中央政府即联邦政府与地方政府的权力划分由宪法明文规定，双方在宪法规定的权限内独立行使权力，不受对方干预，变更需要首先修宪法。在双方法律发生冲突时，联邦宪法及法律高于地方宪法及法律。

美国和德国是联邦制发展得比较好、比较完善的两个国家，其中美国是世界上第一个建立联邦制的国家，其联邦制的国家结构形式已有两百多年的历史。

（2）单一制模式　单一制模式是指中央政府享有充分权力，地方政府的权力及其权利都取决于中央政府的模式。在单一制模式下，中央政府掌握主要的和统一的政治权力，并统辖地方政府，中央和地方之间是控制和被控制、服从与被服从的关系。单一制模式具有三个显著特点：一是全国只有一部宪法，一个中央机关体系；二是各个行政单位都接受中央的统一领导，没有脱离中央的独立的权力；三是地方的权力由中央通过法律文件予以规定或改变，地方权力没有宪法保障。

由于各国的历史、社会和文化条件不同，单一制中又有地方自主型和中央主导型两种主要形式。地方自主型是以立法的形式赋予地方政府一定的权力，实行地方自治。在这种形式中，法律规定中央政府不得随意干涉地方政府权力范围内的事务，所以中央与地方的分权是权力确定性的转移，是对权力的分割。而中央主导型是中央政府将部分权力交给地方政府行使，中央仍有最终的决定权，所以中央和地方的分权实际只是一种中央对地方的权力委托或代理，中央与地方的关系实际上也是一种"分工"关系。

（3）特别自治模式　特别自治模式是中国为实现祖国统一创立的中央与地方关系的新模式。特别自治模式不会改变国家的基本结构形式，在这种模式下，中央政府对特别行政区实行管辖，特别行政区享有非主权性的高度自治权，特别行政区在中央监督下，在实行与国家其他地区完全不同的政治、经济、社会制度的基础上实行高度自治。

在特别自治模式下，中央政府与特别行政区之间体现为双重关系：第一，领导与被领导的关系。有关国家主权和国家整体利益范围内的事务，由中央政府管理，特别行政区必须服从中央的领导。第二，监督与被监督的关系。有关特别行政区的地方性事务由特别行政区自己管理，其中有些事务要受中央的监督。

3. 西方国家中央与地方关系的发展趋势　展望未来，西方国家中央与地方关系发展呈现以下几个基本趋势。

（1）集权与分权并存　从20世纪50年代起，合理配置和利用社会资源成为很多国家迫切需要解决的首要问题，在这种背景下，社会资源调配的重心从中央政府向地方政府下放，地方政府权力和职能不断扩大，即分权。在现代化进程中，人类对科技成果的广泛运用和自然资源的开发在一定层面上激化了人与自然的矛盾，为了缓解这种矛盾，客观上需要一个社会职能全面、强有力的中央政府，即集权。

（2）扩大合作，平衡矛盾　合作将会是贯穿西方国家中央和地方关系的主流，这是因为随着经济和社会发展，中央和地方政府的共同利益将会越来越多，双方依赖性也会越来越强。同时，中央与地方的矛盾始终客观存在，中央政府面临来自地方政府的对抗性压力。因此，中央政府在加强控制的同时也会更多地通过各种手段和措施来缓解来自地方政府的对抗性压力，平衡矛盾。

4. 我国中央与地方政府的关系　中国是统一的多民族国家，新中国成立后，我国构建了单一制的国家形式，我国的国家结构既有中央政府领导下一般地方行政区域，又有民族自治地方和特别行政区域。中央与地方关系中的核心问题是权力配置问题，事权和财权是其中最重要的两大权力，政府的事权是指政府管理国家和社会事务，提供公共服务等方面的权力；政府的财权是指政府取得财政收入，安排财政支出，以及对国有资产进行管理、使用等方面的权力。调整和划分中央与地方的权力范围关系，改革过分集中的权力体制，把中央的适度集权和地方的自主权结合起来是保证我国社会主义事业顺利发展的重要基础。

（1）改革开放前中央与地方的关系　新中国成立以后直到改革开放之前，中央与地方的关系表现为中央高度集权体制。新中国成立初期，在政治上面临着巩固政治共同体的任务，在经济上面临着动员社会资源，实现工业化和经济复苏和发展的重任，这种高度集权的政治体制适应社会、政治和经济发展需要。中央集权体制通过集中化的资源配置、强有力的政治动员和命令机制在新中国成立初期巩固新政权和开展大规模经济建设中，维持了政治权威和推动了经济的初步苏醒。但由于地方缺乏自主权，缺乏主动性和积极性，在贯彻中央精神的过程中，难免出现生搬硬套和教条主义的倾向；且容易造成个人专断、官僚主义、机构臃肿、工作效率低下等问题。随着经济建设的推进，中央与地方关系的适应性调整已不可避免。

（2）改革开放后中央与地方的关系　党的十一届三中全会以后，经济体制改革引起了中央与地方经济关系的调整，为了适应对外开放和发展商品经济的需要，中央主动改革高度集权的体制。1982 年 12 月，通过新的《中华人民共和国宪法》，即《八二宪法》，推动了政治体制改革，极大地影响和改变了中央与地方的关系。《八二宪法》扩大了地方的立法权限。明确规定："省、直辖市的人民代表大会和它们的常务委员会，在不同宪法、法律、行政法规相抵触的前提下，可以制定地方性法规，报全国人民代表大会常务委员会备案。"根据《八二宪法》修改通过的《中华人民共和国地方各级人民代表大会和地方各级人民政府组织法》进一步规定，省级地方政府所在地的市和国务院批准的较大的市的人民代表大会及其常务委员会，根据本市的具体情况和实际需要，在不同宪法、法律、行政法规和本省、自治区地方性法规相抵触的前提下，可以制定地方性法规。此外，《八二宪法》规定了中央与地方国家机构职权划分的总原则，扩大了地方政府的某些职权。明确"中央和地方的国家机构职权划分遵循在中央的统一领导下，充分发挥地方主动性、积极性的原则"。

①中央政府行使的职权　根据宪法和相关法律，中央政府即国务院行使的职权主要包括：根据宪法和法律，制定行政法规，发布决定和命令；统一领导全国地方各级国家行政机关的工

NOTE

作，规定中央和省、自治区、直辖市的国家行政机关职权的具体划分；编制和执行国民经济和社会发展计划和国家预算；领导和管理经济工作和城乡建设、教育、科学、文化、卫生、体育、计划生育、民政、公安司法行政和监察等工作；管理对外事务，同外国缔结条约和协定；领导和管理国防建设事业及民族事务；改变和撤销各部、委员会发布的不适当的命令、指示和规章；改变或撤销地方政府的不适当的决定和命令；批准省、自治区、直辖市的区域划分，批准自治州、县、自治县、市的建制和区域划分；等等。

②县级以上地方各级人民政府行使的职权　主要包括执行性权力，即作为执行机关所拥有的权力，包括执行决议和命令、执行国民经济和社会发展计划和预算等；自主性权力，即在行政管理方面所拥有的职权，包括管理本行政区域内的经济、教育、科学、文化、卫生、体育事业、环境和资源保护、城乡建设事业、民政、公安、民族事务、司法行政、监察、计划生育等工作。在实践中，中央政府主要是通过行政法规、部门规章及政策、文件等形式对中央和地方进行职权和财权分配。

改革开放后逐渐确立的管理模式反映了我国经济体制改革方面的成果和发展趋势，但也存在一定的问题：一是中央与地方政府的事权范围模糊。中央与地方政府间权力调整的法律规定缺失，无刚性规范约束，调整主要通过政府内部文件，易导致权力调整的随意性和非理性，同时也不利于中央对地方政府实行有效监控。二是中央与地方政府财权配置不科学。1994 年推行的分税制改革，使财政收入更多集中到中央，地方财政收入下降，事权配置却无相应的较大变化，加上财政转移支付不到位，导致一些地方政府的财力无法为社会提供有效的公共服务。

（五）地方政府间的关系

20 世纪 90 年代以来，随着地方政府主导型市场经济的发展，地方政府间关系日益成为当代中国公共管理研究中的一个热点问题。地方政府一般包括多个层级，多为二至四级，具体层级数量通常与国家的大小有直接关系。根据地方政府之间的级别不同，地方政府间关系分为纵向关系和横向关系。

1. 地方政府间的纵向关系　地方各级政府间的纵向关系与中央与地方关系模式密切相关。一是实行地方分权制。地方政府间主要是法律上的指导关系，不是直接的等级制约或从属关系。在联邦制模式下，地方各级政府实行自治，即各级地方政府可以依据地方法律独立行使法定的管理权利。地方政府可以视察下级政府的工作，却不能控制各级政府。二是实行中央主导型。每一级政府的权力都来自上一级政府，上级地方政府与下级地方政府之间是领导与被领导、制约与被制约关系。

2. 地方政府间的横向关系　地方政府的横向关系通常比较自由，主要是基于合作与交流的经济关系。积极的关系表现为合作共赢关系，消极的关系表现为以邻为壑，地方保护主义。地方政府间的横向合作有基于一定的正式合作文件或合作组织的正式合作和不稳定的非正式合作两种形式。正式合作关系的途径主要包括中央政府策划、相邻地方为处理某一共同问题而形成、基于某一领域的合作协议形成、通过组建合作组织形成等。在当代中国地方政府主导型市场经济发展背景下，促进区域政府合作是实现区域一体化的理性选择。要建立区域政府合作机制并确保其有效运转，必须建构良好的制度环境、合理的组织安排和完善的区域合作规则。

（六）公共管理体制创新

任何一种体制的形成和运作都要以社会的系统理论为基础，体制的发展也必然会进一步促进相关理论的完善与成熟，公共管理体制的创新促进了公共管理理论的完善与创新，提高了公共管理实践活动的效率。

随着全球性政府公共管理体制改革浪潮的兴起及政府内部关系的调整，公共管理理论从传统的研究公共管理部门的公共行政学向研究公共事务的"新公共管理学"转变。这种转变在拓展了公共管理科学研究的方向和视野的同时，促进了公共管理事务治理模式和公共管理治理理念的变革，也带动了公共管理体制的创新与发展。

1. 政府管理模式的创新与转变　我国现已从计划经济成功转型为社会主义市场经济，在这种经济转型的背景下，面对多元化的市场变化，促使国家和政府管理也必须进行适应性调整，这就要求政府的管理手段必须不断丰富和创新，政府职能要从传统职能转变为服务职能，在公共管理理念下加强体制改革和创新。改革开放后，我国政府对公共管理体制进行了数次的改革，这些改革在某种程度上完善了我国的公共管理体制模式。

我国公共管理体制创新的目标是要从根本上改变政事一体化的旧体制模式，分离市场主体与社会组织，重塑政府及其他各类组织间的权、责、利关系，规范各类组织的性质、目标、功能、职责、权力、利益、行为方式、运行机制等。

（1）由管制型政府向服务型政府转变　强调各级政府的首要职责是提供服务，这是近年来各级政府在深化行政体制改革中确定的目标选择之一，也是政府管理模式创新的根本所在。服务型政府本质上是社会本位，强调政府管辖的范围和内容从社会和公民的需要出发，根据社会公众的需要提供公共服务是政府公共行政的义务，以此作为政府职能定位的依据。社会公众是公共服务的消费者和顾客，是政府服务的对象。政府公共部门与社会公众之间由治理者与被治理者之间的关系变为公共服务的提供者与消费者之间的关系。

（2）由全能型政府向有限型政府转变　公共管理的内涵在于其高度的社会性和公共利益最大化。由全能型政府向有限型政府转变强调引导非政府力量参与经济和社会事务的管理，推动公共事务的管理主体呈现出多元化的趋势。具体实现形式就是由政府的单一管理转向社会共同治理。

（3）由权力型政府向责任型政府转变　在高度集中的行政体制下，政府权力与责任脱节，强调权力配置和权力行使而忽视责任的承担和追究，容易造成权力的滥用和行政资源的浪费。把政府的活动和行为规范到市场经济和民主法治的范围之内已经成为时代发展的必然要求。强调公共权力不仅在权力制约机制内得到监督，而且必须接受整个社会的普遍监督和制约。各级政府必须建立责任制，各就其位，各负其责，各履其职。

（4）由人治型政府向法治型政府转变　确立法律的至上地位，将法律所确定的秩序关系引入私人领域和政府领域。强调政府必须调整行为理念和行为模式，自觉按照法律的规则行事。

2. 公共管理体制的改革模式　公共管理改革的核心是公共产品的有效供给和公平分配的问题。围绕公共产品的供给，根据公共管理改革主导动力的不同，可以将公共管理体制改革的模式分为四类。

（1）政府主导型模式　政府控制公共管理模式是我国政府为了更好地满足计划经济体制而建立起来的一种管理模式。在传统的公共管理体制下，政府部门对公共管理的控制是连通整个公共管理机制的重要力量。

政府主导型模式的核心特征是政府作为公共利益的代表，通过"有形的手"提供公共产品

NOTE

和服务，满足公共需求。政府主导型模式强调在公共产品决策和权力分配上行政权力是主导，居于中心地位，政府将自己的权力通过社会组织延伸到整个社会的各方面，从而达到政府部门对整个社会的控制。在公共管理体制的改革过程中，政府主导型模式强调政府是主要的动力来源，政府对改革进行统一部署，决定政策供给和制度变革。

政府主导型模式比较适用于纯公共产品领域。该模式的缺点在于不利于政事分开，官僚制的等级组织体系无法迅速回应信息化的发展需求，容易产生效率低下的问题。同时，该模式缺乏有效的激励机制，容易导致监督失灵的问题。

我国传统的公共管理体制在公共产品供给上是政府主导型模式的具体体现：公共管理体制改革处于政府控制之下，公共事务由政府统一进行规划，财政投资建设，事业单位或国有企业进行垄断经营，政府确定价格，市场化程度较低，且事业单位行政化倾向较为明显。

（2）市场主导型模式　政府垄断性供给容易导致效率低下、财力不足和供求失衡等问题，19世纪70年代末西方国家开始普遍掀起了公共产品供给市场化改革运动，市场主导型模式成为公共管理体制改革的另一种选择。

市场主导型模式强调市场对公共资源配置起基础性作用，私人企业成为公共管理发展的主导，市场权力成为公共事业权力运作的核心，市场绩效和市场激励成为公共管理改革的主要推动力。目前，高度体现市场主导模式特征的民营化已成为一种得到广泛应用的治理方式和公共服务模式。

市场主导型模式会带来一定的风险，有可能会引发偏重效率、忽视公平的矛盾，即公共管理组织同企业一样以利润最大化作为目标，突出机构和个人利益而忽视甚至背离、损害社会公益目标，这就违背了公共管理的公益性价值取向。

（3）社会主导型模式　公共事务治理的有效解决方案，可以在政府与市场之外寻求新路径。社会主导型模式是指社会通过自己内在的机制为社会成员提供公共产品和服务，具体是指依靠非政府组织、公民的志愿性社团、协会、社会组织等国家和政府之外的民间组织，对社会的集体需求做出及时反应。社会主导型模式符合公益性和社会自治要求。以社会组织为载体表达社会利益诉求，引导公民广泛参与公共产品供给决策，是社会主导型公共管理体制创新的主要动力。

非营利性组织在教育科研、医疗卫生、社会服务和文化娱乐等公共事业领域的广泛实践为社会主导型模式提供了例证。社会主导型模式能充分调动公共管理组织的积极性和创造性以提高服务效率。但社会主导型模式适用于市民社会成熟阶段，对体制环境要求较高。

（4）综合协调型模式　该模式认为管理体制创新是一项系统的工程，解决问题不能仅仅依赖单一力量，模式的选择需要根据系统环境的变化而适时调换，需要行政权力、市场权力和社会权力三种力量的合作与互动才能达到良好的效果。

第二节　公共管理的技术与方法

一、公共管理技术与方法概述

公共管理中技术与方法至关重要，是影响实现公共部门管理目标、改善服务质量和提高效率的重要因素，处理公共管理事务、解决公共管理问题、开展管理工作离不开必要的公共管理技术。

（一）公共管理技术与方法的内涵

公共管理方法是指能够保证公共管理活动朝着既定方向发展，履行公共管理职能、开展公共管理工作、完成公共管理任务、实现公共管理绩效、达到公共管理目的的各种方式、手段和措施。公共管理技术就是管理公共事务和提供公共产品和服务过程中所采用的各种工具和技能的总称。

公共管理方法是公共管理系统的重要组成部分之一，实践中它依靠公共管理主体在公共管理实践中不断总结、积累经验。从理论角度来看，公共管理方法一方面继承汲取传统公共管理方法的精华，另一方面也有赖于借鉴现代学科的理论予以补充、丰富、改进和完善。公共管理方法的运用受到管理主体和客体的影响，管理主体的知识、能力、情感，以及管理对象的性质、特点、范围，管理过程的时空等因素都会对公共管理方法的运用产生制约，因而同种方法作用于不同的对象，其效果可能会存在很大差别。从哲学角度来看，公共管理技术本质上是主观与客观的统一，是公共管理主体作用于客体的桥梁，是公共管理思想转变为公共管理实践的中介，体现了通过发挥能动性，对公共管理生态环境、公共管理事务和公共管理行为本质的、必然的联系的把握、总结和概括。从实证角度来看，公共管理技术是目标与结果的统一，是公共管理目标与绩效之间的桥梁和纽带。只有通过一定的公共管理技术，才能将既定的公共管理目标经由一定的系统转换为公共管理绩效。从技术和操作角度来看，公共管理技术就是将公共管理中各种行政行为进行通约后的必然结果。

（二）公共管理的技术与方法的特征

1. 公共管理的技术与方法具有政治性　作为公共组织管理社会公共事务的各种方式、工具和程序，公共管理的技术与方法注重公益性、实用性和操作性。但是，公共管理的技术与方法表面上的超政治性并不能否认其本质上的政治性。这是因为公共管理的核心主体是政府，其在公共组织体系中处于最重要的地位，政府的根本属性在于它是为政治统治服务的。因此，公共管理的技术与方法虽然以注重公益性、实用性和操作性的面目出现，但本质上仍然具有浓厚的政治性。

2. 公共管理的技术与方法具有目的性　公共管理的技术与方法的行使以为社会提供广泛的公共物品和服务为目的，具体来说主要是为了贯彻公共管理的思想，履行公共管理的职能，实现公共管理的目标，因此，公共管理的技术与方法具有很强的目的性。

3. 公共管理的技术与方法具有多样性　为了迎合公共管理实践的多样化需求，公共管理的技术与方法并不是单一化的。广义的公共管理的技术与方法由定性方法和定量技术两个层次构成，是由丰富的内容有机地组成的科学体系，即公共管理活动中所采用的一切正确的、有效的方法。狭义的公共管理的技术与方法一般指传统上常用的一些非技术性的公共管理方法，有时仅指传统方法中通过行政上下层级的命令服从关系而起作用的行政手段。

4. 公共管理的技术与方法具有科学性和艺术性　管理活动的客观需要决定公共管理的技术与方法的产生、发展及具体运用。公共管理的技术与方法体现了科学性和艺术性融为一体的理念，具体体现为各种公共管理的技术与方法都是以科学技术和客观规律为前提，而技术与方法的实际运用又需要管理主体具有高度的技巧性和艺术性。

NOTE

5. 公共管理的技术与方法具有灵活性和实践性　公共管理的技术与方法是实现公共管理目标与任务的手段与工具，是非稳定的、多变的，具有应变能力。公共管理过程中可以灵活地采取不同的技术与方法来应对不同的困难与问题，加以解决和克服。公共管理的技术与方法是在实践中产生的，同时又在实践中运用，并再在实践中加以修正，它是一个不断完善的过程，从实践中来到实践中去。

6. 公共管理的技术与方法继承与创新并存　公共管理的技术与方法的体系的形成是一个历史累积过程，是前人研究成果的继承，同时，又会根据公共管理情境的变化而不断地调整，具有很强的创新性。

二、传统公共管理方法

　　传统公共管理方法是指以事务为中心的事务至上的公共管理方法。按照这种方法，人处于从属地位，其作用的结果是人们不得不服从于行政目标并为之努力工作，包括行政指令方法、法律方法、经济方法、思想教育方法。

（一）行政指令方法

1. 行政指令方法的内涵　行政指令方法是指行政主体依靠行政组织的权威，运用命令、指令、制度等措施，按照公共管理组织系统和层次进行公共管理活动的方法。行政指令方法是公共管理中不可或缺的一种基本方法，尤其适合于需要高度集中和保密的条件或领域，例如在战争、自然灾害和严重经济困难等特殊情况下，有助于迅速解决一些特殊的、紧迫的问题。

　　行政指令方法对上级组织的要求比较高，上级组织在管理过程中如有失误将会导致一系列连锁反应，甚至可能导致失误产生放大效应。其以强制性的指令、命令支配下级组织的行为，不利于充分发挥下级组织的积极性与创造性。行政指令往往以垂直方向传达，容易忽略横向协调，可能导致平行主体间的矛盾，反过来制约行政系统的高度统一。

2. 行政指令方法的特征

（1）权威性　行政指令方法的实质是通过公共管理组织中的职务和职位来进行管理，其实施依靠的是职位和职务的强制性权威，其职位越高，职务越大，则权威性就越强，所带来的结果是服从度也就越高。

（2）强制性　公共管理主体所发出的命令、指令都必须要严格执行，公共管理组织体系在思想上、纪律上要求服从集中统一的意志。但行政指令方法的强制性与法律所具有的普遍约束力不同，允许例外情况下的灵活变通。

（3）层次性　行政指令方法是根据公共管理组织的纵向结构自上而下逐层进行管理的，行政指令也是通过直线进行传递，层层下达，层层贯彻实施。

（4）具体性　行政指令的内容和发布对象都是具体的，一般仅对特定时间和特定对象有效，即因事、因时、因地、因人而异，行政指令越具体就越易于执行。

（二）法律方法

1. 法律方法的内涵　法律方法是指通过各种法律、法规、规章、司法解释等调整公共管理中所发生的各种社会关系，进行公共管理的方法。公共管理运用法律方法实质上就是用法律法规去调整各种社会关系和人们的社会行为，将管理意志转化为社会公众的普遍主体行动。法律方法可以增强公共管理主体和被管理者的法律意识，为公共管理活动提供规范和程序，使公共管理保持连续性和稳定性，保证公共管理的集中和统一，提高公共管理的效率。

法律方法的适用范围比较广泛，适合于解决针对大多数行政客体、需要普遍调整的社会关系的共性问题，相对缺乏弹性。在处理特殊的、个别的问题时，还需要情境性地与行政指令等方法相互补充和配合。

2. 法律方法的特征　法律方法具有与行政指令方法相类似的权威性和强制性，其主要特征如下：

（1）权威性　法律方法是以法律法规为管理手段或工具的，比行政指令更具普遍的权威性，无论是国家机关、政党组织，还是社会团体、群众组织、公民个人都必须遵守。

（2）强制性　运用法律方法实施管理，实质就是运用法律法规的强制性力量去规范人们的行为，任何组织和个人都必须服从和执行，违反法律法规的行为会受到法律的严厉制裁。

（3）稳定性　从法律议案的提出到审议、表决、通过，立法活动要遵从严格的法定程序，法律法规一旦通过便会在较长的一段时间内发挥法律效力，具有相对的稳定性，以法律为公共管理的手段同样具备稳定性特征。

（4）普适性　法律方法对管理客体具有普遍适用性，对该法律效力范围内的所有组织和个人均具有同等的约束力，一般情况下不涉及法律豁免权。

（三）经济方法

1. 经济方法的内涵　经济方法是指根据客观经济规律和物质利益的原则，利用各种经济杠杆调节各种不同利益主体之间的关系，以取得较高的经济效益与社会效益的行政方法。经济方法把某个单位或个人的物质利益与其劳动成果联系起来形成调节工具，运用经济方法可以挖掘人的潜能，激发人们的主动性和积极性。

经济方法的作用主要集中在经济管理方法或与经济有连带关系的工作方面，一般特别适用于行政机关对经济的宏观调控和管理，以满足人们的物质利益为前提，强调以物质利益为核心，因而作用范围较为局限，且经济方法运用不当会对意识形态和政治生活产生副作用。

2. 经济方法的特征　不同的经济方法在各自作用的领域有着不同的功能，与行政指令方法、法律方法等进行有机的集成整合，管理效果会更好。

（1）间接性　经济方法不同于行政手段的直接干预，而是通过经济杠杆作用对各个利益主体的经济利益进行调节，从而实现间接的干预。

（2）关联性　一种经济方法的变化不仅会引起社会多方面经济关系的连锁反应，也会导致其他经济方法的相应调整，同时不仅影响当前的情况，其影响还可能辐射到将来。

（3）有偿性　经济方法注重等价交换的原则，有偿交换、互相计价是其主要规则，各个主体在获取自己的经济利益上是平等的。

（4）利益性　以物质利益为基础，利用人们对物质利益的追求，将其转化为动力。组织和个人的物质利益和劳动成果之间建立必然联系，强调物质利益的获得取决于劳动成果和劳动效率。

（5）平等性　各个社会组织之间和公民个人之间获得经济利益的权利是平等的，经济方法就是鼓励在权利平等的基础上通过有效的劳动展开竞争，争取利益最大化。

（四）思想教育方法

1. 思想教育方法的内涵　思想教育方法是通过对被教育对象进行确定的、有目的的和系的感化与劝导，使受教育者在身心上养成教育者所希望的思想和品质，并使受教育者同心同德地去完成公共管理任务的方法。

思想教育方法一般与其他方法配合使用。运用行政指令方法，特别要强调与思想政治工作相配合。在公共管理中运用法律方法是为了使公共管理对象自觉守法，也应加强对公共管理对象的思想教育，增强其自觉为实现目标而努力的动力。

2. 思想教育方法的特征

（1）潜在性　通过对被教育者反复、细致、长期潜移默化的工作，使被教育者逐步内化为内心自觉意识，成为一种内动力，指导被教育者产生行为。

（2）主动性　思想教育方法一旦生效，即使管理手段相对滞后，也能凭借思想教育方法产生的作用使得管理对象主动地规约自己的行为。

三、当代公共管理新方法

随着时代的发展对公共管理提出了新要求，同样也需要借助新的方法和技术更好地实现公共管理目标。当代公共管理典型的新方法和技术包括全面质量管理、目标管理、系统分析法、网络计划法、社会调查方法。

（一）全面质量管理

1. 内涵与特征

（1）内涵　弗根堡 1961 年出版的《全面质量管理》一书中首次提出全面质量管理的概念。随着"新公共管理浪潮"的兴起，许多国家开始将组织全面质量管理的理念和方法加工改造后应用于公共部门的管理中。1988 年 6 月，美国成立了联邦质量研究所，传播全面质量管理方面的信息，选择全面质量管理和取得成功经验的有益信息向其他机构介绍，其确定了一些质量管理应该关注的重要因素，包括：高层管理部门的支持、顾客的重点、长期战略计划、雇员训练和认识、雇员得到授权和协作、产品和过程的测量分析、质量保证。

全面质量管理是一种系统的管理方法，是当今质量管理最基本、最经典的理论。在公共管理领域，全面质量管理方法是一种全员参与、以科学方法改进公共组织的管理与服务，对公共组织提供的公共物品和公共服务进行全面管理，以获得顾客满意为目标的管理方法、管理理念和制度。

全面质量管理强调八项基本原则：以顾客为关注焦点、领导发挥作用、全员积极参与、过程管理、管理的系统方法、持续改进、基于事实的决策方法、与供方互利的关系。

（2）基本程序

①前期准备　明确顾客导向、取得高层支持、明确改进目标。

②分析工作　营造宽松氛围、虚心向基层操作者寻求信息、分析并制定改进目标。

③改进工作　全员参与、持续改进、开展预防式管理、建立培训与激励机制。

（3）特征

①广义的质量　全面质量管理的"质量"是广义的，不仅包括产品和服务质量，还包括工序质量、工作质量等，全面质量是管理的重心。

②全过程性　全面质量管理的范围是全过程，为了使顾客获得满意的产品和服务，除了对产品和服务进行质量管理外，对各项工作与各个相关环节均进行质量管理和控制。

③全员性　产品和服务的质量涉及组织的所有部门和员工，提高质量需要依靠全体工作人员的共同参与和努力，全员参与是全面质量管理的重要特色。

④科学性　全面质量管理作为一种现代管理方法，是一种科学的管理模式，使用以统计方法为主的科学方法，并与新型经营管理技术相结合。

2. 具体方法与技术手段　公共部门尤其是政府的质量问题较为复杂，要提高公共部门的质量，应根据具体情况选择有效的手段，并关注其中的重要环节和因素。

（1）方法　公共部门实施全面质量管理的过程中，较为流行的方法有 PDCA 循环、六西格玛法等。

①PDCA 循环　美国管理大师戴明提出 PDCA 循环（图 7-1）的概念，包括计划（Plan）、实施（Do）、检查（Check）、处理（Action）。对于整个部门而言，任何分部门或任何工作阶段都存在全面质量管理的 PDCA 循环，每一个循环都存在计划、实施、检查、处理阶段，环环相扣，每一次处理都能获得经验或教训，逐步提高，环环相承。

对公共部门而言，PDCA 循环可细化为八个步骤：第一，问题认定。第二，分析问题产生的原因。第三，找出影响最大的原因。第四，制定措施计划。第五，执行措施计划。第六，调查效果。第七，巩固成绩。第八，提出尚未解决的问题。

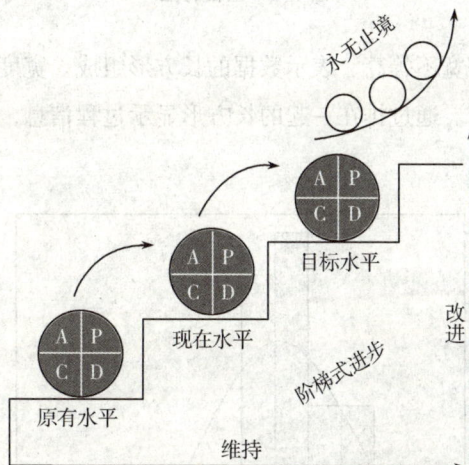

图 7-1　PDCA 循环

②六西格玛法　由摩托罗拉公司最早提出，旨在生产过程中降低产品及流程的缺陷次数，提升品质。六西格玛法（图 7-2）是通过减少被动、不断创新，使质量缺陷不断达到和接近百万之三点四的质量水平，以实现顾客满意或最大受益的科学系统。六西格玛的实质是不出错，主要包括六个主题：真正关注客户、由数据和事实驱动的管理、针对流程采取行动、事前管理、无边界的合作和力求完美但容忍失败，在公共部门现代化管理中得到广泛应用。

其优势主要体现在：将流程管理、流程改进和流程评估结合起来，强调日常管理活动中的质量控制责任，通过密切关注顾客、流程管理、流程改进和合理利用数据及事实，实现和维持成功的业务管理系统。

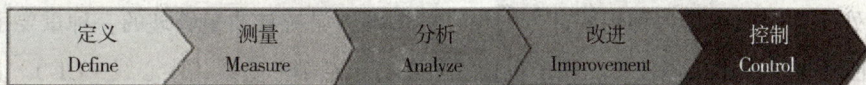

| 定义 | 测量 | 分析 | 改进 | 控制 |
| Define | Measure | Analyze | Improvement | Control |

图 7-2　六西格玛法

（2）相关技术手段 主要可采用以下技术来完成。

①巴雷特图 巴雷特图是找出影响产品质量问题主要原因的方法，包含一个横坐标，表示影响质量的因素，按影响程度高低从左到右排列；两个纵坐标，左侧表示频数，如件数、金额等，右侧以百分比表示频率，也可将两个纵坐标都画于左侧；几个直方形，以其高低表示影响程度的高低；一条曲线即巴雷特曲线，表示影响的累计百分数。累计百分数在80%以内者为主要因素，80%～90%者为次要因素，90%～100%者为一般因素（图7-3）。

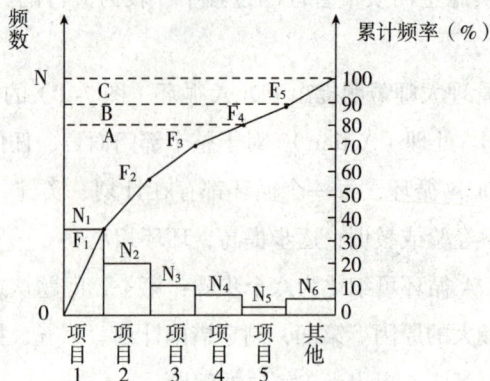

图7-3 巴雷特图

②直方图 由一系列等宽不等高、表示数据的长方形组成。宽度表示数据间隔范围，高度表示给定间隔内数据的数目。通过排在一起的长方形显示过程信息，帮助进行过程控制与管理（图7-4）。

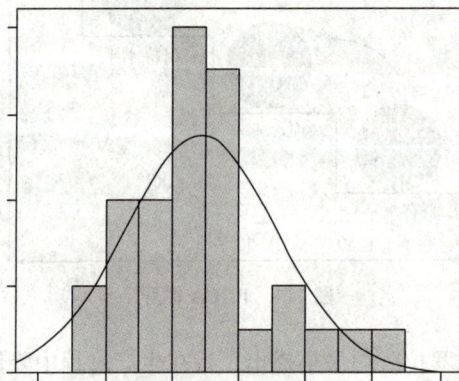

图7-4 直方图

③关联图 通过箭头将若干存在的问题及因素之间的因果关系连接起来，从原因指向结果或从手段指向目标，以此作为解决问题的手段（图7-5）。

④过程决策程序图 为实现目标，制订计划时预测事先可以考虑到的不理想的状态或结果，将过程尽可能引向理想状态，从而实现目标，又叫PDPC（Process Decision Program Chart）图（图7-6）。

⑤控制图 又叫管制图，对生产过程的关键质量特性值进行测定、记录、评估并监测过程是否处于控制状态的一种用统计方法设计的图形，是统计质量管理的一种重要手段和工具，在全面质量管理中应用较多。图形包括三条平行于横轴的直线，中心线（CL）、上控制线（UCL）和下控制线（LCL），并有按时间顺序抽取的样本统计量数值的描点序列。若描点落在

UCL 与 LCL 之外或描点在 UCL 和 LCL 之间的排列不随机，则表明工作过程出现偏差需要纠正（图 7-7）。

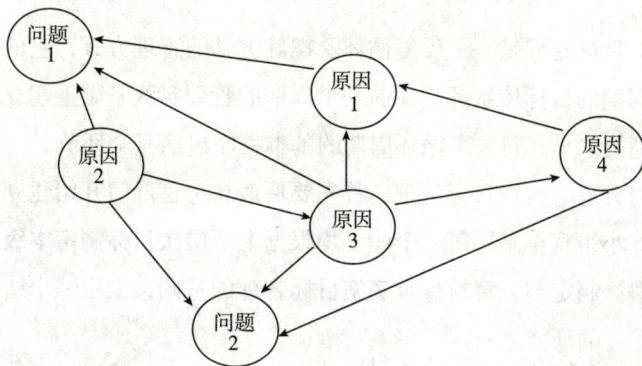

图 7-5 关联图

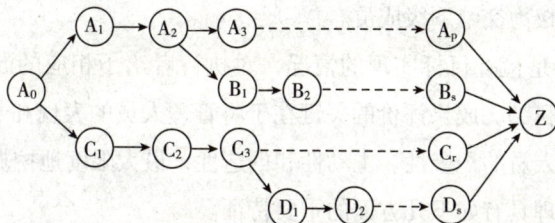

图 7-6 PDPC 图

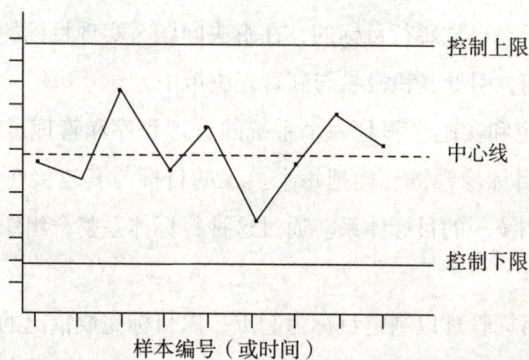

图 7-7 控制图

（二）目标管理

1. 内涵与特征

（1）内涵　美国著名管理学家德鲁克对目标管理做出了极大的贡献，在他 1954 年出版的《管理的实践》一书中强调：凡是业绩影响组织健康成长的地方都应设立目标，通过设立目标使下级进行自我管理和控制。

目标管理是一种面向成果的管理，是以目标为导向，以人为中心，以成果为标准，使组织和个人获得最佳业绩的现代管理方法，管理者与被管理者共同参与制定目标，并执行目标与评估目标成果。目标管理在公共部门广泛应用，但在应用中存在一定的局限性：一是设置目标较为困难。很多公共部门的目标比较模糊，不易量化，结果难以衡量。二是目标趋向于短期。实行目标管理的组织所确定的目标多以一年为周期，甚至更短，因为短期目标容易实施和考核。

容易导致忽视长期发展目标和规划。三是目标的灵活性差。目标如果经常变动就失去了原有的管理价值和意义，但是，如果环境或政策经常发生变化的领域仍坚持原有目标，也非明智的管理选择。

（2）基本程序　目标管理是一个反复循环、螺旋上升的管理方式，它的内容具有一定的周期性，每一个循环周期的目标体系都是在前一个周期的管理实践基础上建立起来的，且与上一期相比，能达到更高的水平。每一个循环周期的基本程序包括三个环节。

①目标的制定与分解　实行目标管理，首先要从最高主管部门开始建立一套完整的目标体系。从组织到部门、小组直至基层每一个职工均根据上一层次目标制定本级目标，总目标从上到下层层展开、分解。制定与分解目标是实施目标管理的基础，制定一个适宜的目标是公共部门实施目标管理最重要的环节之一。

②实施目标　目标实施是目标管理的中心环节，完成目标主要靠执行者的自我控制，目标确定后，上级主管人员着重进行综合性管理，比如：指导、协助、提出问题、提供情报及创造良好的工作环境等，把权力交给下级成员。

③成果评价　主要是检查目标实现的情况，对执行者给予相应的鼓励、表彰、批评与惩罚，达到激励与鼓励的目的。成果评价的关键在于将管理人员的表现和奖励尽可能直接联系起来，从而充分发挥管理人员的积极性、主动性和创造性，最大限度地挖掘潜力。

（3）特征　目标管理具有如下几方面的重要特征。

①民主性　实行自主管理、自我控制是目标管理的突出特征。目标管理实质上是一种基于员工参与的民主管理制度，其思想基础是相信人的能力，注重人的因素，提倡全员参与，下级在承诺目标和被授权之后是自觉履行目标的，在解决问题、实现目标的过程中，强调上级部门充分发挥下级的能动作用，引导其积极参与到管理决策中。

②整合性　目标制定和实施过程是一个系统的管理程序和管理过程，是建立目标锁链与目标体系的过程。组织目标像锁链一样把每个员工的目标与其连接在一起，所有目标方向一致，相互配合，形成协调统一的目标体系。通过这种目标体系整合组织成员的力量，实现组织目标。

③以成果为标准　目标管理以制定目标为起点，以目标完成情况的考核为终结，是一种基于成果的向前推进的管理。工作成果是评定目标完成程度的标准，是考核和奖评的依据。

2. 具体方法与技术手段　目标管理的不同程序采取不同的方法与手段。

（1）目标制定与分解的方法与手段　常用的方法包括系统图、目标卡片等。一是系统图。系统图法就是将实现一级目标的手段作为二级目标，依此类推，逐级分解，从而形成"目标－手段"链，既构成目标体系，也使得各级目标落到实处。二是目标卡片。目标卡片用于简洁记载目标管理中的必备事项，一般包括：目标的顺序与比重、目标项目及达到标准、实施计划、对上级的要求、共同目标的协作者、自我评定与上级评定、上级指导事项、自我提高要点等。

（2）成果评价的方法与手段　可分为定性和定量两类。

①定性评价方法　在日常考评活动中，常用的定性方法有综合意见法和民意测验法等。综合意见法是以书面调查或召开组织内部有关人员参加的座谈会等方式，要求参与人员根据项目标准和实际成果的执行状况，逐项提出意见和看法，然后将意见汇集起来进行综合分析，在此基础上得出考评结论。民意测验法是指向组织外部有关人员发征求和收集意见的调查表，以此

作为考评依据。为便于考评人员节约时间，提高考评兴趣，调查表中常采用选择回答的方式。

②定量评价方法 常用的定量评价方法有累计评分法和终结评分法等。累计评分法是一种逐期累计，具体操作时先将目标按时间进度分成若干个阶段性目标，并定期进行检查，分别考评目标进度的完成率、偏差率和均衡率，最后进行汇总，作为进行成果终结考评的依据。该方法主要适用于对目标进度进行考评，主要考核指标包括目标完成率（实际完成目标值 / 计划目标值 ×100%）、目标进度偏离率（目标完成率 –100%）和目标进度均衡率（1– 目标进度偏离率）。终结评分法是在目标实施过程结束后，根据评分标准和实际情况对各项目标进行评分，综合反映目标成果的完成情况，最后得出评价结果。具体操作时，首先根据目标项目的重要程度，确定各目标项目的得分比重；其次确定评价指标所占的比重；最后确定评价指标的等级和得分标准。

（三）系统分析法

1. 内涵与特征

（1）内涵 系统分析一词最早于 20 世纪 30 年代提出，当时以管理问题为主要应用对象，20 世纪 40 年代得到进一步发展，20 世纪 50 年代引入我国，钱学森教授为此做出突出贡献。华罗庚教授推广的运筹学与优选法使我国操作式系统分析研究向前迈进一步。20 世纪 70 年代系统分析广泛应用于通信理论、生物和系统工程、哲学、经济及公共领域。

系统分析是一种决策辅助工具，采用系统的观点与方法，用定性和定量工具对所研究问题进行系统分析，提出可行方案或替代方案，进行分析与评价。系统分析的目的是帮助决策者提高对所研究问题认识的清晰度，助其选择行动方案。

（2）基本程序 其基本程序主要包括五个方面。

①系统研究 对广泛资料进行处理，明确其代表的意义，确认或发现提出的问题的目标。

②系统设计 处理系统的结构部分，使其与环境间实现结构化，以便进行定量处理。

③系统量化 使系统定量化、明确化，以便应用建模和模拟进行系统评价。

④系统修改与简化 使用现有分析模式或技术进行运算，达到操作性要求。

⑤系统评价 应用建模、模拟、优化等手段与技术获得各可行方案结果，比较分析并排序，提供给决策者参考决策。

（3）特征

①整体性 系统分析将研究对象视为一个有机整体，整体性是系统的本质特征，各组成要素联系密切，一个变化必然引起周围要素甚至整个系统变化，且部分组成整体即产生整体功能，体现系统的价值与意义。

②模型化 模型化方法在系统分析中具有重要作用，研究分析较大且复杂的对象时通过简化模型研究，揭示和掌握客观真实系统的性质与规律。

③层次性 系统由要素组成，该要素是由更低一层的要素组成的子系统，而系统本身又是更高一层大系统的组成部分，不同层次既有共性也有个性。

2. 具体方法与技术手段 常用的系统分析方法包括五种。

①信息分析法 运用信息理论把研究对象抽象为信息及其变换过程，通过信息的获取、传输、加工、处理、利用、反馈等过程，揭示对象本质与规律，认识对象、改造对象。

②功能模拟法 用结构简单的功能系统模拟结构复杂的功能系统的方法，不拘泥于结构上

与原型相似，关键是功能相似。

③黑箱辨识法　一个系统只能得到输入与输出值而不知其内部结构，仅根据外部性质的研究对其进行判断。黑箱方法是系统辨识的理论基础。

④反馈控制法　采用反馈手段对系统进行调节，即为反馈控制法，由控制器、执行机构、控制对象和反馈装置四部分构成系统，并利用信息技术不断调整，使其达到特定状态。

⑤整体优化法　从系统总体立场出发，通过自然选择或人为技术手段综合掌握系统内部间及系统与外界环境间的关系，使系统达到最佳状态并费力最小，整体优化是系统优化的核心。

（四）网络计划法

1. 内涵与特征

（1）内涵　网络计划法源于美国学者甘特19世纪初创制的甘特图，也叫横道图。1956年美国杜邦公司在制定协调企业不同业务部门的系统规划时首次运用网络方法制定了第一套网络计划，1958年美国海军武器局在制订研制"北极星"导弹计划时同样应用了网络计划法。此后，许多国家在诸多领域，包括公共管理领域应用此方法，1965年我国开始应用与推广，并根据其统筹安排的主要特点称其为统筹方法，取得显著的经济与社会效益。

网络计划法是应用网络图全面反映工作的流程、计划各项工作之间的相互关系和进度，通过时间参数的计算，找出关键线路与机动时间，以对计划进行优化的一种科学管理方法。网络计划法在公共管理中广泛应用，使管理对象和要素处于严格的科学管理之下，大大提高了管理工作的效能。

（2）基本程序

①确定目标，分解任务，列出全部工作逻辑关系明细表。应注意准确确定目标，进行任务分解，确定各工序所需要的时间、工序间的顺序和相互关系，列出全部工序的明细表。

②计算时间参数，判别关键工作和关键路线。

③寻求最优方案。在满足既定要求的前提下，按照时间、成本、资源等某一具体衡量指标寻求最优方案。

④执行。在计划执行过程中，通过收集、传送、加工、分析信息，及时对计划进行调整，尽可能实现最优选择。

（3）特征

①明确性　网络计划方法可以提供大量的信息，全面而明确地反映工作之间的相互联系和相互制约关系。通过网络计划方法可以明确主次、轻重、急缓，便于掌握关键点，实现对计划实施进程的有效控制和监督。

②技术性　网络计划技术可与计算机技术有效结合，充分整合资源。计划的编制、优化和执行过程中的调整和控制都可借助计算机来进行。

2. 具体方法与技术手段　网络图是网络计划的基础，是使用一系列箭线和圆圈来表明一项任务或工程的所有工作的先后顺序和相互关系的网状图解模型。

（1）网络图的组成要素

①箭线　实箭线代表工序的活动过程，上面标工序名称或代号，下面标所需时间。虚箭线代表工序时间为零的一种活动，不消耗任何资源与时间，用于说明工序活动间的逻辑关系，指明工序活动的前进方向。任何一项工程都是由若干道工序组成，把表示各工序的多支箭线按工

程的时间顺序，从左至右排列起来就可以组成一个网络图。

②结点　在相邻工序的交接处画一圆圈表示工序的分界点，称为结点，代表事项或事件。根据事项在网络图中的位置可以把事项分为始点事项、终点事项和中间事项。始点事项是网络图的开始事项；终点事项是网络图的最后一个事项；除去始点事项与终点事项的其他事项为中间事项。给每一结点编写顺序号，连接箭尾的结点表示工序开始，连接箭头结点表示工序完成。

③线路　从网络图始点事项开始顺着箭头所指方向连续不断地到达终点事项，中间由一系列首尾相连的事项和箭线所组成的通道为线路。

（2）网络图绘制的原则与方法　网络图是有向的；不允许出现编号相同的箭线；任何一项工程的网络图中只能有一个始点事项和一个终点事项；不允许存在无事项的箭线；不能有回路；箭线为水平线或有一段水平的折线。

绘制网络图方法包括三种，绘制的网络图结果相同。一是顺推法。从始点事项开始的工序入手，根据工序间衔接关系确定下一工序，依次排列至终点事项，应用较多。二是逆推法。与顺推法相反，从终点事项的工序入手至始点事项止。三是重点工序法。从最重要工序开始，按各工序相互关系安排。

（3）网络图绘制的步骤　确定目标；搜集所需资料；划分工序项目；确定每一工序时间定额或劳动定额；确定工序间关系；绘制网络图。

绘制网络图应先勾画草图，然后检查调整，给节点编号，计算时间参数，计算时差，综合平衡选最优方案，最后绘制执行网络图。

（4）网络计划优化　通过绘制网络图、计算时间参数和确定关键路线可得到初始计划方案，网络计划的目的在于对初始计划方案进行调整改善，直至得到周期最短、费用最小、资源利用最有效的切实可行的最优方案。

（五）社会调查方法

1. 内涵与特征

（1）内涵　社会调查作为一种了解社会事实的活动有着几千年的历史，据《后汉书》记载，大禹治水时我国就进行过人口和土地的调查。近代社会的欧洲国家为了解发展中的社会问题也曾广泛开展社会调查。现代社会的美国等发达国家更是出现大量专门调查研究机构，广泛开展舆论调查、市场调查、社会问题调查等，成为政府进行公共管理的重要信息来源。社会调查就是通过对客观事物的考察、度量收集反映社会现象和社会事物的数据、资料与信息，从而获得客观事物与现象的实际状况。

（2）基本程序

①准备阶段　确定任务、设计方案、组织队伍。

②调查阶段　进入现场、选好方法、收集资料。

③分析阶段　整理资料、统计分析、理论研究。

④总结阶段　撰写报告、总结与评估。

（3）特征

①客观性　反映社会现象或事物的真实状况，不虚构或篡改数据和资料。

②实证性　结论与观点都需要以真实可靠的数据与资料来支撑，不凭空想象。

NOTE

③整体性　调查从整体出发，把对象看成一个有机整体，全面真实地反映社会事物。

2.具体方法与技术手段　主要包括七种方法。

（1）抽样调查　从全体研究对象中抽取部分单位进行调查，并根据部分单位调查结果对全部研究对象做出估计与推断。抽样调查是社会调查中普遍采用的方法，具有调查费用低、速度快、应用范围广等优点。

（2）问卷法　依据研究目标设计相关问卷收集资料的方法，能够在较大范围内开展，具有良好的匿名性，便于对获得的资料进行定量处理与定性分析，但在操作过程中问卷回收率及质量有时难以保证。

（3）量表法　量表是调查主观社会指标的常用测量工具，可以通过间接方式衡量难以直接观测和准确度量的社会现象，常见的有总加量表、累积量表、测评表等。

（4）观察法　依靠研究者感官收集资料，是一种收集非语言行为的数据和资料的方法。管理者通过观察管理活动过程、管理行为变化收集信息，从而对管理政策、方式进行调整。著名的"霍桑实验"就是观察法的应用。

（5）文献法　通过搜集文献资料，摘取与调查课题有关信息的方法。它是对人类以往获得知识的调查，对象是二手资料，不直接接触被调查者，收集数据资料更具客观性。

（6）访谈法　通过与被调查者交谈收集信息资料，因与被调查者面对面交谈，相互产生影响，获得信息更直接与全面，但难度较大。常见的有个别访谈、集体访谈；一般访谈与深度访谈；标准化访谈与非标准化访谈。

（7）田野调查　实地参与现场的调查研究工作，其最重要的研究手段之一就是参与观察。要求调查者要与被调查对象共同生活一段时间，从中观察、了解和认识，收集信息资料。

复习思考题

1.公共管理体制与企业管理体制的异同点有哪些？

2.试述公共管理主体间基本关系的演变及特征。

3.根据中央与地方间的关系，谈谈如何调动我国地方政府的主动性和积极性。

4.结合实例来分析公共管理体制创新的主要模式在我国的应用情况。

5.谈谈我国公共管理传统方法应如何适应国内外新的发展趋势和要求。

第三篇　过程与目标

第八章　公共决策与执行

第一节　公共决策概述

一、公共决策的内涵、基本要素、地位

1. 公共决策的内涵　"决策"一词的英语表述为 Decision Making，意思就是做出决定或选择。时至今日，对决策概念的界定不下上百种，但仍未形成统一的看法，诸多界定归纳起来基本有以下三种理解：一是把决策看作是一个包括提出问题、确立目标、设计和选择方案的过程。这是广义的理解。二是把决策看作是从几种备选的行动方案中做出最终抉择，是决策者的拍板定案。这是狭义的理解。三是认为决策是对不确定条件下发生的偶发事件所做的处理决定。这类事件既无先例，又没有可遵循的规律，做出选择要冒一定的风险。也就是说，只有冒一定的风险的选择才是决策。这是对决策概念最狭义的理解。

公共决策是指公共组织在管理社会公共事务和为社会提供公共服务及产品的过程中所做出的决定。它至少包含两方面的意思：一是公共决策是所有公共组织的重要功能，由于公共组织性质的公共性，所以公共决策既要体现国家意志，又要反映自身制度化的和组织化的行为。二是公共组织在做出处理公共事务的决定时，应根据事物发展的客观规律拟定多种方案，并选择一个满意的方案依法付诸实施。

2. 公共决策的基本要素　与其他任何形式的决策一样，公共决策也是由决策者、决策目标、决策备选方案、决策环境和决策结果等五个要素组成的。

（1）决策者　公共决策的决策者一般应是指公共组织的决策层，是一种集体决策形式。决策者在决策活动中起着决定性的作用。尽管不同的组织在决策的权限上存在着较大的差异，但是作为使整个组织得以运转的决策活动在本质上是相似的，决策的原理、决策的程序及决策的原则在很大程度上都是相通的。

（2）决策目标　在决策时，公共组织确定目标是首要的。决策目标是决策者对未来一段时间内所能取得的结果的判断。在决策者的决策活动中，决策目标的制定应满足以下要求：目标的确定是具体的，而不能含混不清；目标的确定要恰当；目标的确定应有可检验性。尤其是作为公共组织的决策，需要突出这一组织的基本性质。

（3）决策备选方案　备选方案是达到目标的手段，是选择的对象。行动方案的制订是整个决策中极为重要的一个阶段。行动方案本身并不是行动，而是行动之前对行动的内容、程序、

方式、方法等进行设计与规划。在决策过程中，不仅仅要辨别、区分哪些是正确的方案，同时还要进一步对比，确定优质、高效的方案，也就是说要确定在现有条件下最佳的行动方案。要真正做到这一点就必须进行多方案选择，即每一个决策都要有多个备选方案。决策中的行动方案应该是若干个可替代的可行方案的集合。

（4）决策环境　决策环境是指各种备选方案可能面临的自然状态或背景，即不以个人的意志为转移的客观条件，包括国内外的政治、经济和自然环境等。决策行为实际上是决策者个人的主观因素和决策情势两方面共同作用的结果，因此必须重视决策情势在决策活动中的作用。科学的决策是决策者主观努力和客观环境共同作用的结果，而决策环境在一个决策活动中居于何种地位，起多大的作用，还要根据决策本身而定。

（5）决策结果　决策结果指一项决策实施后所产生的效果和影响。在做出最终决策之前，对每一个备选方案的实施后果进行客观、公正的预先估计和评价，这既是保证决策科学性的重要前提，也是方案择优的最根本依据之一。如果对某一方案的实施后果做出了错误的估计和评价，那么往往会导致决策的整体性失误。

3. 公共决策在公共管理中的地位

（1）公共决策是公共管理的首要环节　公共组织通过制定决策实施方案，把决策目标分解为具体的执行目标或阶段目标。确定详细的、可操作的行动步骤，合理配置人力、财力、物力，把决策目标落到实处。决策目标实现及效果评估之后，管理活动即告完结。可以说没有公共决策就没有公共管理。

（2）公共决策是公共管理履行各项职能的依据　公共管理有决策、计划、组织、协调和控制等各项基本职能。组织，就是为实现决策目标而对一些机构和人员的重新组合，或成立新的管理机构；协调，就是改善和调整各个执行机构、人员和各项活动之间的关系，使各自之间分工合作，密切配合，减少相互之间的重复、矛盾和摩擦；控制，就是监督检查，对公共管理活动中的各种行为加以控制，使管理活动沿着预定的方向推进。而所有的这些公共管理的各项职能都以公共决策为基础，没有公共决策就没有公共管理各项职能的履行。

（3）公共决策贯穿整个公共管理过程的始终　公共决策既是公共管理的首要环节，同时它又贯穿整个管理过程的始终。公共管理的其他环节都包含有决策的活动。各项管理职能的履行也有各自的决策。计划过程中，要对目标和任务做出周密、详细的决策，做出计划；计划制订后要实施执行，也要组织力量，还要进行指挥工作，对此当然也要有决策。

二、公共决策的分类

公共决策的种类有很多，依据不同的分类方式会有不同的具体类型，常见的可以分为以下几类。

（一）根据决策主体决策方式的不同，可分为经验决策和科学决策

经验决策就是决策者依据和凭借个人的智慧、知识、经验所做出的决策。即决策者在决策的过程中，对决策对象的认识、对决策目标的断定等都是凭借个人的主观经验和逻辑思维能力。这种决策的优点在于决策过程比较简单、迅速，往往能够做到当机立断，但它的缺点却是非常明显的，由于决策信息不够充分，无科学的分析与论证，所以如果经验不足，就会导致决策的失误。科学决策就是指决策者依据一定的科学方法或技术进行决策。即决策者在决策的过

程中对决策对象的认识、对决策特点及规律的研究、对决策目标的选择、对决策方案的确定等，都是建立在充分的科学论证的基础上。科学决策的方法有助于降低决策的失误率，保证决策的正确性，适应现代社会发展的需要和要求。但是采用科学决策的模式，需要有信息、体制、人员素质、技术设备等方面的条件支持，否则就不可能做到真正的科学决策。

（二）根据决策目标所涉及的规模和影响程度的不同，可分为战略型决策和战术型决策

战略型决策就是指那些带有全局性和方向性的重大决策。这种决策一般来说其影响比较深远，涉及的范围比较广泛，带有方向性、原则性和宏观性。这种决策一般由高层领导做出。战略型决策处理的问题较为复杂，它对社会和国家的发展影响较大。战术型决策是指那些局部性的、短期的和比较具体的决策。战术型决策是战略型决策的延续和具体化，它主要服务于战略目标的实现。如为贯彻战略发展方针中的某项工作而进行的一些具体安排等。战术型决策处理的问题一般比较简单、具体，大都采取定量分析的技术方式来处理，它是由基层组织结合本地的实际情况来制定。

（三）根据决策内容的具体情况的不同，可分为程序性决策和非程序性决策

程序性决策就是指那些常见的、定型的和重复性的决策。这种决策的内容较为确定，有一定的常规可循，一般属于日常的工作范围，因而也叫作例行性决策。非程序性决策就是指新出现的、非常见的和无常规可循的决策。这种决策往往具有开创性和革新性。非程序性决策在决策中虽然所占比例较少，但从其重要性来看，这种决策往往决定着一个组织的战略方向，对组织成败影响非常大。

（四）依据决策所具有的条件的可靠程度的不同，可分为确定型决策、风险型决策和不确定型决策

确定型决策就是指决策的环境、条件确定，决策的后果也可以确定的一种决策。这种决策由于各种因素和条件都比较明确、确定，每一决策方案的结果也一目了然，所以只要比较各个方案的好坏、优劣就可以了。风险型决策就是指决策的环境、条件可以确定，但不能完全控制，每一环境和条件下决策的后果虽然可以预测，有一定的把握，但仍需要冒一定风险的决策。如诸葛亮的"空城计"决策，就属于风险型决策。不确定型决策就是指决策的环境、条件等因素都不能确定，决策的后果也无法预测和确定的决策。这就如同赌博一样，不仅需要冒一定的风险，而且还靠决策者的运气。不确定型决策的难度大，风险也大，不确定的因素非常复杂，既有人为的因素，也有自然因素等，但这种决策所带来的效果也往往是出人意料的。

三、公共决策的原则、程序与方法

公共决策需要遵循一定的基本原则和程序规范，并采用正确有效的决策方法，只有这样才有可能制定出适合公共组织发展和社会需要的决策。

（一）公共决策的基本原则

1.信息全、准、新原则　公共决策必须建立在充分的信息基础上，信息是决策的前提与基础。所谓充分的信息包含三层含义：一是指信息要全面；二是指信息要准确；三是指信息必须是最新的。信息的占有量、准确性与可靠性与公共决策的科学性、合理性及其可行性是成正比

NOTE

的，信息越充分、越准确、越及时，决策过程中思维的广度和深度也越大。决策的每一步骤和环节都离不开信息，决策目标的确定、备选方案的拟订与择优及方案实施等过程，都必须建立在掌握充分而准确的信息资料的基础上。

2. 系统分析原则　现实中任何事物都不是孤立的，彼此间总是相互联系、相互渗透、相互影响和相互制约，存在着十分复杂的交叉效应。因此，在进行公共决策时，务必要对整体与局部、内部条件与外部环境、当前利益和长远利益、主要目标和次要目标等加以综合分析进行决策。决策者要从系统的角度去把握决策中的各个要素及其相互之间的关系，研究各个因素在整个系统中的地位和作用，以及它们的主次关系、先后关系，从而达到系统完整、系统平衡。

3. 可行性原则　可行性原则是衡量公共决策正确性的标志，这条原则要求一项正确的决策必须是在现有主客观条件下能够执行。决策需要靠执行来完成，要执行就得考虑到实施的现实可能性，决策的可行性取决于决策方案与各种客观条件和因素的统一，要使决策有的放矢、行之有效，就应当对决策方案所需要的现有人、财、物及科学技术能力等进行认真审定，做到有备无患。否则，再好的决策也只能是纸上谈兵。

4. 动态可变原则　任何一项公共决策实质都是一个动态的过程，从制定、执行、修改到终结。公共决策现象是随着社会经济的进步而不断发展变化，各个因素之间存在有机联系，公共决策任何一个细节的疏忽都可能造成巨大的影响。因此，公共决策的制定都应着眼于未来，保持一定程度的可调节的弹性，以辩证的思维方式进行决策，为未来情势变化留下决策调整的空间，尽可能地准备应变性措施。同时，在公共决策的实施过程中，注意信息反馈，随时检查、调节、修正，一旦发现决策未能充分适应客观情况，则应及时对决策方案加以调整、修正乃至重新决策。

5. 对比选优原则　决策的实质必须是在分析、比较诸多方案的基础上择优录用。从一定意义上讲，决策就是从两个以上方案中选择出较优方案的决定，这就要求决策者必须准备好两个或两个以上的备选方案。所谓对比选优就是把若干个方案分别进行评估，然后以一定的标准作为衡量的标准，对比选优是从比较到决策的过程，是决策的关键步骤。每次决策时首先必须设想出若干个方案，然后进行选优。如果只有一个方案就无从对比，无从选优。在决策时，提出方案固然重要，而对比选优更为重要。

6. 时效原则　这里所谓的时效是说公共决策的效力应有一定的时间期限，一项决策只有在一定的时间里做出并得到执行才是有效的。过了这个时间期限，它就会丧失效力。"机不可失，时不再来"，任何决策都应该抓住有利时机，当断即断，当行即行。

7. 公共性与公益性原则　公共决策不同于一般组织的决策，它是以政府为主体的公共组织就其有关公共事务做出的抉择，公共组织的主要目标定位就是更好地为社会和公众提供更多更优的公共物品和公共服务，因此在公共决策时需要遵循公共性和公益性价值取向的基本原则。

（二）公共决策的基本程序

公共决策程序一般划分为公共问题的界定、公共决策目标的确立、公共决策方案的设计、公共决策效果的预测和公共决策方案的选择等五个步骤。

1. 公共问题的界定　公共问题的界定也就是公共决策问题的界定，具体可包括公共决策问题概念；公共决策问题的发现、提出与确认；公共决策问题分析与公共决策议程。公共问题的分析、界定是决策的起点。公共问题就是指那些已经影响到人们正常生活的社会问题。由于实际状态与社会期望、理想之间存在差距，导致产生了各种各样的社会问题。当决策者觉察到某一社会问题已引起社会广泛的注意和议论，这个社会问题本身也确实有解决的必要，并且也属于职权范围之内的事务时，决策者就会把它列入议事日程，作为公共问题进行研究处理。公共决策问题是被公共主体所认知并认为有必要采取行动加以解决的公共问题。公共问题界定的主要环节包括症结分析、确切表述。实践中一般采用类别分析法、类比分析法、假设分析法及层次分析法。

2. 公共决策目标的确立 公共决策目标是决策者希望通过决策实施所达到的状态，决策目标就是决策者通过采取某项行动方案所要达到的期望效果。公共决策目标应满足以下几方面的条件：一是目标必须具体明确，有的放矢；二是目标必须切实可行，决策目标必须立足现实，量力而行，超越现实生产力水平的目标是脱离实际的，不可取的；三是目标必须系统化，这是由公共问题的复杂性、多层性决定的，要求决策目标也要形成多层级性与之匹配；四是决策目标必须灵活可调，目标是针对未来的，目标的实现有个过程，而且问题的发展又具有不确定性，一成不变的情景几乎是不存在的。

3. 公共决策方案的设计 方案设计就是针对公共问题，依据决策目标，设计实现目标的各种可能性方案的过程。这一过程被形象地称为"大胆假设，小心求证"的过程，也就是首先大胆设想，提出各种方案设计轮廓，然后对方案轮廓进行严格细致的具体化加工。公共决策方案是指一个或一组解决问题、实现目标的行动准则，它具体规定实现决策目标的步骤、途径和方法。

方案的设计首先从不同角度、多种途径出发，尽量大胆提出多种多样的方案设想。主要包括两方面：一是为实现既定的决策目标，大致可提出多少个决策方案。二是将各种方案的轮廓，如行动原则、指导方针、发展阶段等大致勾画出来。其次，对轮廓设想阶段所产生的备选方案进行初步筛选，淘汰那些明显不可行的方案，留下一些较为可行的方案，并对其做精心的细节设计。淘汰阶段的主要工作是在重新进行决策目标分析的基础上，通过对可能性方案与目标的比较来去掉那些偏离决策目标的方案。在实践中大多会采用头脑风暴法、对演法、综摄法等。

4. 公共决策效果的预测 决策是面向未来的，其实施过程是不可逆转的，所产生的效果既可能符合人们的主观愿望，也可能背离愿望。这就要求决策系统必须搞好预测，对未来的决策环境及对象的变化要有所把握。通过预测帮助决策者认识和控制未来的不确定性，把对未来变化的无知减到最低限度。效果预测是为了对公共决策方案进行评估和完善，而对决策方案实施的客观条件的变化和方案在各种可能的客观条件下预期效果的预测。效果预测的基本步骤一般是收集资料、确定方法、计算和分析、评审结果。常常采用的方法有德尔菲法、会议法、时间序列法、回归分析法及趋势外推法等。

5. 公共决策方案的选择 决策方案选择是指公共决策中枢系统中享有公共决策权的公共领导，依据其权力、经验和科学知识，在对各种备选方案进行比较权衡的基础上，选择或综合出一个最优或满意的决策方案。方案选择主要包括以下三个基本环节：一是确定标准，即确定一套对方案进行优选的价值准则。一般包括符合国家和社会的总体战略；能最大限度实现决策目

NOTE

标；消耗的资源尽可能少，实现目标的风险尽可能低；实施方案所产生的副作用尽可能小。二是可行性分析。对决策方案在现实中事实的可行性做出分析和估量。一般包括政治可行性，即可以动员来支持方案的政治资源及方案对政治价值的影响；经济可行性，即执行方案的人力、物力、财力和信息资源的获取和支持程度；法律可行性，即方案是否符合一国的宪法和法律；公共可行性，即政府公共部门执行决策的能力大小和效率高低；技术可行性，即方案在现有技术水平下能实现目标的程度。三是合法化。方案确定之后，提交给有权的立法或执行机关审批，通过一定的规则和程序使之合法化，然后以法律、法令或政策的形式颁布，付诸实施。

（三）公共决策的方法

1. 名义小组方法　名义小组方法可被运用于决策管理的全过程。名义小组最好是小规模的，以 7 ~ 10 名成员为宜，他们就座的位置应使他们能彼此看得见。首先必须向小组成员介绍有待解决的问题，并赋予其中某一成员具有领导调整小组行为的合法性。然后按以下步骤进行：

（1）要求每个成员将自己的思想默写在一张卡片上，并且不准讨论。应以友好而坚决的方式制止那些想要在这一阶段谈话的人。

（2）名义小组的领导者向每一位成员征求意见并做好记录。这一阶段有助于使思想客观化，并允许每个成员有相同的时间提出自己的观点。同时也要进行记录，依次要求每个成员提出一个意见，领导者将其记录在卡片上，填满后将卡片贴到墙上。在征询下一位成员的思想之前，领导者要确认成员赞同此份记录。

（3）对每一个意见进行讨论。名义小组的领导者首先要求成员阐明其列出的意见，然后对每个意见的优缺点进行分析。

（4）要求小组成员通过选择最重要的问题来达成共识，通常是通过投票选择最优方案。

2. 名义小组互动法　这是在名义小组方法上所做的进一步改进。其具体步骤如下：①沉默思考列表。②依次轮流记录。③休息室游说。④集体讨论。⑤休息室游说。⑥最初的优先顺序。⑦休息室讨论。⑧最后的优先顺序。

此程序主要是加入了三轮游说，此时需要一个特别的房间并摆上点心供会间休息使用。每次有 30 ~ 45 分钟的时间允许成员达成共识并互相游说。当发生冲突而特别需要成员间的和解时，这些步骤就显得极有价值。在另一天重复第 3 ~ 8 个步骤。像这样的暂停会议能自然地驱使人们达成共识并相互游说以求融合。小组领导者可以更直接地要求成员在暂停会议时达成共识、交流意见、挑战他人论点并进行讨价还价，成员可以询问他人的优先顺序和理由。三轮游说是必不可少的，只有这样，最后就优先顺序问题所进行的表决才能代表特定小组有可能达成的共识水平。通常，第一轮游说辨识观点的多样性；第二轮游说成员开始接受或抛弃某些思想；第三轮游说之后，在重新理解的基础上形成判断。

3. 霍皮族方法　这种方法是霍皮族印第安人为做出重大部落决策而设计的方法。该方法从核心决策小组（如部落元首）开始，展开公开的讨论，进而形成初步判断。核心决策小组周围围坐几圈部落成员，他们聆听讨论。最靠近元老的一圈由那些地位比元老们稍低的成员组成，如此类推，最外层是青少年。部落委员会讨论完后就移到最外层，其余的都向中心移动一圈。然后现在位于中心的小组成员就他们所听到的展开讨论，其余的人皆聆听他们的讨论。这个过程不断重复，直到部落委员会又重新回到中心的位置。然后部落委员会成员根据他们自己和其他人对所提问题的看法重新考虑其决定。这一过程对分散的组织实施战略管理大有裨益，因为其包括了组织结构中的许多不同团体和层级。

4.配对比较法　配对比较法帮助决策者将决策进行两两比较，这样能精确地确定优先决策。将决策项目如议题或决策主题配对比较，使成员将注意力集中于两个"项目"之间的区别，可以减少信息加工的要求。

5.提喻法　提喻法包括两种方式：一是把要解决的问题分成若干个局部问题，既便于分析问题和查清细节，又便于隐去决策问题整体可能带来的个人利害关系，使决策者更加客观、公正、科学；二是采取比喻的方法，不直接说出决策的问题本身，而只是用类似的问题做比喻，搜寻解决方案，这样有利于人们展开想象的翅膀，扩大思维的空间，产生创意的想法。

6.头脑风暴法　这是由 10 多位专家坐在一起各抒己见，互相启发，使各种思想互相碰撞，激发灵感的火花。运用这种方法时应注意：在专家发表意见时，不可对其进行反驳，也不要做出结论和评价，以提供一个无拘无束的自由想象的环境和氛围。鼓励多想，方案越多越好，可以有意见的联合和修正。

第二节　现代公共决策体制与方式

一、现代公共决策体制

公共决策体制是指承担公共决策的组织机构和人员的权责分配及决策制度的总称。随着公共管理经验的不断丰富，科学技术的日益发展，社会民主政治和法治水平的逐步提高，现代公共决策已初步形成一套比较严密的决策制度，如协商制度、咨询制度、审查制度等。现代公共决策体制是一个由公共决策决断系统负责确定决策目标和方案，决策信息系统负责收集、处理和提供信息，决策参谋系统负责设计、论证、评价方案，决策监控系统负责检验、修正方案等四个子系统组成，这些系统之间密切合作，相互制约。

（一）公共决策信息子系统

信息子系统是由掌握信息技术的专职人员、设备及有关工作程序组成的专门从事决策信息的收集、加工、传递、贮存等工作的系统。它是决断子系统的辅助机构，为政策制定提供资料。信息子系统在公共决策系统及其运行中的职能主要有三个方面。

1.收集信息　收集信息就是广泛收集有关国家和社会公共事务各方面的信息，力求全面、准确，以完整、真实地反映客观情况。

2.加工处理信息　把收集来的信息进行一番去粗取精、去伪存真、由此及彼、由表及里的整理、分析、归纳，抽取出精华资料，剔除多余的甚至是虚假的资料。

3.传递信息　传递信息就是把加工处理好的信息传递到决策者手中，为制定政策服务。信息传递要求及时、快速。

（二）公共决策参谋子系统

参谋子系统是由掌握各门类知识的专家、学者组成的，它也是决断子系统的辅助机构。参谋子系统在公共决策系统及其运行中的职能主要有三个方面。

1. 协助决断子系统界定决策问题，确立决策目标 参谋人员通过调查研究及对未来发展趋势的超前研究和预测，提供有科学依据的判断，为决策者界定决策问题、确立决策目标做参考。

2. 为决断子系统提供解决问题的方案、途径和方法 在决策方案选优时，要为决策者提供经过一系列定性、定量分析论证的初步方案，同时也要提供本系统及其他咨询机构对方案的评审意见，以便决策者集思广益，从众多方案中选择出满意的方案。

3. 对公共决策实施进行跟踪反馈分析 收集并分析决策实施中的问题，特别是决策实施过程中遇到障碍或偏离决策目标时，要及时提出应变措施，以使决策者、执行者及时矫正，确保公共决策顺利实施。

（三）公共决策决断子系统

决断子系统是由拥有决策权力的领导者集体所组成的中枢机构，是决策活动的组织者领导政策制定的全过程。决断子系统具有权威性和主导性特点。决断子系统在公共决策系统及其运行中的职能主要有四个方面。

1. 界定决策问题 决策问题的界定是政策制定的开始，它是首要的环节。决断子系统必须能够从纷繁复杂的社会问题中，分清轻重缓急，抓住事关全局的关键问题作为决策问题确定下来。

2. 确立决策目标 决策目标是否科学、正确对整个决策过程具有决定性的影响。决策目标的确立必须建立在对决策问题的过去、现状及未来趋势较全面了解、把握的基础上。所确立目标必须切实可行，并留有余地，使之能满足上下平衡、左右平衡、前后平衡的条件。

3. 设计决策方案 这是一项科学性、技术性很强的工作，一般是委托给参谋子系统承担。决断子系统在此的职责是根据决策问题的性质，组织熟悉这类问题的专家，组成高水平的设计组，并为他们的设计工作提供优越的环境和条件。

4. 选择决策方案 决断子系统在这一环节的职责是建立方案选择的价值标准体系，对参谋子系统提供的各种方案进行比较、分析、平衡，最后拍板选定方案。

（四）公共决策监控子系统

监控子系统是指决断子系统之外的人员和机构对决策行为及对决策方案的内容和执行依法进行监督和控制的机构。监控子系统在公共决策系统及其运行中需要注意做好防止决策者滥用决策权的可能、促使政策内容切合实际、监督执行机构及其人员正确执行政策等三方面的工作。

二、公共决策的"三化"

改善公共决策系统、提高公共决策质量是决策科学研究的最高目标，而公共决策的民主化、科学化和法制化是我国政治体制改革及社会主义民主政治建设的一个基本任务或目标，也是我国社会主义市场经济发展的内在要求。

（一）公共决策的民主化

决策民主化是我国发展社会主义民主政治的重要内容，它是指在决策过程中要保障人民群众充分行使参与决策的民主权利，广泛听取各行各业专家、学者的意见、建议，使决策目标体现广大人民群众的根本利益和要求。决策民主化是决策目标民主化和决策过程民主化的统一。

1. 把民主机制引入决策系统，营造良好的决策氛围　决策者的职责是营造一个宽松的环境，形成平等、民主、协商的气氛，鼓励人人畅所欲言。决策者一是要发扬民主作风，正确处理好民主与集中的关系，二是要依靠集体决策。决策的复杂性、系统性特点使个别决策者无法周密、全面地考虑各个方面、各个层次的所有情况，其方案也不可能总是有效而可行的，更不可能是最佳的。坚持一切重大问题经过集体讨论，民主协商，集体论证，集体做出决定，群策群力来增强决策的可行性、正确性。

2. 重视发挥参谋咨询人员在决策中的作用　政策研究专家、学者是政策方案设计的主要力量，是决策者智慧的延伸。加强专家学者在决策中的地位和作用，这既是在更高层次上民主化的体现，也是实现决策科学化的重要保证。

3. 提高政治生活透明度，实现决策目标的民主化　政治生活透明就是政务公开、政治民主。政治生活缺乏透明度，公共决策就失去社会公众的监督，决策也就必然成为个别人、少数人的关门定案，使决策由社会群体行为蜕变为个人行为。公共决策作为一种对社会价值做权威分配的手段，在人民当家做主的现代社会，必须充分地反映和实现各阶层人民的利益要求。决策者要把决策纳入科学的、社会的系统，避免自身价值偏好、利益倾向的影响，力求决策目标的民主化。

（二）公共决策的科学化

科学化的决策是指在科学理论指导下，遵循决策原则和程序，应用现代科技手段，通过各种方案的选择，达到方案最优化。实现决策科学化的要求是建立完善的决策系统，提高决策参与人员素质，按照科学的决策原则进行决策。

1. 建立健全公共决策系统　现代化的公共决策系统是由以决断子系统为核心，以信息、参谋、监控子系统为支持而组成的有机整体。建立健全决策系统，一要合理设置各子系统，二要充实参谋咨询机构和信息工作机构。

2. 遵循科学的决策原则　决策原则是决策过程中一些固有的运行规律的概括和反映，是决策科学化的一个重要条件。它主要包括如下五项原则：一是信息原则，二是预测原则，三是程序原则，四是可行性原则，五是民主集中制原则。

3. 提高决策参与者的素质　决策人员素质的高低决定了决策的水平，提高决策人员素质是决策系统改进的重要内容之一。首先，要加强决策者集体的班子建设。其次，要提高参谋咨询人员的业务素质。最后，要提高信息人员素质。

（三）公共决策的法制化

决策法制化是指以国家的宪法和法律、法规为依据，本着体现人民意志，反映决策过程规律的原则进行决策，并使决策者的权力和行为受到法律的约束和人民群众的有效监督。决策法制化是我国实现"依法治国"战略方针的一个重要方面，也是实现决策科学化和民主化的重要保证。

1. 决策程序法制化　决策程序法制化就是将决策过程中最重要的步骤、程序以法律规范的形式确立下来。它的目的是防止少数决策者草率行事，滥用职权，或有意把一些方案不经过审议而出台的行为。我们认为应加以规范的程序有：一是调查程序，二是方案设计程序，三是可行性论证程序，四是社会交流程序，五是政策合法化程序。

NOTE

2. 充分发挥决策监控子系统的作用　在我国当前法制建设尚不健全的情况下，决策监控作用十分重要。可以考虑从以下两个方面强化监控作用：一是发挥内、外两大监控体系的作用。二是依法保护监控子系统成员的权利，既保护他们言论、批评、监督公共事务的权利，也要保护他们不要因为监督而受到打击、报复。

三、现代公共决策方式

公共决策所指向的是一系列的公共问题，这类问题涉及公共利益，无法仅靠市场中个别人的行为得以解决，因此公共决策的形成过程就是一个"公共选择"（public choice）的过程。现代公共决策有以下几种主要决策方式。

（一）全体一致规则

全体一致规则（unanimity rule）是指所有投票人都对某项表决的方案投赞成票，一致同意的规则。在现实中，我们不难见到全体一致规则的例子，如联合国安理会常任理事国形成决议时，一个基本条件就是要中、美、俄、英、法五国一致同意。

1. 全体一致规则的主要特征

（1）一票否决　决策人形式上都平等地享有决策权，任何一个否决行动对决策方案能否最终通过具有决定性的意义。

（2）帕累托最优　全体一致规则是肯定导向"帕累托最优"的唯一投票准则。所有决策人都能用自己的投票行为而获益，或者说，决策人中至少没有人因此而利益受损。

2. 全体一致规则的不足　尽管它蕴含着导向"帕累托最优"的诱人之处，但这并不是应用最为广泛的方式，因为全体一致规则具有以下两个明显的缺点。

（1）决策成本过高　要求社会成员寻求共同的满意选择，需要耗费大量时间，这在人们的偏好各异的大社会中尤其如此。为寻找出一个符合"帕累托最优"的决策结果，社会成员在时间上的损失也许远超过他们从中获得的收益。这一弱点与参与决策的人数成正比，如果人数足够庞大，按全体一致规则不可能达成集体决策。所以在不能肯定集体决策的结果是否能给自己带来损失的前提下，人们很可能更愿意接受其他投票规则而不愿为达到充分的全体一致去耗费时间。因此，这一规则仅仅在较小范围内的集体行动中才可能被采用。

（2）鼓励"策略行为"　在全体一致规则的条件下，每位决策参与者都享有决策的否决权，因此，这一规则会鼓励人们运用"策略行为"来争取自己所偏好的方案胜出。

（二）过半数规则

过半数规则（majority rule）是指对一项表决方案，需要超过 1/2 的投票人赞同方才通过的规则。过半数规则在现代社会中是应用最广泛的决策方式之一。既然全体一致规则因众人偏好的差异而难于普遍应用，那么只能退而求其次，采用多数票制以最大限度地照顾公众利益。多数票制一般可分为简单多数和过半数两种方式。简单多数指在多项方案中，哪一个方案获取的赞同票多，哪一项就通过。由于简单多数只能反映"小多数人"的意愿，因此人们在实践中，逐渐选择能反映"大多数"人意愿的过半数方式。

1. 过半数规则的特征

（1）决策效率高　决策过程中无需人人都投赞成票，只要有超过半数的赞成票，决策方案就能通过。

（2）少数服从多数　"按过半数投票规则进行集体选择过程的本质，即少数投票者被迫参与他们不能阻止也不能对其所引起的损害要求补偿的那些活动。"过半数规则要求公共行动方案对全体参与者都具有强制性，即占少数的反对者必须服从占多数的支持者所做出的抉择。

2.过半数规则的缺陷　过半数规则在现实中应用广泛，但究竟过半数的人在全体成员的百分之多少才是最恰当的，是51%还是60%、70%、80%？人们根据不同实际需要，制定了多种规则，如2/3票制、3/5票制等。标准的多样化也说明过半数规则本身还存在一些缺陷，须在实践中加以修正。

（1）多数剥削少数　按多数规则选择出的每一项集体行动方案都具有内在的强制性。因为最终的集体决策是按多数人的意愿决定的，而决策的结果又要求全体成员服从，这就意味着多数人把自己意愿强加给少数人。最终集体决策结果所体现的是多数人的利益，属于少数人的利益被忽略了。这种不公平和对民主制原则的违反并不因为受害的是少数，罪恶就少一些。

（2）决策结果未必可靠　布坎南分析："在集体选择上，个人可能知道他自己偏好的选择对象是什么，但是他不知道其他一些人将怎样进行选择，从而不知道他们会怎样投票。"在多数票规则下，"个人行为与结果之间并不存在联系，而各备选方案的机会成本的估计又必然很困难，因此集体决策基本上是不负责任的"。由于单个参与者的选择行为在多数票规则中无足轻重，从而无形中助长选民不重视选举权的行为，甚至轻易放弃表决权。当这种倾向为多数人所有时，压力集团（利益集团）便会应运而生。压力集团以较小的代价（如花费一定金钱）收买一些可能弃权的选民，让他们按压力集团的意愿来投票，结果是政策取向更加偏离大众的利益。

（3）投票悖论　在对过半数规则研究的过程中，学者们发现了一个非常重要的现象，即采用过半数规则时，投票过程的次序至关重要，不同的次序会产生不同的选择结果，各种政策方案都有可能被通过，这种现象叫作"循环"（cycling）或投票悖论（the paradox of voting）。这表明即使按多数规则进行投票而选择出来的集体决策，也可能对多数不利。

（三）过半数规则的变异形式

过半数规则是应用最为广泛的规则，受到人们的重视，多年来，人们提出了一些过半数规则的变异形式。

我们先来假定，需要从一张 M 个候选人组成的名单中选出一个人（M > 3）。那么，较为简单的过半数规则及其变异形式的选择过程为：

过半数规则：选出得到超过半数票的第一位候选人。

占多数规则：选出得到票数最多的一位候选人。

孔多塞标准（Conderct criterion）：选出在运用过半数规则的成对比较选择中击败所有人的候选人。

博尔达计数（Borda rule）：按照投票者的偏好秩序的排序来给 M 个提案中的每一个打分，分值从 1 到 M，即被投票者列为第一位的提案得到 M 分，列第二名的提案得 M−1 分，被投票者定位在最后一位的提案得 1 分。把所有投票者的每个提案的分数分别加起来，宣布得最高分的提案为获胜者。

淘汰投票（exhaustive voting）：要求每一个投票者标明在 M 个候选人组成的名单中他认为最差的候选人，把被最多投票者认为最差的候选人从名单上删掉，再要求每个投票者标明在剩下的候选人组成的名单中他认为最差的候选人，从名单中删掉。重复这个过程直至只剩下一个候选人，这个候选人便是获胜者。

赞成投票（approval voting）：在由 M 组成的候选人名单中，每个投票者对所有他赞同的候选人投一票，得票数最多的候选人为获胜者。

第三节　公共决策执行

一、公共决策执行的原则

决策的执行直接决定着公共决策内容能否实现及实现的程度，决策的执行也是修正、补充和改进决策的重要途径。不同的公共决策背景下，公共决策执行的手段、方式等差别都很大，但都必须遵循以下原则。

（一）忠实执行与灵活运用相结合

公共决策是具有合法性与权威性的行为规范，因此，决策在贯彻时，必须保持必要的严肃。实施决策的组织和人员必须认真、全面地理解决策的内容，坚决瞄准决策所确定的目标，分阶段地组织实施。即使发现实际情况与原定的决策措施、手段有一定的差距，也必须经过适当调整，让决策最终得到落实。能否忠实执行已经制定的决策关系到社会能否有序的发展、社会资源能否得到合理配置、执政党和政府能否取信于民的大问题。

要忠实地执行决策就必须采取灵活运用的原则。对决策的灵活运用突出地表现在贯彻决策时能善于变通。这种变通是指不偏离决策的精神实质，只是对实现目标的方式、时间、阶段结合现实情况进行合理调整。

（二）实事求是与开拓创新相结合

在实施决策时，必须遵循实事求是的原则。在决策执行上讲实事求是就是要从决策过程中的规律出发，处理好决策实施中宣传、计划、调整、评估、终止等各个环节、步骤的关系。在贯彻决策时遵循实事求是的原则还要求实施决策的组织和人员能时刻从决策执行时的具体环境、可能的条件、可以获得的资源及各种现实的技术、手段出发，量力而行。绝不可贪大求全，弄虚作假，搞一些不切实际的"摆架子"和人为地制造各种"泡沫"效应。

（三）迅速果断与注重效益相结合

任何公共决策都是依据一定的客观形势制定的，时间是决策系统中极为重要的因素。一旦超过了一定的时间、空间，即使是科学、合理的决策也会变得无效。因此，抓住时机，迅速果断地贯彻决策是一条重要原则。

要做到不失时机地实施正确的决策就必须快速地理解决策，快速地组织机构和人员落实决策，一旦执行中发现问题，果断地调整决策。要迅速果断地实现决策关键在于事先周密地准备、事中合理地调配、事后及时地总结。严格按科学程序办事、坚决实行制度化管理，从而保证决策实施的高效率。

（四）强制执行与说服宣传相结合

公共决策是公共机构制定出来的，经过法定机构的审批，具有合法性、权威性，因而也具有强制性。公共决策所规定的行为规范要求人们自觉去遵守。对于按决策要求去行动的公众，就会受到决策的保护，从而获得利益；反之，如果不按决策办事，自行其是，必然会遭到决策的惩罚。因此，在强调执行性这一方面时，还必须强调说明教育的原则。要让公众都能理解决策，并积极贯彻决策，就必须做好说服教育工作，让公众从个人、小团体的狭隘圈子中跳出来，认识到政府制定和贯彻的具有科学性、合理性的决策是为大多数公众的根本利益、长远利益服务的，公众才能自觉维护决策、积极贯彻决策。

二、公共决策执行的基本环节

公共决策执行过程包括决策宣传、决策分解、物质准备、组织准备、决策实验、全面实施等环节。

（一）决策宣传

决策宣传是决策执行过程的始环节和一项重要的功能活动。要使决策得到有效执行，必须首先统一人们的思想认识。决策宣传就是统一人们思想认识的一个有效手段。执行者只有在对决策的意图和决策实施的具体措施有明确认识和充分了解的情况下，才有可能积极主动地执行决策。因此，各级决策执行机构要努力运用各种手段，宣传决策的意义、目标，实施决策的方法和步骤。

（二）决策分解

决策分解就是通常所说的制订计划，它是决策实施初期的另一项功能活动，是实现决策目标的必经之路途。制订执行计划应遵循下列原则。

1. 客观性原则 编制计划要切实可行，积极可靠，排除臆断；计划的各项指标不保守也不冒进：既不是唾手可得的，也不是经过努力仍然高不可攀的；对有关人力、物力、财力等条件，必须做到"心中有数"，切不可含糊笼统。

2. 适应性原则 编制的计划要有适应环境变化的弹性机制，特别是要有应对意外情况发生的防范机制。

3. 全面性原则 编制计划要能够统筹方方面面、理顺各种关系，切忌顾此失彼。计划前后衔接、轻重缓急有层次，不同管理层次的计划各有侧重。

4. 一致性原则 执行机构内部各职能部门要做到工作目标和决策目标保持一致，上下级的决策目标保持一致，以增强组织上的统一性和方向上的一致性。

（三）物质准备

物质准备主要是指必需的财力（经费）和必要的物力（设备）两方面的准备。执行者应根据决策执行活动中的各项开支编制预算。预算报经有关部门批准后，才算落实了经费。必要的设备包括交通工具、通讯工具、技术机械设备、办公用品等，是决策执行的物质手段。只有具备了必不可少的设备条件，决策执行才有可能顺利进行。

（四）组织准备

组织准备工作是决策具体贯彻落实的保障机制。组织功能的发挥情况直接决定着决策目标的实现方式。

1. 确定决策执行机构 这是组织准备中首要的任务。常规性、例行性决策的执行应由常设

NOTE

的执行机构承担，不必另建机构，但有时也可用提高常设机构地位的方式或者改组机构的方式来保证决策顺利进行。如果遇到非常规性或者是紧急而重大的牵涉面较广的决策，则可组建临时执行机构，但应在决策目标实现后予以撤销。

2. 选人用人　从决策执行者的素质来说，要求具有专业管理方面的知识技能和实践经验，具有较强的决策理解能力及沟通、协调能力；善于用人，做到人尽其才；具有宽广的胸怀，善于处理人际关系；讲求工作效率，善于从实际出发，采取机动灵活、随机应变的方式方法，有步骤、有次序地推行决策实施。

3. 制定必要的管理制度　这些制度应包括目标责任制、检查监督制度及奖励处罚制度等。

（五）决策实验

决策实验是决策实施过程中的重要步骤。决策实验一定要按照科学方法来进行，其步骤大致包括三个阶段：①选择实验对象。②设计实验方案。③总结实验结果。

（六）全面实施

决策的全面实施是决策实施过程中操作性、程序性最强，涉及面最具体、最广泛的一个环节。全面实施决策要求严格遵循决策执行的基本原则，充分地发挥决策执行的功能要素，以保证决策目标的圆满实现。

上述诸环节构成决策执行的功能活动过程。只有每项功能活动都做好了，决策执行才能顺利进行，决策方案才能取得预期的效果。

三、公共决策执行力

公共决策执行力是指公共组织对所拥有的各种资源进行有效整合和利用，制定并实施政策方案，从而实现公共组织目标的一种综合能力。这种综合能力主要包括三方面的内容：一是对公共决策的理解、实施、评估、监控和反馈能力，二是对自身资源及其他社会资源的汲取、整合、利用和改造能力，三是为民众提供公共产品、公共服务数量和质量的能力。

（一）公共决策执行力的偏差

公共决策执行力要求政令畅通和政令统一，各类公共组织必须按照宪法规定的原则，严格贯彻国家法律法规和中央政策决定。但由于受到主客观因素的影响，公共组织在执行公共政策的过程中往往会出现以下四种偏差。

1. 执行无力　执行无力其实质是表面上执行，实质上并没有执行。表面上执行即表里不一、阳奉阴违地执行，一旦出现执行的政策对自身权益有损害时，就会制定在文字或形式上与上级政策一致的实施方案，目的只有一个，就是为了应付检查，而实际上却把它束之高阁，甚至背地里还干着与上级政策背道而驰的事。执行无力的另外一种表现形式就是逃避执行甚至抗令执行，要么是以各种理由或借口推诿扯皮，寻找困难，逃避执行，要么是对公共决策视而不见，充耳不闻，你说你的，我干我的。

2. 执行不力　执行不力其实质是执行不到位或断章取义地执行。比如选择性执行，有些公共组织和工作人员为了组织自身或个人的权益，挖空心思寻找政策的"漏洞"，进行决策过滤，对自己有利的政策就加以认真执行，这种做法严重损害了政策的统一性和完整性。执行不力的另一种重要表现形式是歪曲执行，通过改变政策的实质曲解其义地执行，结果导致政策无法真正得到贯彻落实，甚至出现与初衷相悖的结果。

3. 执行费力 执行费力其实质是一种只看投入不计产出，即付出了大量的人力、物力和财力却无法取得任何效果的一种执行，"只有苦劳，没有功劳"是其真实写照。由于深受计划经济体制的影响，无论上级的政策正确与否，是否符合本地实际，只管执行，既不注重过程也不注重结果，看重的只是"行动"。还有的工作人员抱着"不求有功，但求无过"的想法，对上级的指示和决定照本宣科地加以执行，在政策执行中缺乏应有的积极性和主动性。

4. 执行过力 执行过力其实质是超越组织自身所拥有的权限或突破上级政策规定的一种政策执行。一旦执行了本不属于自身权限范围内的事务，往往容易出现对权力的滥用，导致对公共利益的侵害。而在实际工作当中，不少公共组织往往是打着"因地制宜、灵活实施"的幌子来进行制定，这种违背上级精神、不切实际的规定和做法，结果是损害大局，上级政策得不到贯彻落实，造成地方保护主义或小团体利益。

（二）公共决策执行力的提升

1. 提升公共决策的质量，增强执行对象的可操作性和适应性 对于任何一个能够制定相关公共决策的公共组织来说，除了提高决策者自身的决策水平之外，还特别需要注意做好以下两个方面的工作。一是在决策内容上，一定要尊重我国经济社会的发展实际，千万不能搞"一刀切"，更不能搞"赶超"或"滞后"的发展战略。二是要建立完善的决策体制，包括科学民主决策的程序制度、组织结构制度、决策咨询制度、最终拍板制度、评估制度及决策纠偏和"谁决策，谁负责"的决策责任制度。通过建立这些完善的体制，从而真正实现公共决策的科学化、民主化和法制化。

2. 提升公共管理者的公共精神，夯实思想保障 公共精神是指公民有超越个人狭隘眼界和个人功利的，关怀公共事务、事业和利益的思想境界和行为态度。公共精神的缺失容易使公共管理者的行为偏离公共利益的轨道，喜欢采取"实用主义"的态度，甚至用自身利益来取代公共利益，弱化了对最终意义的价值追求。

3. 建立完备的决策执行配套机制，完善制度保障 要建立和实施严格的目标管理责任制，明确每个机构和人员的执行责任；建立并完善公共决策执行绩效评估体系，特别要注意克服社会公众"评价主体缺位"的弊端，建立多元评估体系。

4. 要提升公众的综合素质，强化主体保障 所有的公共决策最终都要落实到广大群众之中，在一定意义上，群众既是公共决策执行的最终主体，也是公共决策的最大受惠者。因此，进一步提高群众的文化、道德、民主、政治素质也成为提升公共决策执行能力的一个重要因素。

5. 理顺公共决策主体间的内外关系 从公共决策的决策主体来看，在我国除了政府之外，还包括政党、人大、政协、工会第三组织等公共组织；同时，一些市场主体和个人也在一定领域成了公共决策者。因此，要提升公共决策的执行力，一方面要优化决策主体内部间的关系，另一方面还要理顺不同决策主体间的关系。

复习思考题

1. 如何理解公共决策与公共管理间的关系？

NOTE

2. 结合实例来分析我国公共决策体制的优点和不足。

3. 如何进一步提升公共决策科学化、民主化和法制化水平？

4. 列举实例来分析现代决策方式的应用。

5. 影响公共决策执行力的因素有哪些，如何优化其执行力？

第九章　公共人力资源管理

第一节　公共人力资源管理概述

一、公共人力资源管理的内涵

公共人力资源管理是公共管理的重要组成部分，公共人力资源是公共管理活动的重要主体。

（一）公共人力资源管理的含义

1. 人力资源　人力资源是第一资源，是一种极其特殊的资源，现代意义上的"人力资源"概念是由管理学大师彼得·德鲁克（Peter F. Drucker）于 1954 年在《管理的实践》一书中首次提出的。德鲁克认为，人力资源具有一种其他资源所没有的特性，具有协调能力、整合能力、判断力和想象力。

尽管人力资源对社会和组织的价值与作用已被人们所普遍认可，但对于人力资源概念的理解与阐述并不完全相同。综合国内外各种观点，我们认为，人力资源是指在一定区域内已经投入和即将投入社会经济活动的具有劳动能力的人口总和。它包括了现实的人力资源和潜在的人力资源两部分。现实的人力资源是指一个国家或一个地区在一定时间内实际从事社会经济活动的全部人口；潜在的人力资源是指具有劳动能力，但由于种种原因不能或不愿意从事社会劳动，在一定条件下可以动员投入的人口总和。例如现役军人、在校青年学生和从事家务劳动的家庭妇女等。

2. 人力资源管理　20 世纪 70 年代末，随着工业经济向知识经济的转型，传统"人事管理"逐渐被现代"人力资源管理"所取代。从人事管理到人力资源管理可以认为是一次革命性变革，不仅体现在管理理念、管理方法、管理原则、管理内容等方面的变化，而且人力资源管理部门与组织中其他部门的关系也发生了重大变化。

国内外学者对人力资源管理的基本含义做过许多界定，在此不一一叙述。我们认为，人力资源管理是指为了实现组织的既定目标，运用现代科学管理方法，对组织内人力资源的规划、使用、考核、培训、保障等方面进行管理的一系列活动的总称。

3. 公共人力资源管理　公共人力资源管理是指以国家公共组织为主要对象，依据法律规定对其所属的人力资源进行规划、录用、使用、考核、培训、保障等多项管理活动和过程的总和。公共人力资源管理是为实现公共组织目标而对人与职位的管理。

从整体上来说，公共人力资源管理包括宏观管理和微观管理两部分。宏观的公共人力资源管理是在整个公共组织系统中，包括国家各级政府部门和非营利组织，为了保证其组织目标与人力资源整体结构相互匹配及发展的需要而进行的公共管理活动。微观的公共人力资源管理是

NOTE

指每个具体的公共组织依法对本组织内现有的人力资源进行使用、开发、管理的活动和过程。宏观的公共人力资源管理与微观的公共人力资源管理互为条件、相互依存、相互保障，构成了一个有机整体，即公共人力资源管理系统。

（二）公共人力资源管理的特征

公共人力资源是整个国家人力资源总体中的一部分，除了具有人力资源的一般特征之外，还具有由国家公共部门自身的性质所决定的特殊性质。

1. 政治性　公共部门人力资源掌握着国家和公民赋予的公共权力，执行着国家的法律和重大决策，在整个国民经济和社会发展中起着重要的作用。这就要求公共部门人力资源必须拥有较高的理论水平、政策水平、法制观念和政治水准。

2. 公共性　公共部门不同于私营部门，它是以实现公共利益为目标的组织，以提供公共产品和公共服务、管理公共事务为基本职能。所以，公共人力资源管理必须紧紧围绕为社会提供公共产品与公共服务的"公共性"目标来进行，必须奉行公众利益至上的原则，并以追求公共利益或社会福利最大化为其基本价值取向。

3. 道德性　公共部门人力资源由于自身所处的位置和作用，决定了其行为及结果直接影响到公共部门的地位与形象。因此，公共部门人力资源的政治素质和道德品质要高于国家人力资源整体的平均水平，要求公共部门人员要有良好的社会公德与家庭美德，以及高尚的职业道德。

4. 复杂性　公共部门是一个纵向层级节制、横向部门分化的庞大的组织结构体系，它是按照完整统一的原则建立起来的，要求公共部门的目标统一、领导指挥统一、权责统一和功能配置统一。因此，合理划分人事管理权限、明确职责范围、建立相关的管理制度是高效管理公共人力资源的基础。相比一般的人力资源管理，公共人力资源管理权的划分是一项复杂的系统工程。同时，非营利组织人力资源的特殊性也增加了其管理的复杂性，提高了人力资源管理的难度。

5. 法治性　公共部门不同于私营部门人力资源管理的鲜明特征之一就是公共部门依法对人力资源进行管理，具有强制性特征。主要表现在：一是建立和完善有关规范国家公职人员的法律法规体系；二是公共部门必须依照法律法规来行使人事管理权；三是对公共部门人力资源管理中的违法行为必须依法追究；四是对公共部门人力资源管理的权力予以必要的制约和监督。

二、公共人力资源管理的理论基础

公共人力资源管理的理论基础主要包括人力资本理论、激励理论和人性假设理论等。人性假设理论在第三章进行了分析，本节主要分析人力资本理论和激励理论。

（一）人力资本理论

1. 人力资本理论的形成　人力资本思想源于英国古典经济学创始人威廉·配第（William Petty）和英国古典政治经济学的奠基者亚当·斯密（Adam Smith）。威廉·配第最先提出和论证了劳动决定价值的思想，奠定了劳动价值论的基础。亚当·斯密在1776年出版的《国富论》中首次提出人的才能与其他任何种类的资本同样是重要的生产手段的观点。他还详细分析了人的经验、知识和能力作为财富和生产财富的重要作用。大卫·李嘉图继承并发展了亚当·斯密的劳动价值学说，明确指出机器和自然物不能创造价值，只有人的劳动才是价值的唯一源泉。19世纪末英国著名经济学家马歇尔明确提出"所有的投资最有价值的就是对人本身的投资"，他强调教育的经济价值，认为教育可以为劳动者带来能力的提高。

威廉·配第、亚当·斯密、大卫·李嘉图、马歇尔等人奠定了人力资本理论的思想基础，人力资本理论则是在20世纪60年代由美国著名经济学家西奥多·舒尔茨（Theodore W. Schultz）、加里·贝克尔（Gary S. Becker）等人共同创建的。人力资本理论开辟了关于人类生产能力的崭新思路，对现代社会与经济的发展具有重要意义。

2. 人力资本理论的内容　人力资本理论的内容包括以下几个方面：

（1）人力资本是凝聚在劳动者身上的知识、技能及其所表现出来的能力，它是一种具有增值能力的无形资本。人力资本不仅是个人经济资源，也是含义更为广泛的社会资源，人力资本的积累是经济增长的重要源泉。

（2）人力资本投资的作用大于物质资本投资的作用。确定人力资本投资和物质资本投资的合理比例是促进经济增长的重要条件。资本积累的重点应该从物质资本转移到人力资本。

（3）人力资本投资不仅能为拥有者带来直接经济收益，而且能带来间接的精神或心理收益。

（4）人力资本是可以经过投资形成的。人力资本的投资形式主要有各级正规教育、在职培训、医疗卫生保健、劳动者的迁移与流动等。

（5）人力资本形成与效能的发挥与个人的生命周期紧密联系在一起，受个体的体力、生命年限、个人偏好等自然条件的限制。

人力资本理论对社会实践和现实变革有积极意义。首先，人力资本理论突破了传统理论中的资本只是物质资本的束缚，将资本划分为人力资本和物质资本。其次，人力资本理论提升了教育在现代社会中的地位和作用。最后，人力资本理论高度重视人的能力在经济增长中的作用。

（二）激励理论

激励理论是行为科学理论的核心，也是现代人力资源管理的重要理论基础。行为科学认为，人的动机来自需要，由需要确定人们的行为目标，激励则作用于人内心活动，激发、驱动和强化人的行为。激励理论对调动员工积极性、激发员工潜能和提高组织绩效具有积极的实践意义。

自20世纪20～30年代以来，在乔治·埃尔顿·梅奥（George Elton Mayo）的人际关系理论基础上，产生了一系列激励理论，这些激励理论可以区分为内容型、过程型和行为修正型三种类型。下面介绍一些主要的激励理论。

1. 马斯洛的需要层次理论　亚伯拉罕·马斯洛（Abraham H. Maslow）于1943年提出了"需要层次"理论，他把人类纷繁复杂的需要分为生理需要、安全需要、社交需要、尊重需要和自我实现需要五个层次。他认为人类的需要是以层次的形式出现的，由低级的需要开始逐渐向上发展到高级的需要。

马斯洛指出，生理需要是维持人类生存所必需，包括衣食住行等。安全需要包括人身安全、经济安全和心理安全等，例如工作及职业的稳定。社交需要包括感情、归属、被接纳、友谊等需要。尊重需要包括内在的尊重（如自尊心、自主权、成就感等需要）和外在的尊重

（如地位、认同、受重视等需要）。自我实现的需要包括个人成长、发挥个人潜能、实现个人理想的需要。

由于马斯洛的理论简单明了、易于理解，具有一定的内在逻辑性，因而具有广泛的影响，为组织成员管理提供了重要的理论指导。

2. 赫茨伯格的双因素理论　20 世纪 50 年代末期，美国心理学家弗雷德里克·赫茨伯格（Frederick Herzberg）及其助手通过对匹兹堡地区的工程师和会计师的调查研究提出了"双因素理论"。赫茨伯格认为影响人的因素有两类，一类是保健因素，具体包括工作环境、人际关系、薪金、组织的政策和管理、监督、地位和安全等因素，如果得到满足就没有不满，得不到满足就会产生不满。另一类是激励因素，具体包括工作本身、成就、认可、晋升和工作中的成长、责任感等因素，如果得到满足则感到满意，得不到满足则没有满意感。他认为，只有激励因素才能调动员工的积极性，才能提高生产效率。

赫茨伯格的双因素理论对管理实践的启示在于，管理者在激励下属过程中，首先要注意保健因素，防止员工不满情绪带来的负激励，但更要注重激励因素，只有激励因素才会增加员工的工作满意感，激励员工努力工作。

3. 弗鲁姆的期望理论　期望理论是美国心理学家维克托·弗鲁姆（Victor H. Vroom）提出的。该理论的基本观点是：人们只有在预期他们的行动将会有助于达到某个目标的情况下，才会被激励去做某些事情以达到目标。弗鲁姆认为，激励是行动结果的价值评价（效价，Value）和其对应的期望值（Expectancy）之乘积，用公式表示为：激励力量（M）＝效价（V）× 期望值（E）。其中激励力量是一个人所受激励的程度；效价是达到目标对于满足他个人需要的价值，它直接反映人的需要动机强弱；期望值是人们根据过去经验来判断自己达到某种目标的可能性的大小，即能够达到目标的概率。

为了使激发力量达到最好状态，需要处理好三种关系：个人努力与绩效的关系、绩效与奖励的关系、奖励与个人需要的关系。在管理实践中，为了激励员工，管理者一方面要提高效价，另一方面还要帮助员工提高其期望值。

4. 斯金纳的强化理论　强化理论是由美国心理学家斯金纳（B. F. Skinner）提出来的。该理论认为行为是结果的函数，行为的原因来自外部。当人们因采取某种行为而受到奖励时，其重复的可能性就会非常大；当某种行为受到惩罚时，其重复的可能性则会非常小。具体来说，可以采用正强化、负强化、自然消退和惩罚来修正人们的行为。

（1）正强化　就是奖励那些组织上需要的行为以使其重复出现。具体包括奖金、对成绩的认可、表扬、改善工作条件和人际关系、晋升、给予学习和成长的机会等。

（2）负强化　就是指人们为了避免不希望的结果而努力克服某种行为，也称规避。

（3）自然消退　就是通过对于不希望发生的行为采取置之不理的态度，使其逐渐减少，或自行消失。

（4）惩罚　就是对于不希望的行为采取惩罚措施使之不再出现。具体包括批评、降职、降薪、罚款和开除等。

在管理实践中，管理者应把重点放在正强化而不是惩罚上。对于不期望的行为采取自然消退的做法有时要比惩罚更有效。

第二节　公共人力资源管理的主要内容

一、工作分析与分类管理

工作分析和分类管理都是公共人力资源管理的基础性工作，也是公共部门人力资源管理的起点和开端。

（一）工作分析

1. 工作分析的内涵　工作分析又称职位分析或职务分析，是指对组织中某一特定职位的责任、任务及完成此工作所需的素质、知识、技能和经验等进行研究和描述的过程。工作分析解决三个问题：一是确定工作的职责和任务是什么；二是从技能和经验的角度确定应该招聘哪些类型的人来承担这一工作；三是形成书面文件，即工作说明书和工作规范。工作说明书就是对有关工作目的、工作职责和权限等工作特性方面的信息进行书面描述。工作规范是指任职者要胜任某项工作所必须具备的资格与条件。

2. 工作分析的作用　工作分析是现代人力资源管理的基石，是人力资源管理其他工作的前提和重要保证。工作分析对于公共部门人力资源管理来说，起着非常重要的作用。工作分析具体作用有：为公共部门人力资源规划提供了必要的信息；为公共部门人员的招聘录用提供了明确的标准；为公共部门人员的培训开发提供了明确的依据；为公共部门科学的绩效管理提供了帮助；为制定公平合理的薪酬政策奠定了基础。

3. 工作分析的方法　工作分析的成功与否在很大程度上与工作分析过程中所选用的方法是否科学、得当有关，工作分析的方法主要有以下几种：

（1）观察法　观察法是工作分析者通过观察将有关的工作内容、方法、程序、工作环境等信息记录下来，并归纳整理以达到分析目的的一种方法。此方法的优点是可以了解更广泛的信息，且取得的信息比较客观和正确。缺点是应用受局限，只适用于一些变化少的、标准化的、以体力活动为主的工作。同时，也需要观察者具备操作的相关经验。

（2）访谈法　访谈法是一种应用广泛的工作分析方法，是指工作分析者就某一职位与任职者、直接主管等人面对面交谈以获得工作信息的一种方法。此方法优点是简单而迅速地收集工作分析所需资料，且资料来源于有着丰富经验的主管或员工，具体而准确；可控性强。缺点是面谈比较费时；易引起员工的误解，从而夸大自身工作的重要性和难度，造成收集的工作信息失真甚至错误。

（3）问卷调查法　问卷调查法是工作分析中最常用的一种方法。就是根据工作分析的目的、内容等事先设计一套调查问卷，由被调查者填写，再由工作分析者将问卷加以归纳分析，形成对工作分析的描述信息。此方法优点是费用低、速度快、节省时间；不影响正常工作；调查的数据可以量化，易于进行数据处理；可以用于多种目的和用途的工作分析。缺点是设计理想的调查问卷费时费事，成本较高；被调查者可能因理解不同而产生信息误差。

（4）工作日志法　工作日志法是由任职者按照时间顺序详细记录自己的工作内容和工作过程，然后经过工作分析者的归纳、提炼，获取所需工作信息的一种工作分析方法。此方法优点是经济有效、信息可靠性高。缺点是应用范围窄，信息整理量大。工作日志法一般适用于工作状态稳定、工作周期较短的岗位。

（二）分类管理

公共部门公职人员是一支庞大的队伍，公职人员涉及的工作任务性质繁杂多样，要求各异，只有按照一定的标准将其划分成不同的类别，才能实现既定的人才管理和发展目标。

1. 分类管理的内涵　分类管理是指根据一定的标准将公共部门内公职人员划分为不同类别，确定为不同等级，形成一定的官职序列，为公共人力资源管理其他环节提供依据的管理过程。

人员分类管理的对象是公共部门中的工作人员或职位，因此形成了两种典型的人员分类制度。一是以"人"为对象，按照人的资历、学历、出身、工作经验等为标准划分人员的制度是品位分类制度；二是以"事"为对象，按照职位的工作性质、责任轻重、难易程度及所需资格条件等为标准划分人员的制度是职位分类制度。

2. 品位分类制度　品位分类是以"人"为中心的分类体系，品位分类是人在事先，晋升的主要依据是任职年限和德才表现等通用资格条件。品位分类的职类划分较为简单，并且官、职相对分离。品位分类强调公职人员的综合管理能力，注重"通才"。品位分类在等级观念比较深厚的国家较为盛行，英国是现代品位分类最典型的国家。

品位分类制度在实践中有其自身的优势，但也存在一定的不足。

（1）品位分类制度的优点　人员分类划分简单，易于实行；人员的流动范围较广，工作适应性强；强调教育水平，有利于吸收教育程度高的优秀人员，提高公务人员队伍的整体素质；注重"通才"，有利于全面培养公务人员的素质和能力；强调年资，为公务人员的升迁提高了持续性的机会和希望；官职相对分离使公职人员的职位调动不影响其地位和待遇，使公务人员具有安全感，利于队伍稳定。

（2）品位分类制度的缺点　人在事先，易导致因人设岗、机构臃肿的现象；分类不规范，不利于严格的科学管理；轻视专业人才，不利于行政业务的专业化发展；过于强调年资，加剧了人员的保守性，易形成官本位倾向；过于强调教育资历，限制了学历低但能力强的人才发展；以官阶定待遇，按劳分配与同工同酬难以实施。

3. 职位分类制度　职位分类是以"事"为中心的分类体系，是事在人先；有一套严格的分类程序，分类方式是先横后纵；职位分类注重"专才"，注重人员的专业知识和技能；在职位分类中，官等和职等合一，严格实行以职位定薪酬的规则；职位分类实行严格的功绩制，功绩是人员升迁和薪酬增加的唯一标准。职位分类比较适合民主观念浓厚的国家。美国是典型的实施职位分类制度的国家。职位分类制度也在实践中体现了优点和不足。

（1）职位分类制度的优点　建立了规范化的人力资源管理系统；为考核和培训工作提供了客观的标准；有利于合理定编人员，完善机构设置；职等和官等合一，使职务、责任与薪酬挂钩，进一步促进了同工同酬。

（2）职位分类制度的缺点　职位分类工程浩大，运作成本高；强调专才原则，一定程度上限制了人的全面发展，不利于综合管理人才的培养；官等、薪酬随人的变动而变动，不利于对人力资源的激励。

二、人员招聘与培训

人员招聘与培训是公共部门人力资源管理的重要职能，它们关系到组织人力资源的整体质量，直接影响公共部门的管理绩效和发展目标的实现。

（一）人员招聘

1. 招聘原则　一般来说，公共部门人员招聘需要遵循如下原则。

（1）公开原则　公开原则包括招聘信息公开、程序公开和结果公开。具体是指拟招聘的部门、职位，招聘人员的种类、数量及其报考资格和条件，以及考试科目、方法和时间等应向全部的求职者公布和公开。在招聘过程中，不同阶段的招考结果也应公之于众，接受社会和公众的监督。公开原则不仅能够增加人员招聘的透明度，还有助于维护求职者的合法权益。

（2）平等原则　平等原则就是要求招聘单位对所有具备资格的人给予平等的对待，不因求职者的民族、性别、年龄、家庭背景、婚姻状况、宗教信仰等因素的不同而区别对待。求职者既不能享受特权，也不能受到不公正待遇。平等原则不仅有助于维护公共部门的公正形象，还有利于公共部门吸收优秀人才。

（3）效率原则　公共部门人员招聘要受到组织财政与预算的约束，因此要考虑招聘的效率，控制人力资源的获取成本。效率原则就是根据不同的招聘要求，灵活选用适当的招聘形式和方法，在保证招聘质量的基础上，以最少的成本获得适合职位的最佳人选。

（4）择优原则　择优是招聘的根本目的和要求。通过制定科学的考核程序、录用标准，选择合适的测试方法来筛选和鉴别人才，广揽人才。选贤任能，为公共部门引进或为各个职位选择最合适的人员，真正实现"事得其人、人适其事"。

2. 招聘渠道　主要包括内部招聘和外部招聘两种渠道。

（1）内部招聘　内部招聘就是从组织内部选拔合适的人才来填补空缺或新增的职位。公共部门内部招聘的方式有内部提拔、工作调换、岗位轮换和内部竞聘。

内部招聘的优点是：能够对组织成员产生较强的激励作用，提高公职人员的忠诚度；可以确保人员质量，可信度更高；招聘成本低，效率高；与外部招聘相比，内部成员适用性更强。内部招聘的缺点是：容易造成"近亲繁殖"；公职人员的竞争可能造成内部矛盾；失去选拔外部优秀人才的机会。

（2）外部招聘　外部招聘就是依据一定的原则和程序，从组织外部招聘德才兼备人才的活动。外部招聘的方式主要包括广告招聘、校园招聘、网络招聘、职业中介机构推荐等几种形式。

外部招聘的优点是：能够给组织带来新鲜血液，给组织带来更多的创新机会；能够给组织现有人员带来一种无形的压力，使其产生危机意识，激发其斗志和潜能，从而产生"鲶鱼效应"；有更广的选择余地，有利于招聘到优秀人才；可以缓解内部竞争者之间的竞争关系。外部招聘的不足是：外聘人员进入角色状态慢；筛选难度大，成本高；决策风险大，可能出现应聘者的实际能力与招聘时的表现不符合现象；影响组织内部成员的积极性。

3. 招聘的一般程序　公共部门人员招聘的程序大致包括准备阶段、招募阶段、甄选阶段、录用阶段和评估阶段。准备阶段是根据公共部门发展目标和发展战略要求，结合人力资源规划和工作分析结果，制定招聘计划，并呈报上级主管部门和领导审批。招募阶段主要包括招聘信

NOTE

息的发布和接受应聘者申请。甄选阶段是人员招聘的关键环节，主要包括对应聘者的预审、预审合格者笔试、面试、测试或再次面试、体检和资格审查等几个步骤。预审的目的在于剔除明显不合格的应聘者，以降低招聘成本；进行体检的目的在于检查应聘者身体状况能否胜任工作岗位；进行资格审查的意义在于核查申请材料的真实性情况。录用阶段的工作主要包括确定候选人、试用、任职培训、签订劳动合同和正式录用等几个方面。我国行政机关事业单位公开招聘的人员按规定都实行试用期制度，即试用期为一年，试用期满合格的，予以任职；不合格的，取消录用。评估阶段的主要工作是对本次招聘工作的分析、评价和总结，也是给今后招聘工作提供指导性经验。

（二）人员培训

培训是人力资源开发的重要手段之一，也是公共部门为应对社会变革和科技发展而采取的必要措施。人员培训推动了公共部门人员素质的提高，满足了公众对公共部门服务水平和质量的要求。

1. 人员培训的类型　从世界范围看，各国对公务员都实行制度化、规范化的培训，种类很多，分类方法不尽相同，因而名称也不统一。美国的公务员培训主要有任前培训、任职期间培训和高级文官培训。英国的公务员培训分为职前培训、在职培训和管理培训。法国的公务员培训包括初级培训、考前培训、适应性培训和深造培训。日本的公务员培训分为初任进修和职后研修。我国的公共部门人员培训的类型主要有岗前培训、在职培训和离职培训。

（1）岗前培训　岗前培训是对新录用人员的理论和实践教育培训。岗前培训一般包括两个层次：一是组织层次的一般培训，主要是向新录用人员介绍公共组织的有关情况，包括公共组织的概况、发展目标、组织文化、组织规范及公共组织的责任和任务等。二是部门层次的岗位培训，主要是向新录用人员介绍拟任职部门和具体工作，包括应知和应会两个部分。应知部分包括职位说明书、业务流程、工作规范、岗位工作基础知识和岗位相关知识等。应会是指岗位工作所应具备的基本技能，通过实际工作或试用来掌握。

（2）在职培训　在职培训是公共部门基于一定目的对在职人员实施的有关职业道德、组织文化、态度、业务知识、技术技能等方面的培训活动。在职培训通常包括在岗培训、在职离岗培训和工作轮换等几种类型。在岗培训是基于提高工作绩效和业务拓展的需要，针对在职某一岗位的人员所进行的培训活动。在职离岗培训是公共部门人员以在职离岗的形式到公共部门以外的组织，如学校、其他公共组织或企业接受培训。挂职锻炼、离岗进修等均归于此类。

（3）离职培训　离职培训也称脱产培训，是指公共部门人员为了适应新职位或新职务的要求，脱离原单位，到专门培训机构或学校接受教育和训练。接受离职培训的人员，在培训结束后，既可回到原单位任职，也可到新的组织任职。根据《中华人民共和国公务员法》规定：机关根据公务员工作职责的要求和提高公务员素质的需要，对公务员进行分级分类培训。国家建立专门的公务员培训机构。机关根据需要也可以委托其他培训机构承担公务员培训任务。机关对新录用人员应当在试用期内进行初任培训；对晋升领导职务的公务员应当在任职前或者任职后一年内进行任职培训；对从事专项工作的公务员应当进行专门业务培训；对全体公务员应当进行更新知识、提高工作能力的在职培训，其中对担任专业技术职务的公务员，应当按照专业技术人员继续教育的要求，进行专业技术培训。国家有计划地加强对后备领导人员的培训。

2. 人员培训的内容 公共部门人员培训有利于提高公共管理人才素质，有利于加速我国公共管理科学化进程。公共部门人员的培训内容包括综合知识培训和业务知识技能培训。

（1）综合知识培训 综合知识培训涉及政治理论、职业道德、政策和法律法规知识培训。通过综合知识培训使公共部门人员树立起正确的人生观、价值观、权力观和政绩观，牢固树立依法行政、公正执法的理念，自觉做人民公仆，全心全意为人民服务，让人民满意。

（2）业务知识技能培训 此类培训涉及业务知识培训和专业技能培训。业务知识培训主要包括市场经济知识、现代管理知识和科技知识、与职位密切相关的专业技术知识等。专业技能培训包括通用技能和岗位技能培训两方面。根据《国家公务员通用能力标准框架（试行）》规定：公务员必须具备政治鉴别能力、依法行政能力、公共服务能力、调查研究能力、学习能力、沟通协调能力、创新能力、应对突发事件能力、心理调试能力这九大能力。

通过业务知识技能培训，改善公共部门人员的专业知识素养和专业技能，使他们更好地胜任自己的本职工作，进而提高公共部门的工作绩效。

3. 人员培训的一般程序 通常来说，一个完整的人员培训体系包括三个基本环节：培训需求分析、培训计划设计与准备、培训实施。

（1）培训需求分析 培训需求分析是人员培训的开始，就是在组织开展活动之前，对组织未来的发展、任务的内容及个人情况进行系统的评估分析，以确定培训目标和培训对象。它包括三个层次的分析：组织分析、任务分析和人员分析。组织分析是从组织整体的角度出发，依据组织的目标、结构、文化、绩效及未来发展等因素，分析并找出存在的问题，进而分析成因，以确定具体的培训计划。任务分析是通过查阅职位说明书或任职资格标准等具体分析完成某一项工作需要的知识、技能和能力等，找出现任职者和任职资格的差距，确定培训需求以弥补不足。人员分析主要是判断成员绩效不良的原因，通过培训如何解决这些问题；并确定接受培训的成员和培训内容。

（2）培训计划设计与准备 这一环节是在培训需求分析的基础上，设计好培训计划，并根据培训需要准备相关的材料、设备和场地等。这一环节的主要内容有：明确培训目标；确定具体培训内容和方式；确定培训对象名单；选择培训讲师；确定培训时间和地点；准备培训材料及仪器设备；确定考核方式；确定经费预算等。

（3）培训实施 培训实施包括四个步骤：实施、检查、反馈和评估。在实施过程中，要注意以下几点：一是切实履行培训计划，杜绝流于形式；二是重视反馈，保证培训信息的真实性；三是及时修正，要根据环境的变化和反馈信息，及时修正原培训计划，以便顺利完成培训任务，实现培训目标；四是评估培训过程和效果，为今后的培训工作提供经验性指导。

三、人员绩效考核

绩效管理是公共部门人力资源管理的核心内容，而绩效考核则是绩效管理中的关键环节。通过绩效考核可为公共部门绩效管理的改善提供参考依据，帮助公共部门不断提高绩效管理水平和有效性。公共部门人员的绩效考核在公共管理中的地位将越来越突出。

（一）绩效考核概述

1. 绩效的内涵 绩效一词源于英文"Performance"，绩效的概念最早运用于社会经济管理方面，后逐渐在组织人力资源管理方面得到广泛运用。对于绩效的内涵，不同学科、不同学者有不同的理解。目前学术界具有代表性的观点有两种：一种是以伯纳迪恩（Bernardin）等为代表的，他们将绩效定义为在特定时间内，由特定工作职责、活动或行为产生的产出记录，该定义认为绩效是工作活动达到的结果，可称为"绩效结果论"观点；另一种是以坎贝尔（J. P. Campbell）和墨菲（Murphy）等人为代表的，他们将绩效定义为活动本身，是指人们实际做的，与组织目标有关的且可以观察到的行动或行为，这些行为完全能由个体自身予以控制，这种观点可称为"绩效行为论"。

综合国内外学者的观点，所谓绩效是在一定时间和条件下，组织或个体的行为在实现目标的过程中达到的客观结果。绩效包括效率和效能两个方面。其中效率是对产出与投入的比率进行测量；效能则是将实际成果与原定的预期结果进行比较。一般来说，绩效可以从个人绩效、部门（团队）绩效、组织绩效三个层次来考查，但后两个层次绩效都源自个人绩效。我们这里所探讨的是公共部门个人绩效管理。

2. 绩效考核　20 世纪初，组织出于管理和控制的需要，迫切需要一种有效的工具来评估员工绩效，于是信度和效度得到优化的"绩效考核"就此诞生。绩效考核最初是被设计用来进行管理和控制员工，并为激励、转岗、解聘、薪酬决策提供依据的。2000 年，Boswell 和 Boudreau 在回顾总结前人研究后，重点将目光聚焦于绩效考核的评估和发展目的上，这也是现在大多数学者的看法。

对于绩效考核的界定，众多学者对此众说纷纭、莫衷一是。吴志华认为，绩效考核是按照一定的程序、方法及标准定期对组织成员的绩效状况进行科学的评估，以期达到提升组织绩效和完成组织战略的目标。滕玉成、于萍认为，绩效考核是指公共部门按照一定的原则和标准，定期或不定期地对所属员工在工作中的政治素质、业务表现、行为能力和工作成果等绩效情况，进行系统全面的考查和评价，并以此作为其奖惩、晋升、薪酬增减、培训和辞退等的客观依据的管理活动。孙柏瑛认为，绩效考核是人力资源管理部门及直线业务主管依据特定的绩效考核目标，借助多种行为化和标准化的测量技术或方法，收集有关信息，建立测量指标体系，设定工作标准，对组织员工的行为能力、工作态度及产出状况等进行客观评价，从而提升组织产出水平（质量和满意度）的管理控制过程。

概括而言，绩效考核就是指公共组织在既定的战略目标下，依据一定的原则和绩效指标，定期或不定期地对组织成员的工作行为、工作态度及取得的工作业绩等进行科学评价，并将评价结果反馈给组织成员以促进其绩效改进和个人发展的管理过程。

（二）公共部门人员绩效考核的原则

1. 明确化、公开化原则　明确化是指明确考核标准、考核程序和考核责任。公开化是指在公共部门人员绩效考核时，从考核标准的制定、考核程序的设计、考核过程的实施到考核结果的取得，均应公之于众。这样才能使组织成员对考核工作产生信任感，对考核结果也易持理解、接受的态度。

2. 民主公平原则　民主是指在制定考核标准时要注意倾听组织成员的意见和建议，广纳忠言，不能"一言堂"，坚持群众参与与领导决策相结合的原则，充分调动和发挥组织成员参与绩效考核全过程的主动性和积极性。公平是指在绩效考核过程中应始终本着客观公正、一视同仁、不偏不倚的原则对待所有被考核者，尽量做到"用事实说话"，避免掺入主观性和感情色彩。

3. 立体考核原则　立体考核原则是指从不同层次、不同角度来全方位地考核被考核者的工作表现和工作成果，包括上级评价、同级评价、下级评价、自我评价、被考核者服务对象评价和外界评估专家评价。

4. 反馈原则　反馈就是指考核的结果（评语）一定要反馈给被考核者本人，否则就起不到考核的教育作用。在反馈考评结果的同时，应当向被考核者就评语进行说明解释，肯定其成绩和进步，说明其不足之处，提供今后绩效改进的参考意见。在现代人力资源管理中，没有反馈的绩效考核制度将失去存在的意义，不能调动组织成员的积极性和发挥其潜能。

5. 注重实绩原则　注重实绩原则就是要重视被考核者的实际工作表现和工作业绩，工作业绩是公共部门对其人员实施奖惩、调迁及职务升降的主要依据。在绩效考核中注重实绩原则，建立了组织的激励约束机制，体现了择优用人和高绩高薪的现代人力资源管理理念。

（三）公共部门人员绩效考核的内容

从世界范围来看，许多国家公务员制度都是以功绩制为原则，将公务员在实际工作中的态度和行为作为考核的重点内容，但在绩效考核具体内容设计上并不完全一样，有的注重全面考核，有的则侧重某一方面。英国公共部门人员绩效考核项目的设计偏重于对人的条件的评价，考核内容主要包括对工作表现的评估和对能否胜任现职与有无升降潜能的评价，主要分析洞察力、判断力、语言表达能力、责任心与创造力等 10 多个方面的能力。美国公共部门人员绩效考核项目是根据人员所从事的工作来设计的，即先制定工作标准，再以公共部门人员完成工作的情况来确定其考核结果，考核内容是工作数量、质量及其工作适应能力等。日本公共部门人员绩效考核项目的设计则兼顾了工作与人的条件，考核内容主要包括勤务实绩、性格、能力、业务适应性 4 个方面，每个方面又包括若干子项目，内容较全面。

孙柏瑛对我国公共部门人员绩效考核的内容进行了分析，提出了工作态度考核、工作业绩考核和工作能力考核三个重要方面的内容。

1. 工作态度考核　工作态度是对工作所持的评价与行为倾向，它是影响工作能力发挥的个性因素。工作态度主要是指纪律性、积极性、服从性、主动性、责任心、协作性、敬业精神、团队精神、执行力和约束力等。在绩效考核中，通过对组织成员工作态度的考核，以鼓励他们充分发挥现有的工作能力，最大限度地创造优异的工作业绩。

2. 工作业绩考核　工作业绩是指工作人员在实际工作中所做出的成绩，工作业绩是考核的重点所在，也是考核的中心。工作业绩考核的重点在于结果，而不是行为。工作业绩主要考核公共部门人员履行职责情况，完成工作任务的数量、质量、效率，取得成果的水平及社会效益和经济效益。考核标准应以岗位职责及年度工作任务为基本依据，考核标准应明确具体，应量化、细化岗位职责和工作目标，根据具体的工作岗位职责和工作目标范畴制定出便于比较的科学合理的标准体系。需注意的是，不同专业和不同职务、不同技术层次的工作人员在业务水平和工作业绩方面应有不同的要求。

3. 工作能力考核　工作能力是公共部门人员从事本职工作所需具备的基本能力和应用能力。一般情况下，工作人员的工作能力与工作业绩呈密切的正相关关系，工作能力较强，工作业绩也越高。工作能力包括体能、知识、智能和技能等。第一，体能，取决于年龄、性别和健康状况等因素；第二，知识，包括学历、专业知识水平、工作经验等；第三，智能，包括记忆、分析、综合、判断和创新等能力；第四，技能，包括操作、表达、组织等能力。不同的职务对于人的工作能力要求是不同的，只有在绩效考核指标体系中加入工作能力方面的绩效指标，才能使考核的结果真正反映出被考核者的整体绩效。通过工作能力考核，鼓励组织成员提高与工作相关的工作能力，并通过能力考核的结果做出各种有关的人事调整决定。

（四）公共部门人员绩效考核方法

1. 关键事件法　关键事件法是一种以真实详细地记录直接影响被考核者工作绩效优劣的关键行为和事件为基础的考核方法。具体做法是负责考核的主管人员把被考核者在完成工作任务时表现出来的好的行为和不良行为记录下来，形成一份书面报告，每隔一段时间，主管人员和被考核者面谈一次，根据记录的特殊事件来考核被考核者的工作绩效。此方法的优点是证据和事实清楚，便于考核；缺点是工作繁琐，会使被考核者产生被监视的感觉。

2. 排序法　排序法是依据一定标准，按被考核者个人绩效的相对优劣程度，通过比较确定每人的相对等级或名次，排序方向可由最优排至最劣，或由最劣排至最优。这种方法有直接排序法和交替排序法。

3. 量表法　量表法是应用最广泛的绩效考核方法之一。它通常作维度分解，并沿各维度划分等级，通过设置量表来实现量化考核。此方法优点是实现量化考核，并以最终评分值作为绩效薪酬的系数，可操作性强；缺点是量表的设计工作繁重。

4. 行为锚定评价法　行为锚定评价法是把量表法和关键事件法结合起来，该方法通过一张标示出某一职位各个考核维度评分等级的评价表，并附以描述关键事件的说明词与量表上的一定评分等级相对应，来为考核者对被考核者的实际表现进行评分提供参考依据。该方法的优点是工作绩效评价标准较明确，对工作绩效的计量比较精确，具有良好的反馈功能；缺点是设计比较困难。

5. 目标管理法　目标管理法是通过将组织目标层层分解，分解为部门目标和个人目标，将人员的日常工作活动和组织目标紧密地结合起来，以完成工作任务为考核的重点，从而达到个人绩效与组织绩效的不断提升及组织目标的不断实现。该方法的优点是激励明显、管理有效、任务明确、控制有利和自行管理；缺点是容易注重短期目标，设置目标存在困难和难以权变。

第三节　国家公务员制度

一、西方国家公务员制度

西方国家通常把通过非选举程序而被任命担任政府职务的国家工作人员称为公务员。以公务员为管理对象的国家公务员制度是资本主义社会经济、政治、文化发展的产物。它源于中国古代的科举制，而始于英国资产阶级革命后建立的文官制度。

（一）公务员制度的发展历程

英国是最早确立公务员制度的国家。17世纪以前，在封建君主专制制度下，英国实行"恩赐官爵制"。自1688年以后，英国确立了资产阶级的君主立宪制度，实行三权分立制度，议会成为国家的最高权力机关。

1854 年，英国政府为研究文官状况而专门成立了一个文官制度研究委员会，在经历了一系列研究之后，提出了"关于建立英国常任文官制度的报告"，该报告提出用公开竞争考试、择优录用的方式来结束长期以来一直实行的"恩赐官爵"现象，以此建立一支稳定的、不受党派更换影响的职业文官队伍。1855 年 5 月，英国政府颁布了第一个有关文官制度的命令，即《关于录用王国政府文官的枢密院命令》，同时成立三人委员会，负责文官的考试录用等事宜。1870 年 6 月，英国政府又颁布了第二号枢密院令，对文官的考试、录用、等级结构等重要原则做了进一步的确定和完善。标志着世界上第一个现代公务员制度即英国的文官制度正式确立。

美国的文官制度是在反对政党分赃、借鉴英国文官制度的基础上，结合自身的特点及顺应时代发展的要求上，经过多次调整、改革而逐步建立和完善起来的。19 世纪 50 年代，美国国会先后颁布了两个法律，规定公务员的录用必须经过考试才能进入，1870 年内政部规定以公开竞争考试来选拔政府工作人员。1871 年国会授权总统颁布命令，规定公职人员录用的知识、能力、年龄、品德等条件和有关公务员招聘的规则和条件。1883 年 1 月，美国国会通过了《彭德尔顿法》，即《公务员制度法》，《彭德尔顿法》的出台标志着美国现代公务员制度的诞生。在公务员制度建立以后，随着时代的发展和环境的变迁，很多规则和原则已经不再适应了，在此基础上各国政府对公务员制度做了进一步完善。如美国在第二次世界大战前后，国会先后多次通过与修改了职位分类法。职位分类与公开考试、择优录用被美国人认为是公务员制度的两大基石。1978 年 10 月，卡特政府提出并由国会通过了《公务员制度改革法》，对联邦公务员制度进行重大改革。这次改革的核心是改革人事管理机构，改革考核制度等，推行绩效制。

（二）西方国家公务员制度的基本特征

1. 强调政治中立　政治中立原则是西方国家公务员制度的一个重要特征。西方国家公务员分为政务官和事务官两大类。所谓政治中立是指事务类公务员在政党政治等政治生活中保持中立的地位和立场，不参与党派政治斗争活动，不以拥有的行政权力偏袒某一政党或政治团体，以客观、公正、公平的态度处理公共事务，忠于职守，为公众和国家服务。坚持政治中立既保证了文官职业的相对独立性，不为党派所左右；也保证了多党竞争、轮流执政条件下政府机构的正常运转。

2. 贯彻功绩制原则　功绩制是公务员制度的根本原则，功绩制体现了"任人唯能"和"奖优罚劣"的思想，实现了担任政府职位"机会均等"的原则。功绩制要求将官职向全社会开放，从社会中公开选拔优秀人才，任人唯贤；功绩制要求把工作实绩作为公务员职务晋升的主要依据，应着重考虑拟晋升人选的才干和能力。功绩制有利于排除用人上的主观随意性；有利于激励和提高公务员的竞争精神，促使他们积极工作，创造优异的工作成绩。

3. 实行职业终身制　职业终身制是传统公务员制度的一大特征。西方国家公职人员严格区分为政务官和事务官，政务官由选举产生，实行任期制；事务官即公务员，他们通过公开考试择优录用，实行职务常任，即职业终身制。所谓职业终身制就是公务员一旦录用，可以一直在公共组织任职直至达到法定退休年龄和工作年限，除非因其犯有公务员法规所规定的过失或表现不良才可能被解雇或辞退。实行职业终身制给公务员的职业安全提供了极大的保障，有利于公务员队伍的稳定和公务员专业化水平的提高，但也可能消磨公务员的进取心，使公务员队伍

NOTE

失去活力。在 20 世纪八九十年代的西方国家的新公共管理运动中，许多国家对职业终身制进行了改革，公务员雇佣形式趋于多样化，除了无任期限制的常任制外，还采用有雇佣期限的短任制和临时雇佣等形式。

4. 实行公开考试、择优录用　这是西方国家公务员制度的核心特征。英国、美国、日本等国家在建立公务员制度之初，都是从推行考试任用制开始的，以取代"恩赐官职制"和"政党分肥制"。通过公开的竞争性考试并择优录用优秀者保证了录用的公正，克服了用人之中的不正之风；有利于选拔出优秀的人才和提高政府公共行政的绩效。

二、中国公务员制度

中国古代的科举制度是世界上最早的"公务员制度"，本部分主要是分析我国的现代公务员制度。

（一）中国公务员制度的建立与发展

1. 中国公务员制度的建立　中国公务员制度是在替代中国干部人事制度的基础上建立的。自新中国成立至 1993 年 10 月，政府的人事管理一直沿用干部人事管理制度。1953 年建立的干部人事制度脱胎于革命战争中形成的政治、组织路线和管理模式，并受到苏联高度集中统一的人事管理制度的深刻影响。中国全面改革国家干部人事管理制度是从 1984 年开始的，首先是从制定政府工作人员管理的法律开始，目的是促进人事管理的法制化进程。1987 年党的十三大宣布我国将建立和推行具有中国特色的国家公务员制度。1988 年国家人事部成立，专门负责国家公务员制度的运作。1989 年在国务院六个部门，即海关总署、国家统计局、国家税务局、国家环保局、国家建材局和审计署进行公务员制度的试点。1990 年在深圳和哈尔滨两个地方政府进行试点工作，并逐步推广。1993 年 8 月 14 日，国务院发布《国家公务员暂行条例》（该条例自 1993 年 10 月 1 日起施行），这标志着我国公务员制度的建立。

2. 中国公务员制度的发展　从 1993 年 10 月到 2005 年 4 月，是我国公务员制度的推行及建设阶段。首先，在中央政府中施行公务员制度，按照公务员制度的功绩制原则和其他管理机制管理公务员。其次，地方各级政府逐步推行国家公务员制度，到 1998 年底，国家公务员制度推行工作基本到位，有中国特色的国家公务员制度在中央、省、地（市）、县和乡（镇）五级政府机关基本建立。最后，陆续出台了一系列公务员管理的规章或单行条例，如《国家公务员录用暂行规定》《国家公务员考核暂行规定》《国家公务员培训暂行规定》《国家公务员行为规范》等十几个配套的实施细则，这些单项法规涵盖了公务员职务分类、考试录用、考核、职务任免、奖励、培训等各个方面，保证公务员制度的顺利推行。

2005 年 4 月，《中华人民共和国公务员法》（简称《公务员法》）颁布，并于 2006 年 1 月 1 日起开始施行，标志着我国的公务员制度开始走上法制化轨道，我国公务员制度进入进一步发展完善阶段。

（二）中国公务员制度的主要特点

中国是社会主义国家，与西方资本主义国家有着本质的区别，公务员制度作为国家政治制度的组成部分，必然取决和服务于国家的根本社会制度。因此，中国公务员制度与西方国家公务员制度相比，主要表现出以下几方面自身特色。

1. 不搞"政治中立"　我国公务员队伍是中国共产党的干部队伍的重要组成部分，要接受党的领导，坚持社会主义方向，不搞政治中立。而西方国家公务员制度则强调所谓"政治中立原则"，要求公务员不得参加党派等政治活动，在公务活动中不得带有党派的政治倾向性等。我国公务员不仅可以参加政党和政党的活动，还可以积极参与国家的政治生活。

2. 坚持党管干部原则　公务员是党的干部，我国《公务员法》坚持党管干部原则，并确立由公务员主管部门负责公务员的综合管理工作。公务员主管部门在实际工作中，由党委组织部门和政府人事部门根据职责分工履行公务员综合管理的职责。各级机关的领导成员和其他重要干部由各级党委管理，由各级党委考察、推荐，依法由各级国家权力机关选举或任命，而且其中的共产党员由各级党委负责监督。而西方国家是由独立的机构管理公务员，与党派脱钩，不受政党干预。

3. 不实行"两官分途"　我国公务员制度没有"政务官"与"事务官"的划分，这是由于我国实行的是共产党领导的多党合作和政治协商制度。在我国各级机关中，不论是选任制公务员还是委任制公务员，不论是领导职务公务员或非领导职务公务员，虽然在产生方式上有所不同，但所有公务员无论职务高低，都是人民的公仆，都要坚持全心全意为人民服务的宗旨。而且我国的公务员按照规定的条件和程序，可以根据工作需要和本人条件进行相互交流调配。西方国家公务员制度实行"两官分途"，强调政务官的所谓政治化和事务官的所谓职业化，并且相互之间不能转任。

4. 坚持德才兼备的人才任用原则　坚持德才兼备原则就是在选拔、使用公务员时要始终坚持用"德"和"才"两把尺子去衡量，并且将公务员的政治态度和思想品德放在首位。任人唯贤、德才兼备既是共产党的干部路线的基本内容，也是我国《公务员法》规定的任用公务员的一项原则。而西方国家对公务员主要是把业务能力和工作绩效等作为录用和考核的主要标准。

（三）中国公务员制度的主要内容

根据《中华人民共和国公务员法》的规定，中国公务员制度的主要内容包括：

1. 公务员的范围　根据《公务员法》规定，我国的公务员是指"依法履行公职、纳入国家行政编制、由国家财政负担工资福利的工作人员"。

2. 公务员的义务与权利　公务员的义务包括：模范遵守宪法和法律；按照规定的权限和程序认真履行职责，努力提高工作效率；全心全意为人民服务，接受人民监督；维护国家的安全、荣誉和利益；忠于职守，勤勉尽责，服从和执行上级依法做出的决定和命令；保守国家秘密和工作秘密；遵守纪律，恪守职业道德，模范遵守社会公德；清正廉洁，公道正派；法律规定的其他义务。公务员的权利包括：获得履行职责应当具有的工作条件；非因法定事由、非经法定程序，不被免职、降职、辞退或者处分；获得工资报酬，享受福利、保险待遇；参加培训；对机关工作和领导人员提出批评和建议；提出申诉和控告；申请辞职；法律规定的其他权利。

3. 职务与级别　国家实行公务员职位分类制度。公务员职位类别按照公务员职位的性质、特点和管理需要划分为综合管理类、专业技术类和行政执法类等类别。国家根据公务员职位类别设置公务员职务序列。公务员职务分为领导职务和非领导职务。

4. 录用制度　录用担任主任科员以下及其他相当职务层次的非领导职务公务员，采取公开考试、严格考察、平等竞争、择优录取的办法。

5. 考核制度　对公务员的考核，按照管理权限，全面考核公务员的德、能、勤、绩、廉，重点考核工作实绩。公务员的考核分为平时考核和定期考核。定期考核以平时考核为基础。

6. 职务任免制度　公务员职务实行选任制和委任制。领导成员职务按照国家规定实行任期制。公务员任职必须在规定的编制限额和职数内进行，并有相应的职位空缺。

7. 职务升降制度　公务员晋升职务，应当具备拟任职务所要求的思想政治素质、工作能力、文化程度和任职经历等方面的条件和资格。公务员晋升职务，应当逐级晋升。特别优秀的或者工作特殊需要的，可以按照规定破格或者越一级晋升职务。公务员晋升领导职务的，应当按照有关规定实行任职前公示制度和任职试用期制度。

8. 奖励惩戒制度　对工作表现突出，有显著成绩和贡献，或者有其他突出事迹的公务员或者公务员集体，给予奖励。奖励坚持精神奖励与物质奖励相结合、以精神奖励为主的原则。奖励分为：嘉奖、记三等功、记二等功、记一等功、授予荣誉称号。公务员因违法违纪应当承担纪律责任的，依法给予处分；违纪行为情节轻微，经批评教育后改正的，可以免予处分。处分分为：警告、记过、记大过、降级、撤职、开除。公务员在受处分期间不得晋升职务和级别，其中受记过、记大过、降级、撤职处分的，不得晋升工资档次。

9. 培训制度　机关根据公务员工作职责的要求和提高公务员素质的需要，对公务员进行分级分类培训。国家建立专门的公务员培训机构。机关根据需要也可以委托其他培训机构承担公务员培训任务。

10. 交流与回避制度　国家实行公务员交流制度。公务员可以在公务员队伍内部交流，也可以与国有企业事业单位、人民团体和群众团体中从事公务的人员交流。交流的方式包括调任、转任和挂职锻炼。回避制度包括亲属回避、职务回避和地域回避三种。

11. 工资福利保险制度　公务员实行国家统一的职务与级别相结合的工资制度。公务员工资制度贯彻按劳分配的原则，体现工作职责、工作能力、工作实绩、资历等因素，保持不同职务、级别之间的合理工资差距。国家建立公务员工资的正常增长机制。公务员工资包括基本工资、津贴、补贴和奖金。国家建立公务员保险制度，保障公务员在退休、患病、工伤、生育、失业等情况下获得帮助和补偿。

12. 辞职辞退制度　公务员辞去公职，应当向任免机关提出书面申请。担任领导职务的公务员因工作变动依照法律规定需要辞去现任职务的，应当履行辞职手续。领导成员因工作严重失误、失职造成重大损失或者恶劣社会影响的，或者对重大事故负有领导责任的，应当引咎辞去领导职务。公务员达到国家规定的退休年龄或者完全丧失工作能力的，应当退休。公务员符合规定条件的，本人自愿提出申请，经任免机关批准，可以提前退休。

13. 职位聘任制度　机关根据工作需要，经省级以上公务员主管部门批准，可以对专业性较强的职位和辅助性职位实行聘任制。机关聘任公务员可以参照公务员考试录用的程序进行公开招聘，也可以从符合条件的人员中直接选聘。

（四）中国公务员制度的改革与完善

中国公务员制度建立至今经历了20多年的时间，随着中国政治、经济和社会改革的进一步推进，公务员制度也进行了相应的改革和探索。

1. 公务员分类管理改革　公务员分类管理改革的一个主要目的就是重塑待遇决定机制，在行政职务晋升之外，另辟级别晋升之路，让级别成为公务员的另一个发展台阶。2016年7月，为了完善公务员职位分类，建立符合专业技术类和行政执法类公务员特点的管理制度，提高管理效能和科学化水平，建设高素质专业化公务员队伍，根据《公务员法》及有关法律、法规，制定了《专业技术类公务员管理规定（试行）》和《行政执法类公务员管理规定（试行）》，并于 2016 年 7 月 8 日起施行。专业技术类职位是专门从事专业技术工作，为机关履行职责提供技术支持和保障的职位。专业技术类公务员的职级从专业技术员到一级总监分别设置 11 个层次，分别对应公务员二十六级至八级。行政执法类职位是机关中依照法律法规的规定，对行政相对人直接履行执法职责的职位。将行政执法类公务员从二级行政执法员到督办分别设置 11 个层次，对应公务员的二十七级至十级。两个规定的出台标志着我国公务员分类管理的制度框架体系基本确立，形成科学的职位分类体系，实行分类招录、分类培训、分类考核等。这一制度设计将进一步健全完善中国特色公务员制度，提高公务员管理效能和科学化水平。

2. 公务员平时考核改革 公务员平时考核是公务员考核制度的重要组成部分，对于加强公务员日常管理和监督，全面客观准确地评价公务员的德才表现和工作实绩，激励鞭策公务员更好地履行职责、廉政勤政，具有重要意义。2014 年，中共中央组织部、人力资源社会保障部、国家公务员局下达《关于深入开展公务员平时考核试点工作的通知》，主要内容包括：一是明确平时考核的原则、内容和指标。二是规范平时考核的程序和方法。三是注重平时考核结果的使用。四是加强组织领导。

3. 公务员聘任制改革 按《公务员法》规定，实施范围为机关专业性较强的职位和辅助性职位。2007 年，上海浦东和深圳成为全国聘任制公务员制度的首批两个试点。目前北京、江西、江苏、四川、山西、山东等全国 20 多个省市自治区内也已经开始推行公务员聘任制试点。目前，国内试点有三种模式：一是上海的高端专业性人才聘任模式；二是深圳的全员聘用模式；三是其他各地的务实模式。推行公务员聘任制就是要打破身份分野，实现公务员的"去特殊化"；将优秀的各类人才选入公务员队伍，产生"鲶鱼效应"，激发公务员队伍的活力。

4. 公务员工资改革 工资改革的重点是提高基层公务员待遇，有两个主要任务：一是规范公务员地区附加津贴制度；二是完善职务和职级并行的薪酬制度。新一轮公务员薪酬改革将延续兼顾效率与公平的导向，更加注重公平正义，而且注重从制度设计上来找出路。

国际环境的变化与全球化知识经济体系的发展，以及时代的进步要求和更好地适应服务型政府建设的需要，都要求进一步完善中国的公务员制度。当然，完善公务员制度是一个庞大而复杂的系统工程，涉及方方面面、大大小小的制度安排。在借鉴西方发达国家公务员制度发展的经验及教训的同时，更要考虑到我国现行制度中已经开始反映出的各种现实问题。

复习思考题

1. 联系实际，分析激励理论对人力资源管理的意义。

2. 谈谈你对公务员招考中加大对考生"德行"考察的看法。

3. 若要实施一次公共部门新录用人员的初任培训，你将如何操作？

4. 调查一个公共组织部门的人员绩效考核机制，并对此做出述评。

5. 结合当前西方国家公务员制度的改革，谈谈这些改革对我国公务员制度完善的经验和启示。

NOTE

第十章   公共管理改革与创新

第一节   公共管理改革主要理论流派

一、新公共管理

20世纪70年代末至80年代初在世界范围内掀起了一股改革浪潮，这种浪潮就是被西方国家称为"政府再造""重塑公共部门"的"新公共管理运动"，这种改革理论至今仍然对世界各国的公共管理改革有着较大的影响。新公共管理运动以突出崇尚市场竞争、信奉产权私有、反对政府干预、寻求服务效率为标签。

（一）改革的背景和理论基础

1. 知识时代、信息社会带来的新挑战和新契机   知识时代、信息社会引发的全球化、网络化、一体化趋势使传统政府在管理方面甚至自身的生存方面面临更加严峻的挑战，全球性的政府间横向竞争时代已经来临，政府只有在国际互动中提升自身实力并造福本国人民才能获得本国人民对政府合法性的认同和支持。为迎接这一挑战，各国政府毫无疑问需要对政府治理体系进行结构性重塑，对其治理能力进行新的培育和提升。

2. 传统公共行政模式的弊端日益显现   人们在批评传统行政模式下政府墨守成规、不负责任、形式主义、官僚主义、文山会海、贪污腐化及职权滥用的同时，开始对政府应有的规模、职权范围、行政方式等进行了探索和深入考察。人们认为在现有的行政模式下，政府在机构和人员方面的规模过于庞大，浪费了过多的公共资源；政府的职权范围过广，侵占了公民空间和社会领域；政府的行政方法单一，效率低下，回应性欠缺，服务性难以到位。因此，人们竭力想挖掘工商企业有效管理模式，并从中寻求一种有利于变革现有公共行政模式的制度创新。

3. 新学说与管理主义的大行其道   产生于19世纪末20世纪初的传统公共行政学说是建立在两大理论基石之上的，一是由美国行政学家伍德罗·威尔逊提出并由古德诺系统化的"政治与行政二分"理论，二是由德国著名的社会学家马克斯·韦伯提出的"官僚制"理论。但是到了20世纪70年代，许多西方国家出现了经济"滞涨"的现象，这种现象的普遍发生导致了曾经长期占据主流地位的凯恩斯经济理论逐渐受到许多新的经济学派的挑战，如公共选择学派、新制度经济学、委托代理理论、交易成本理论等，人们以期运用这些理论能够有效地治理政府失灵，处理好政府与市场间的关系。与此同时，管理学理论在企业界的广泛运用并取得的巨大成功，也促使了管理学主义把其相关理论向公共部门推广变成了一种迫切的愿望和可能。

（二）主要内容与措施

新公共管理运动作为世界范围内（主要是指西方国家）兴起的针对政府改革的运动，它涉及的内容和采取的革新措施主要体现在以下几个方面。

1. 重塑政府内部组织 机构臃肿、效率低下、人浮于事等成为传统政府体制的代名词，建立精干高效、清正为民的行政组织是各国政府改革的重要目标，也是新公共管理运动改革的一项重要内容。以英国为例，到 1996 年，英国成立 126 个执行局，75% 的公共服务供给由此类执行局承担。

2. 革新公务员制度 西方大多国家在推进本国公务员制度改革时都采取了精简人员、放松规制等方法。以美国为例，到 1998 年美国政府实际裁员 35.1 万人，削减财政开支 1370 亿美元；而在放松规制方面，美国联邦人事管理总署在 1994 年废除了总数达 16000 页的联邦人事工作守则，以更加灵活的方式来实现对公务员队伍的管理。

3. 调整中央与地方间关系，实行权力的下放 20 世纪 70 年代以前，各国中央政府普遍实行中央集权管理，严格控制着地方政府财政权、决策权和用人权。20 世纪 70 年代美国政府开始了调整中央与地方政府间关系的改革，并成为各国政府就中央政府与地方政府在人事权、理财权、治事权等方面纷纷进行适度改革的转折点。以法国为例，1982 年 3 月颁布的《关于市镇、省和大区的权利和自由法》，将原经济发展大区实权化为一级领土单位和地方政府，并分期分批转移了大量的审批权限，使得地方政府机构的权力得到明显的增强。

4. 重新界定、优化政府职能 第一，明确政府界限。在政府与市场、政府与社会关系的处理中，政府应该十分清晰自己的职能边界：做什么、怎么做，以进一步解决可能会出现的主体失灵问题。第二，促进治理多元化。放松市场规制、积极培育第三部门和公民社会是政府常见的推动治理主体多元化的方式。西方很多国家都缩小审批范围，下放审批权限，简化审批程序，许多企业和社会组织从中获得巨大利益。第三，国有企业私有化。以英国、日本、新西兰和澳大利亚等国家为代表进行了国有企业私有化的大变革，政府不再像以往那样直接干预企业日常运营，而是让企业成为独立经营、自负盈亏的市场主体，充分释放了企业自身的积极性与主动性，取得了令人瞩目的成效。第四，公共服务市场化。政府通过合同出租、行政授权、补贴、外包等方式促成企业和第三部门来弥补政府在提供特定公共服务上的不足。如克林顿政府期间，美国联邦政府与私人公司、研究机构和个体顾问签订大约 2000 万个合同，每年涉及的经费占联邦政府总开支的 14%。

5. 更新管理理念，改进管理方式 注重人本管理，重视企业管理哲学与最新技术的引入和应用，强调全面运用战略管理、目标管理、顾客导向、精细化管理、全面质量管理等方法，以期建立责任型政府、服务型政府、电子化政府、法治化政府、无缝隙政府等不同形式的政府。另外，新公共管理运动也要求政府更加注重绩效改革。美国在克林顿政府期间掀起了政府绩效管理的高潮，全国绩效审查委员会的设立及《政府绩效和结果法》《从繁文缛节到结果导向：创造更高成效、更低成本的政府》的颁布是其标志性事件。

（三）经验与启示

他山之石，可以攻玉。西方国家兴起的新公共管理运动的相关理论和做法对于我国的改革仍然具有重要的借鉴意义和指导价值。

1. 做好顶层设计与规划，渐进施行 持续多年的新公共管理运动，其相关的一系列改革都是中央政府精心布置、持续施行的。美国自 20 世纪 60 年代末尼克松开始温和调整联邦与州级政府间关系以来，已历经近 60 年之久；法国自 1982 年实施权力下放以来已 30 余年光景，而目前这一方面的改革仍在持续深化中。

2. 组建改革工作执行组织 日本、新西兰、英国、美国等均设立了类似于改革工作执行小组的机构，它们在各自国家的行政改革工作上发挥了积极的作用。以英国为例，英国政府主要改革措施皆出自于"效率小组""下一步行动小组"或"市民宪章小组"等组织。这些机构各有 25 名工作人员，机构精干，工作高效，他们直接对首相顾问负责，相关报告可直达高层案头。在我国的改革实践中也借鉴这种做法，中国共产党十八届三中全会后，即 2013 年 12 月 30 日中央成立了全面深化改革领导小组，负责改革总体设计、统筹协调、整体推进、督促落实。

3. 重视立法，加强制度保障建设 鉴于西方国家实行权力制衡体制的原因，立法在行政改革中起着极其重要的角色。相关法律的颁布和执行在很大程度上减小了来自政府内部歧见者的政治压力和执行阻力，为政府改革提供了保驾护航的功能。如美国克林顿政府时期，为推进政府以绩效为中心的行政改革，国会于 1993 年通过了《政府绩效与结果法》，并成为政府改革的基本依据。

4. 注重内涵改革，追求管理绩效 西方国家在新公共管理运动中所推行的政府改革从某种角度而言是"深入"而非"浅出"的，他们强调革除由传统行政体制带来的种种弊端，调整政府层级间尤其是中央与地方间的关系，强调权力重心下移、基层社会和组织自治，注重政府绩效和电子政务的发展，以满足"顾客"需求作为评价政府能力的重要指标，努力打造一个具有回应性、透明性、公平性、服务性和责任性的政府。

另外，在绩效评估、重视参谋、鼓励公民参与等方面都充分体现了新公共管理运动的特点和内在要求。当然，新公共管理理论作为新公共管理运动的指导学说，其理论的科学性和客观性许多学者已对其提出了诸多质疑，如对政府掌舵角色的质疑、顾客隐喻的不恰当性、对市场化的过分崇拜等。新公共管理运动在各国具体执行过程当中也不可避免地会因"水土不服"或"先天不足"从而导致"旧疤未去又添新伤"现象的出现。这些与生俱来的、后天形成的缺陷也影响了新公共管理在理论和实践作用的发挥，以至于招到了相当一部分学者的反对，并由此引发了包括新公共服务理论等一系列新的管理理论的出现。

二、新公共服务理论

随着学界对新公共管理理论的批评和反思，诸多新的理论如雨后春笋般的出现，其中新公共服务理论就是 21 世纪初受到顶礼膜拜的理论之一。该理论的代表人物为美国亚利桑那州立大学教授罗伯特·B·登哈特（Robert B. Denhardt）和珍妮特·V·登哈特（Janet V. Denhardt）夫妇俩，他们共同出版了专著《新公共服务：服务，而不是划桨》（《The New Public Service: Serving, Not Steering》），我国学者丁煌最早对该书进行了翻译。书中从七个方面系统阐述了新公共服务理论内容和思想。

（一）新公共服务理论的主要思想和内容

所谓"新公共服务"指的是关于公共行政在以公民为中心的治理系统中所扮演的角色的一套理念。新公共服务理论家认为，公共行政管理在其管理公共组织和执行公共政策时应该集中于承担为公民服务和向公民放权的职责，他们的工作重点既不应该是为政府这艘船掌舵，也不应该是为其划桨，而应该是建立一些明显具有完善整合力和回应力的公共机构。

1. 政府的职能是服务，而不是"掌舵" 在新公共服务理论家看来，尽管过去政府在为"社会掌舵"方面扮演着十分重要的角色，但当前为社会领航的公共政策实际上是一系列复杂的、相互作用过程的后果，这些相互作用涉及多重群体和多重利益集团，这些为社会和政治生活提供结构和方向的政策方案是许多不同意见和利益的混合物。在这样一个公民积极参与的社会中，公共官员将要扮演的角色越来越不是服务的直接供给者，而是调停者、中介人甚或裁判员。而这些新角色所需要的不是传统的管理控制，而是做中介、协商及解决冲突的新技巧。

2. 公共利益是目标而非副产品　新公共服务理论认为，建立社会远景目标的过程并不能只委托给民选的政治领袖或被任命的公共行政官员。事实上，在确立社会远景目标或发展方向的行为当中，广泛的公众对话和协商至关重要。公共行政官员应当积极地为公民能够通过对话清楚地表达共同的价值观念并形成共同的公共利益观念提供舞台，应该鼓励公民采取一致的行动，而不应该仅仅通过促成妥协而简单地回应不同的利益需求。

3. 在思想上要具有战略性，在行动上要具有民主性　新公共服务理论认为，为了实现集体意识，下一步就是要规定角色和责任并且要为实现预期目标而确立具体的行动步骤。通过对公民教育方案的参与及对公民领袖更广泛的培养，政府可以激发人们重新恢复原本应有的公民自豪感和公民责任感，而且这种自豪感和责任感会进一步发展成为在许多层次都会出现的一种更强烈的参与意愿。在这种情况下，所有相关各方都会共同努力为参与、合作和达成共识创造机会。

4. 为公民服务，而不是为顾客服务　新公共服务理论认为，公共利益不是由个人的自我利益聚集而成的，而是产生于一种基于共同价值观的对话。在公共部门，我们很难确定谁是"顾客"，因为政府服务的对象不只是直接的当事人。而且，政府的有些"顾客"凭借其所拥有的更多资源和更高技能可以使自己的需求优先于别人的需求，政府必须关注公民的需要和利益。该理论还试图鼓励越来越多的人履行自己的公民义务并希望政府能够特别关注公民的声音。

5. 责任并不简单　公务员所应该关注的不只是市场，他们还应该关注宪法法律、社区价值观、政治规范、职业标准及公民利益。新公共服务理论认为，当今公共服务的需求和现实，责任问题其实极为复杂，公共行政官员已经受到并且应该受到包括公共利益、宪法法令、其他机构、其他层次的政府、媒体、职业标准、社区价值观念和价值标准、环境因素、民主规范、公民需要在内的各种制度和标准等复杂因素的综合影响，而且他们应该对这些制度和标准等复杂因素负责。

6. 重视人，而不只是重视生产率　新公共服务理论家在探讨管理和组织时十分强调"通过人来进行管理"的重要性。在他们看来，如果要求公务员善待公民，那么公务员本身就必须受到公共机构管理者的善待。新公共服务理论已经充分地认识到公共行政官员的工作不仅极为复杂而且面临着巨大的挑战。分享领导权的概念对于为公共雇员和公民提供机会以便他们的言行符合其公共服务的动机和价值至关重要。特别是通过人民或与人民一起来行使领导权可以改变参与者并且可以把他们的关注焦点转移到更高层次的价值观念上。在这个过程中，公民和公共雇员的公共服务动机同样可以得到承认、支持和报偿。

7. 公民权和公共服务比企业家精神更重要　新公共服务理论认为，与那些试图将公共资金视为己有的企业管理者相比，乐于为社会做出有意义贡献的公务员和公民更能够促进公共利益。新公共服务理论明确地认识到，公共行政官员不是他们机构和项目的企业所有者，政府的所有者是公民。公共行政官员有责任通过担当公共资源的管理员、公共组织的监督者、公民权

NOTE

利和民主对话的促进者、社区参与的催化剂及基层领导等角色来为公民服务。公共行政官员不仅要分享权力，通过人民来工作，通过中介服务来解决公共问题，而且还必须将其在治理过程中的角色重新定位为负责任的参与者，而非企业家。

（二）新公共服务对新公共管理的超越

1. 新公共服务与新公共管理的比较　新公共服务是在对新公共管理的批判和反思中出现并成长起来的，通过对两者的比较有利于我们更清楚地了解当前国际公共管理理论的发展状况（表 10-1）。

表 10-1　新公共管理与新公共服务的比较

	新公共管理	新公共服务
理论基础	经济学的交易成本、委托代理人理论、公共选择理论	民主公民权理论、社区和公民社会、组织人本主义和后现代主义对话理论
治理之道	市场配置：强调市场的作用	多元配置：注重政府作用的回归
人性假设	经济人的自利：个人利益高于公共利益	公民美德：私人利益服从公共利益
政府角色	掌舵	服务
公共利益	个人利益的聚合	以共同价值观为基础，以对话方式实现
公众参与	以消费者的身份有选择性地参与	积极主动地自主参与
公民角色	顾客 / 消费者	公民
价值导向	经济、效率、效能	经济、效率、效能和公平
公共责任	市场驱动：对广大顾客所希望的结果负责	多元的，关注公共职业伦理等多元的公共责任
组织结构	分权的组织结构	合作性的组织结构
管理目标和动机	市场化或民营化，缩小政府规模的愿望	公共服务，为社会做贡献的愿望

资料来源：周晓丽. 新公共管理：反思、批判与超越［J］. 公共管理学报，2005 年第 1 期，第 48 页。

2. 新公共服务超越新公共管理的主要体现　新公共服务在理论基础、价值取向、政府责任等几个方面很好地纠正了新公共管理理论存在的问题。它强调公共性、合法性、公民精神、政府责任在公共管理中的作用，强调公民社会与政府资源互融和协调发展。

（1）新公共服务抛弃了新公共管理追求"3E"的单一价值取向，把公平、公正、民主、正义等融入到公共管理的价值取向当中。

（2）新公共服务纠正了新公共管理单一的经济学基础上对人的假设，把人视为具有公民美德的公民。

（3）新公共服务纠正了仅把服务对象当作顾客的倾向，不仅注重服务对象以顾客身份参与公共管理，更关注他们的社会身份。

（4）新公共服务认为私人部门的管理理论和方法并不能应用于公共部门。

（5）新公共服务纠正了新公共管理对于政府责任的丧失。它认为责任应包含专业责任、法律责任、政治责任和民主责任，使其平衡的关键因素在于公民参与、授权及对话。

三、治理理论

治理（Governance）一词是相对于传统的统治（Government）而言的。随着国家经济一体化及全球化、行政国家的扩张造成的治理危机和困境，以及行政改革的世界潮流等因素促使了治理理论在近年来渐渐成为西方学术界指导公共管理实践的一种主要的新理论和新理念，并对世界各国的政府改革产生了重要的影响。最早出现于 1989 年世界银行报告中的"治理"概念，在此后的一二十年中逐渐被发展为一个内涵丰富、适用广泛的理论，并在许多国家的政治、行政、社会管理改革中得到广泛的运用，不仅拥有了其理论框架和逻辑体系，形成了一套评估社会发展和管理优劣的价值标准，"更少的统治，更多的治理（Less Government, More Governance）"成为了当前一些国家改革和发展的口号。

（一）治理理论的内涵和特征

治理作为治理理论的一个基本概念，有着自己独特的内涵。"英文中的动词 Govern 既不是指统治（Rule），也不是指行政（Administration）和管理（Management），而是指政府对公共事务进行治理，不直接介入公共事务，只介于负责统治的政治与负责具体事务的管理之间，意味着新公共行政或者新公共管理的诞生，因此可译为治理。"治理是一个具有广泛适用性的概念，综合地说，所谓治理是指各种公共的或私人的机构和个人管理其共同事务的诸多方式的总和。治理的目的是在各种不同的制度关系中运用权力去引导、控制和规范公民的各种活动，以最大限度地增进公共利益。从公共行政学的角度看，治理理论强调一种多元的、民主的、合作的、非意识形态化的公共行政，并呈现以下主要特征。

1. 权力中心的多极化　治理理论认为政府（狭义的政府）并不是国家唯一的权力中心，其他各种组织甚至公民个人只要得到公众的认可，都有可能成为国家或社会权力的中心。

2. 国家与社会的共存性　强调国家与社会合作的过程，模糊了公私机构之间的界限和责任，不再坚持国家职能的专属性和排他性。反对传统行政体制下国家与社会间的对立性，强调国家与社会组织间相互依赖的共存关系。

3. 治理对象的主动性　治理理论不仅强调治理对象的参与，而且注重充分发挥各种治理对象的主动性和积极性，在治理系统内形成一个自组织网络，加强系统内部的组织性和自主性。

4. 治理手段的多样化　在政府履行社会职能的手段和方法方面，政府除了采用传统的行政、经济及法律手段之外，还有责任采用新的方法和措施，以不断地提高管理的效率。

（二）治理理论的简要评述

与传统的公共管理及新公共管理相比，治理理论有自己明显的优点，它为我们研究公共行政范畴提供了新的分析视角，突出了要构建政府与公民的合作网络，甚至指明了未来政治发展的方向。这些优点在管理方法与技巧上使治理理论更适合现代社会，但却难以保证这种统治模式的万能性。

英国学者格里·斯托克（Gerry Stoker）列出了治理失效的五种表现：①与治理相关的制定政策过程这一复杂现实，与据以解说政府而为之辩护的规范信码相脱离；②各方面的责任趋于模糊，易于逃避责任或寻找替罪羊；③由于对权力的依赖，以至并非原来所求，而与政府影响不良的结果这样的问题愈加恶化；④既然有了自治网络，政府对社会应负什么责任这一条便难以明确；⑤即使在政府以灵活方式控制和引导集体行为之处，治理仍然可能失效。

因此，伴随着治理的失效，我们在公共理论创新的道路上不得不再次陷入尴尬的境地。在这种背景下，国内外一些学者和国际组织纷纷提出了"元治理""综合的治理""有效治理""善治"等概念。其中，"良好的治理"或"善治"的理论最有影响。

NOTE

（三）善治理论

1. 善治理论的基本要素   善治理论的出现可以说是治理失效的必然产物。所谓"善治"，按照俞可平先生的说法，就是使公共利益最大化的社会管理过程，它具有 10 个基本要素。

（1）合法性   指的是社会秩序和权威被自觉认可和服从的性质和状态。

（2）法治   即法律是公共政治管理的最高准则，在法律面前人人平等。

（3）透明性   指的是政治信息的公开性。

（4）责任性   指的是管理者应当对其自己的行为负责。

（5）回应   它的基本含义是公共管理人员和管理机构必须对公民的要求做出及时和负责的反应。

（6）有效性   主要指管理的效率高效有序。

（7）参与   这里的参与首先是指公民的政治参与，参与社会政治生活。但不仅仅是政治参与，还包括公民对其他社会生活的参与。

（8）稳定性   指国内的和平、生活的有序、居民的安全、公民的团结、公共政策的连贯等。

（9）廉洁   主要是指政府官员奉公守法、清明廉洁、不以权谋私，公职人员不以自己的职权寻租。

（10）公正   指不同性别、阶层、种族、文化程度、宗教和政治信仰的公民在政治权利和经济权利上的平等。

2. 善治理论的三个发展阶段   燕继荣对善治理论的发展提出了 1.0 版、2.0 版和 3.0 版，即善治理论发展的三个阶段。

（1）善治理论 1.0 版   以"政府治理"为核心的理论。传统的国家理论、政治理论、权力政治理论等基本都属于这一理论的衍生版。这些理论的共同特点都是强调政府为公共管理的主体，甚至是唯一的力量。因此，"善治"往往被理解为政府良政的结果。如何打造良性政府，实现对社会和大众的有效管理或控制就成为第一代善治理论的最主要的追求目标。

（2）善治理论 2.0 版   以"社会治理"为核心的理论。有关公民社会的理论、权利政治理论等都是归属于这一理论的典型代表。这些理论强调社会组织乃至公民个体应该成为公共事务管理的主体，并且把"社会管理"的概念纳入公共管理的范畴。"善治"被理解成为社会自我管理的状态，认为社会自治就是最好的治理。因此，第二代善治理论所倡导的核心思想是如何建设社会公民，实现社会自治。

（3）善治理论 3.0 版   以"多元协同治理"为核心理论。"多元治理""复合治理""多中心治理""协同治理"等概念都是这一代理论的产物。它强调"公共事务公共管理"，公共管理不单是政府的事，而是由政府、社会组织、社区单位、企业、个人等所有利益相关者共同参与、协调行动的过程。要实现善治，必须保持权力和权利的协调性，政府与社会的合作，让所有利益者参与其中，实现利益共享，达到政府与其他组织间的良性互动。因此，建立民主集体决策和共同参与制度，加强公共选择和公共博弈，实现责任共担、利益分担、权力协同是第三代治理理论的主要诉求。

四、网络化治理

网络化治理作为最近 20 年来社会科学领域最为热门的术语之一，被广泛用于不同国家和组织、不同政策领域及不同层面的治理研究。

（一）网络化治理的概述

1.网络化治理的基本含义　网络化治理理论主要是由美国哈佛大学约翰·肯尼迪政府学院阿什（Ash）民主治理和创新研究所教授斯蒂芬·戈德斯密斯（Stephen Goldsmith）和美国德洛伊特研究所（Deloitte Research）公共部门研究室主任、曼哈顿公共政策研究所资深研究员威廉·D·埃格斯（William D. Eggers）共同提出，在他们的专著《网络化治理——公共部门的新形态》一书对网络化治理的含义进行了阐述，指出网络化治理主要指一种全新的通过公私部门合作，非营利组织、营利公司等广泛参与提供公共服务的治理模式。在这种模式下，政府角色发生了很大变化，从传统的管理人民、控制社会向协调资源转变，行政管理序列变得更为扁平，参与的部门也更为广泛。在传统的官僚体制政府下，依靠政府占支配地位来提供公共服务、满足公共政策目标，这种治理模式已经不能满足人们复杂而多变的需求，代之而起的是一种有着根本区别的公共管理模式，即网络化治理。

2.网络化治理的基本特征

（1）网络化治理是特殊的"治理＋网络"的治理模式　网络化治理是一种建立在关系网络基础上的治理模式，是特殊的治理，也是特殊的网络。

（2）网络化治理追求公共价值的实现　网络化治理包括政府、市场（企业）、非营利组织和公民个人等诸多参与者，且参与者之间是一种平等关系，但是在为公共价值追求执行的过程中它们形成独立自主的横向联结。

（3）利益解决的协商机制　在网络化治理中，参与者共享权力、风险和回佣。共同利益及利益分歧共存，所有治理主体（参与者）之间为了解决利益分享或分歧往往会采用协商机制这一手段。

（4）网络化治理是一个全方位的过程治理　网络化治理既可以是一个自下而上，也可以是自上而下的治理过程；既可以是由内往外，也可以是由外及里的治理过程。

3.网络治理结构的特点　网络治理作为一种治理模式的结构而言，这种新的治理范式与传统的科层治理和市场治理存在着明显的不同，是人类社会治理范式在网络信息时代跃迁的新走向，契合了网络社会治理的新要求（表 10-2）。

表 10-2　网络治理、科层治理和市场治理结构的比较

	网络治理	科层治理	市场治理
规范基础	互补关系	雇佣关系	契约－财产
组织形式	正式与非正式组织、复杂网络	正式组织、权威结构	分散、独立正式与非正式组织
弹性程度	中度	高度	低度
行动基调与氛围	开放的、相互有利的	正式的、官僚体制的	精确计算与（或）怀疑的
行动者的自由度	中度	低度	高度
行动者的偏好	相互依赖的	依从的	相互独立的
沟通工具	关系	例行惯例	独立的

NOTE

续表

	网络治理	科层治理	市场治理
参与态度	积极	疏离	计较
参与者的自愿度	高度	低度	中度
相互间的承诺程度	高度	中度	低度
信息分析的程度	高度	低度	中度
凝聚力量的基础	满足信任	奖惩制度	管理要求
解决冲突的方法	互惠的规范、信誉的考量	行政命令、监督管理	争论议价、诉诸法庭

资料来源：何植民，齐明山.网络化治理：公共管理现代发展的新趋势［J］.甘肃理论学刊，2009年第3期，第112页。

（二）网络化治理的内容和要求

《网络化治理——公共部门的新形态》(《Governing by Network》)一书分别从设计网络、连接的纽带、网络与责任困境、网络化治理的能力建设及未来之路等五个部分系统地论述了网络治理的基本内容和要求。

1. 设计网络 能够有效传递公共服务的网络首先需要搞清楚如何将一群私人和公共组织融进一个严密的服务运行体制中。网络化治理构架了网络内部信息和资源的流动方向，一种合理的设计有助于政府实现其根本政策和运行目的。

2. 连接的纽带 技术是网络的中枢神经系统，将网络伙伴彼此及公共部门连接了起来。但是，网络集成不能单靠技术来完成，它还需要关注人力，检验程序，矫正价值观念并建立信任。网络有助于开发强大的关系，而强大的关系可以通过信任加强并巩固网络。

3. 网络与责任困境 责任问题是网络化管理所面临的最艰巨挑战。当权力和责任在网络上分配时，一旦出现错误或失误，谁会受到指责，谁来承担责任。作为政府如何在放弃某些控制的同时还能保证服务的质量，创建一个高度重视责任问题的网络然后简单地维护现成的政府官僚性服务运行体制，这就需要建立一个综合性的框架，而这个框架需要包含以下几个责任型关键领域，如设定目标、调整价值观、建立信任、构建激励机制、测评绩效、共担风险和管理变化。

4. 网络化治理的能力建设 在一个网络化的政府环境中实施管理需要一系列截然不同的能力和才干，除了一些基本的政府职能外，还要求精通包括激活、安排、稳定、集成和管理一个网络等许多其他的工作任务。为了完成这些任务，网络管理者一定至少得拥有一定程度的谈判、调解、风险分析、信任建立、合作和管理项目的能力（表10-3）。

表10-3　网络管理所必备的才干和能力

职位	等级制责任	网络化治理责任
首席执行官	分配资源	将公共价值最大化
竞选官员	向外部利益相关人做解释	确认政府核心价值观及才干
内阁官员	在外部和内部沟通组织愿景和目标	与内部沟通组织愿景和目标
首席运营官	保护老板	开发与管理各种关系和战略
管理者／经理	执行规章制度；监控各种收入	管理团队；管理项目和产出（网络经理）

NOTE

续表

职位	等级制责任	网络化治理责任
一线工人	遵循规章条例	解决顾客问题
采购官员	规定条例；执行非个性化的严格程序	谈判；听取和合并各种最佳意见；与外部咨询公司签订合同
首席信息官	指挥技术购买、技术战略和技术维护	管理知识和信息的收集与传播

资料来源：[美] 斯蒂芬·戈德斯密斯（Stephen Goldsmith），威廉·D·埃格斯（William D. Eggers）著. 孙迎春译. 网络化治理：公共部门的新形态 [M]. 北京：北京大学出版社，2008 年版，第 137 页。

5. 网络化治理的未来之路，即遵循的基本原则　社会的巨大变化既让网络化治理成为可能，也让网络化治理成为需要。对于公共管理者来说，在进行网络化治理时需要遵循几个基本的原则：①要更少地重视项目，更多地重视公共价值；②不要在难懂的条文中迷失方向；③金钱是组建网络的一种工具，但不是唯一的工具；④完美是良好的敌人；⑤开发一系列新的核心能力；⑥在减员的同时增员。

第二节　中国公共管理改革展望

一、非营利组织管理

非营利组织（non-profit organization，NPO）由于突出的重点和角度有所不同，国内外也存在不同的称谓，如第三部门（the third section）、非政府组织（non-government section，NGO）、公民社会（civil society）、独立部门（independent section）、慈善组织（charitable section）、志愿者组织（voluntary section）及免税组织（tax-exempt section）等。每一种称谓都包含特定的对象，或者说其侧重点都有所不同。

（一）非营利组织概述

1. 非营利组织的内涵　"非营利组织"强调这些组织的发展宗旨不是为所有者营利，但并不是说这类组织自身就不盈利，而在实践中许多非营利组织的收入是大于支出的。对于什么是非营利组织，目前国际学术界主要存在以下几种基本观点。

（1）**收入来源定义**　联合国的国民经济核算体系将经济活动的领域分为五大部门：政府、金融组织、非金融组织、非营利组织和家庭。其中非营利组织与其他四类组织的根本区别在于，非营利组织的大部分收入来自于成员缴纳的会费和支持者的捐赠，而非来自以市场价格出售的商品和服务。

（2）**结构–运作定义**　它着眼于组织的基本结构和运作方式，认为方式符合组织性、非营利性、民间性、自治性和志愿性这五个条件的组织都是非营利组织。这一观点的代表性人物是美国约翰·霍布金斯大学非营利组织比较研究中心的萨拉蒙教授等。

（3）**法律定义**　以美国为代表的一些国家在法律上对非营利组织有较为清晰的界定，如美国联邦国内税法对于符合规定的非营利组织的界定是：非营利组织的本质是一种组织，其净盈余的分配，包括给任何监督与经营组织的人，如其成员、理事或董事等的报酬，都受到限制。

NOTE

该税法的 501 条还从三个方面列出了其必须遵守的基本条件。

除了以上几个典型的观点之外，还有学者和组织从功能的角度进行分析，认为非营利组织是为了实现社会公众利益，满足公共目的的私人组织。我们可以对其基本内涵做比较简要的理解：即非营利组织是不以营利为目的，以服务大众为根本宗旨，具有志愿性、自治性和公益性的正式组织。

2. 非营利组织的基本特征 在分析非营利组织内涵的基础上，我们可以发现该组织的几个基本特征。

（1）组织性 非营利组织不是非正式组织，必须具有正式注册的合法身份。它必须有常规的组织机构、部分固定的工作人员和管理体制，并且经常性地开展活动。

（2）非营利性 非营利组织成立的目的不是为了成员获得额外的利润，但就组织本身来说，它是可以产生利润，甚至往往会出现盈利大于支出的状况，但是这种盈余不能用于成员的分配，而是用于服务公众。

（3）公益性 无论是非营利组织成立的目标还是其成员参与组织活动的目的都是为公共利益和公众需要而服务的。

（4）志愿性 非营利组织的志愿性并不是说其成员必须是志愿者，或者说其收入全部或大部分均来自于志愿者的捐赠，而是指该组织的活动是以志愿为基础的。

（5）自治性 非营利组织是一个正式的组织，有其内部的规章制度和运行规则，能进行有效的自我管理。在管理活动过程中，不受政府及其他组织的限制和约束。

3. 非营利组织的类型划分 从范围来看，非营利组织涵盖了政府组织和营利性的企业组织之间的广大领域，而且随着社会的发展，这一领域将会越来越大，其组织内部的差别也千差万别。国内外对其划分的标准也呈现明显的差异化，当前国际上比较典型的划分有联合国国际标准产业分类体系（ISIC 体系）、欧共体经济活动产业分类体系（NACE 体系）、免税团体分类体系（NTEE 体系）及非营利组织国际分类体系（ICNPO 体系）。这里主要介绍非营利组织国际分类体系和我国国内的体系划分法。

（1）非营利组织国际分类体系 该体系是由美国约翰·霍布金斯大学非营利组织比较研究中心主持，共有来自全球 13 个国家（地区）的一批学者设计而成的。该体系主要是从经济活动的领域出发，将非营利组织分为 12 大类，27 小类，内容包括：a 文化与休闲（文化与艺术、休闲和服务型俱乐部）；b 教育与研究（中小学教育、高等教育、其他教育和研究）；c 卫生（医院与康复、诊所、精神卫生与危机防范、其他保健服务）；d 社会服务（社会服务、紧急情况救助、社会救济）；e 环境（环境保护、动物保护）；f 发展与住房（经济社会与社区发展、住房、就业与职业培训）；g 法律、推促与政治（民权与推促组织、治安与法律服务、政治组织）；h 慈善中介与志愿行为鼓动；i 宗教活动和组织；j 商会、专业协会、工会；k 国际性活动；l 其他。

（2）非营利组织中国分类体系 依照中国民政部的划分标准，它根据成员的组成形式将非营利组织区分为实体性的民办非企业单位和会员性的社团组织。民办非企业单位是指企业事业单位、社会团体和其他力量，以及公民个人利用非国有资产举办的，从事非营利组织性社会服务活动的社会组织，包括科技类、教育类和文化类。社会团体是指中国公民自愿组成的，为实现会员共同意愿，按照章程开展活动的非营利组织，主要包括协会、学会、联合会、研究会、基金会、促进会、商会等社会组织。但目前我国比较通行的做法是把非营利组织划分为两大类、三个基本形态。两大类是指官方非营利组织和民间非营利组织；官方非营利组织包括公益性事业单位（如学校、医院、演艺团体、研究机构等）和某些社会中介组织；民间非营利组织称为民间组织，包括民间社会团体（如学术性社团、行业性社团、专业性社团和联合性社团）、民办非企业单位（如科技类、教育类、文化艺术类、卫生类和体育类）。

4. 我国非营利组织的行政管理体制　由于国情不同，我国的非营利组织与西方国家的非营利组织在行政管理体制上存在很大的差异，或者说我国非营利组织的行政管理体制还存在较大的不足，需要进一步深化改革。

（1）非营利组织行政管理体制的缺陷和不足　①目前我国关于非营利组织的法规建设还比较滞后。对于非营利组织的性质、地位、作用、运行方式等都还缺乏明确的法律法规；现有的一些规章制度也难以适应新形势发展的需要。②非营利组织行政色彩浓厚，独立性弱。由于我国绝大多数非营利组织是行政机关采用行政手段建立起来的，导致其在人事权、财政权甚至决策权方面都依附并受制于行政机关。③非营利组织自身机制的缺失。对于大多数非营利组织来说，既缺乏内部完善的管理机制，也缺乏外部有效的监督机制。

（2）非营利组织行政管理体制的发展方向　①要做好顶层设计，对非营利组织的发展进行统一规划，使其有计划、有步骤、有重点地健康发展。②要加强立法、强化监督，以法制化、制度化的形式确保社会公益事业的健康发展。③要充分认识自治社会和民主政治的重要地位，构建中国特色的社会多元结构新格局。④优化内外环境，鼓励和倡导发展民间公益社团，提高公民公益意识，政府要大力支持公益事业的发展。⑤积极扩大与国际公益组织的交流和合作，一方面学习他人的先进经验和做法，另一方面也扩大自身的国际影响。

（二）事业单位分类改革

1. 事业单位的含义与特点　事业单位是提供公共产品和公共服务的主要载体，是我国特有的社会组织形式。1998 年《事业单位登记管理暂行条例》对事业单位进行了界定，"事业单位是国家为了社会公益目的，由国家机关举办或者其他组织利用国有资产举办的，从事教育、科技、文化、卫生等活动的社会服务组织"。在我国，事业单位往往是指受国家行政机关领导，没有生产收入，由国家经费支出，不实行经济核算，提供非物质生产和劳动服务的社会组织，主要包括科学、教育、文化、卫生、体育等部门和单位。事业单位一般具有如下基本特征：

（1）依法设立的社会组织　事业单位的设立应区分不同情况，由法定审批机关批准依法登记，或者依照法律规定直接进行法人登记。事业单位是组织机构而不是个人，要有自己的名称、组织机构和场所，有与其业务活动相适应的从业人员和经费来源，能够独立承担民事责任。

（2）社会服务性　事业单位从事的是教育、科技、文化、卫生等涉及人民群众公共利益的服务活动，除有行政组织的委托授权外，一般不履行行政管理职能。

（3）从事事业的公益性　事业单位一般不从事生产经商活动，经费来源有的需要财政完全保证，有的可通过从事一些经批准的服务活动取得部分收入，但取得的收入只能用于事业单位的再发展，不得用于管理层和职员分红等。

2. 事业单位的基本分类　2011 年 3 月中共中央、国务院出台《关于分类推进事业单位改革的指导意见》及随后出台的多个配套文件都涉及事业单位分类等核心问题。根据相关文件

NOTE

及实践中的通行分类做法，主要划分为行业分类法、经费分类法和功能分类法三种最基本的类型。

（1）行业分类法　行业分类法是根据国家的行业标准，按事业单位的属性进行分类。如将事业单位分成教育事业单位，如学校；科研事业单位，如科研院所；文化事业单位，如文联等；卫生事业单位，如医院等类别。

（2）经费分类法　即依据经费来源的形式，将事业单位分为全额拨款、差额拨款、自收自支三类。全额拨款的事业单位，如公办的中小学校；差额拨款的事业单位，如卫生医疗机构；自收自支的事业单位主要是指其收益归该单位所有，支出也由该单位负担，有结余不用上交国家，有缺口国家也不给予弥补，如咨询公司等。

（3）功能分类法　即按照事业单位的功能进行分类。这一分类法在地方实践中出现了诸多变种，如三分法、四分法、五分法。相比行业分类法和经费分类法，功能分类法对于事业单位分类改革意义更为重大。

3. 事业单位分类改革的基本思路　《中共中央、国务院关于分类推进事业单位改革的指导意见》对我国事业单位分类改革提出明确的指导思想、基本原则、总体目标和思路。

（1）指导思想　高举中国特色社会主义伟大旗帜，以邓小平理论和"三个代表"重要思想为指导，深入贯彻落实科学发展观，按照政事分开、事企分开和管办分离的要求，以促进公益事业发展为目的，以科学分类为基础，以深化体制机制改革为核心，总体设计、分类指导、因地制宜、先行试点、稳步推进，进一步增强事业单位活力，不断满足人民群众和经济社会发展对公益服务的需求。

（2）基本原则　坚持以人为本，把提高公益服务水平、满足人民群众需求作为出发点和落脚点；坚持分类指导，根据不同类别事业单位的特点，实施改革和管理；坚持开拓创新，破除影响公益事业发展的体制机制障碍，鼓励进行多种形式的探索和实践；坚持着眼发展，充分发挥政府主导、社会力量参与和市场机制的作用，实现公益服务提供主体多元化和提供方式多样化；坚持统筹兼顾，充分发挥中央和地方两个积极性，注意与行业体制改革、政府机构改革等相衔接，妥善处理改革、发展、稳定的关系。

（3）分类改革目标　到2020年，建立起功能明确、治理完善、运行高效、监管有力的管理体制和运行机制，形成基本服务优先、供给水平适度、布局结构合理、服务公平公正的中国特色公益服务体系。

①积极推进事业单位的科学分类　党的十八大报告强调指出要"推进事业单位分类改革"。要认真听取各方意见和建议，处理好分类原则性和灵活性的关系，尽量减少改革的风险，为改革注入新的动力。为保证分类中的公正性，规避来自事业单位及其主管部门、政府职能部门的干扰，可考虑引入独立的第三方，以保证分类中的价值中立，确保分类的科学、合理、公开、公平、公正。

②理清政府和事业单位的角色分工　事业单位分类改革的目标之一是"落实事业单位法人自主权"，要改变政府与事业单位以往那种支配与被支配、管理者与被管理者的关系，从而转变为两个不同主体的平等关系。政府应当在法律法规、行业标准规范的制定方面为事业单位的改革和发展提供指导和监督，减少对事业单位的微观管理和直接管理。

③完善利益均衡机制　事业单位分类改革是涉及面广、触及利益关系深、面对阻力大的改

革事业，改革最突出的问题、最关键的环节是如何协调好各方主体利益关系。对于有 3000 多万人员的事业单位分类改革来说，这不是一个简单的经济利益分配问题，还会涉及社会领域甚至政治领域的改革。

④注重配套改革的推进　事业单位分类改革是一个系统的工程，它涉及如何处理事业单位与政府、企业、非营利组织的关系，不能孤立地看待和推进事业单位的分类改革。在推进事业单位分类改革时，政府也要注重发展非营利组织，进而实现公共服务供给主体多元化、供给方式多样化。

二、电子政务与电子政府

电子政务（electronic administration）是信息技术与政务活动有机结合的产物。电子政府（electronic government）则是信息技术带来的新的政府管理实践，它是一种新的政府管理模式。电子政务与电子政府是两个不同的概念，但是两者却有着内在的必然联系。

（一）电子政务

1. 电子政务的含义　一般是指各级政务部门以信息网络为平台，综合运用信息技术来实现组织结构、工作流程的重组和优化，它能超越时空界限，打破部门分割和区域间的封锁，全方位地向社会大众提供优质、高效、规范、透明的管理和服务，从而实现"四务"（公务、政务、商务、事务）的"三化"（电子化、网络化、一体化）管理与运行。这一定义包含了以下三个方面的基本要素。

（1）电子政务的物质基础　电子政务必须借助信息网络和信息技术，信息的传递离不开信息基础设施和相关软件技术和人才的支持。

（2）电子政务的主体和客体　电子政府的主体就是指各级政务部门，客体就是公共权力行使相关的公共事务和服务，在我国一般包括政党、立法、司法部门及其他一些公共组织的管理事务和服务。

（3）电子政务是对传统政务的革新　电子政务要对传统政务进行革新改造，对传统的组织结构和业务流程也得进行重组优化，使其更加适应于网络环境的发展和需要。

2. 电子政务与传统政务的区别　电子政务与传统政务相比，不是简单的信息技术的应用，而是从形式到内容、从现象到本质的不同（表 10-4）。

表 10-4　电子政务与传统政务的比较

对比项目	传统政务	电子政务
办公手段	纸质文件和传媒作为信息传递的介质	利用互联网传输与交换信息
存在方式	实体性	虚拟性
空间属性	地域性	超地域性
管理方式	集中管理	分权管理
运行环境	传统经济环境	以知识为基础的数字经济环境
组织结构	金字塔形垂直化分层结构	网络扁平化辐射结构
运行方式	实体性管理	系统程序式管理
工作中心	以管理、审批为重心	以服务、指导为重心

NOTE

续表

对比项目	传统政务	电子政务
业务处理流程	复杂，前后串行作业	标准化、规范化、一体化，协同并行作业
决策参与范围	主要集中在部门内部	内部与外部共同参与
主要议事方式	会议	网络会议
办事时间和方式	8 小时工作时间，面对面	7×24 式，跨越时空限制
办事要求和过程	必须事先了解各部门的职能、权限和分工，然后按照先后顺序分别到不同部门去办理	无须了解办理部门及流程，在政务服务中心窗口统一受理，或在互联网上提供单一窗口，实现"一站式"办公和"一条龙"服务
管理成本效益	边际成本递增，而收益递减	边际成本递减，而收益递增
生效标志	公章等	数字签名

资料来源：张锐昕．电子政府与电子政务［M］．2 版．北京：中国人民大学出版社，2016 年版，第 30—31 页。

（二）电子政府

1. 电子政府的含义 电子政府又称为"网络化政府"或"在线政府"，它的提出源于 1993 年 9 月美国倡导的"信息高速公路"，时任美国副总统戈尔发起了一场名为"国家绩效考察"的运动，用以检视美国政府在管理和服务方面存在的不足与弊端，在这场运动中构建电子政府作为一个重要的改革方向被提了出来。"电子政府"一词直译自 electronic government，简写有 e-government，e-Government，E-government 和 e-gov 等。一些国际组织对电子政府的含义形成了以下几个重要观点。

经合组织（OECD）归纳电子政府定义的要点有三：使用信息和通信技术特别是互联网、更好的政府、一种工具。

欧洲联盟（EU）的观点是：较小的但是智能的后台办公室操作和既大且好的前台办公室。

联合国（UN）归纳出四点：政府承诺政府必须提供最好的服务、不断增加的符合成本效益且有效的服务、信息和知识的提供、改善普通公民和公共部门之间的关系。

世界银行组织（The World Bank）提出，政府机构使用信息技术来改变政府与公众、企业和其他政府分支机构之间的关系；较少腐败，增加透明度，更大的便利，税收的增长和（或）成本的降低；政府向公众提供更好的服务，与工商业间的关系得到改善，通过提供信息赋予公民权利或实现更有效的政府。

对电子政府的理解一般是指应用信息技术重组政府部门，优化职能配置，革新管理理念，改善公共服务，提升公共产品质量，增强公共参与、政务公开和民主程度，促进政府办公自动化、电子化、网络化和信息资源的全面共享，促进公共决策的科学化、民主化和法治化水平，使得政府机构更具有弹性，从而提高政府管理效率，最终实现面向公众、以公众为中心的电子化政府。

2. 电子政府与电子政务的比较 电子政府与电子政务两者之间既有千丝万缕的联系，又有明显的不同之处。

（1）两者间的不同点 电子政府是一个实体概念，电子政务是一个程序概念；电子政务是一个动态的过程，是建设电子政府的基本手段；电子政务的内容主要集中在行政领域，而电子政府的内容要广泛得多，如立法、选举、司法、监督等活动，都渗透着电子化的涵义；电子政务的核心价值就在于政府通过电子化的方式为社会公众提供更加方便快捷和完善的公共服务，而电子政府将实现的是一个网络化、扁平化、分权化、无缝隙政府及民主型、法治型、责任型和服务型的政府。

（2）两者间的联系 都是政府信息化过程的具体表现，是社会信息化对政府发展的必然要求，必须利用网络和通信等技术以提高政府办事效率和服务水平为目标。在一定意义上来说，电子政府包含了电子政务，政府电子化的必由之路是政务电子化，电子政务是电子政府发展过程中的一个重要环节，是构建电子政府的基本载体，而电子政府也正是电子政务建设和发展的方向或目标。

（三）我国电子政务的发展规划（2016～2025年）

2016年7月中共中央办公厅、国务院办公厅印发了《国家信息化发展战略纲要》（简称《纲要》），该战略纲要是根据新形势对《2006—2020年国家信息化发展战略》的调整和发展，是规范和指导未来10年国家信息化发展的纲领性文件，是国家战略体系的重要组成部分，是信息化领域规划、政策制定的重要依据。《纲要》提出了建设规划的指导思想和发展目标。

1. 指导思想 以邓小平理论、"三个代表"重要思想、科学发展观为指导，深入学习贯彻习近平总书记系列重要讲话精神，紧紧围绕"五位一体"总体布局和"四个全面"战略布局，牢固树立创新、协调、绿色、开放、共享的发展理念，推进国家治理体系和治理能力现代化，为实现中华民族伟大复兴的中国梦奠定坚实基础。

2. 目标任务 今后10年要持续深化电子政务应用，着力解决信息碎片化、应用条块化、服务割裂化等问题，以信息化推进国家治理体系和治理能力现代化的建设。

（1）服务党的执政能力建设 推进党委信息化工作，提升党委决策指挥的信息化保障能力。充分运用信息技术提高党员、干部、人才管理和服务的科学化水平。加强信息公开，畅通民主监督渠道，全面提高廉政风险防控和巡视工作信息化水平，增强权力运行的信息化监督能力。加强党内法规制度建设信息化保障，重视发挥互联网在党内法规制定和宣传中的作用。推进信息资源共享，提升各级党的部门工作信息化水平。

（2）提高政府信息化水平 完善部门信息共享机制，建立国家治理大数据中心。加强经济运行数据交换共享、处理分析和监测预警，增强宏观调控和决策支持能力。深化财政、税务信息化应用，支撑中央和地方财政关系调整，促进税收制度改革。推进人口、企业基础信息共享，有效支撑户籍制度改革和商事制度改革。推进政务公开信息化，加强互联网政务信息数据服务平台和便民服务平台建设，提供更加优质高效的网上政务服务。

（3）服务民主法治建设 建立健全网络信息平台，密切人大代表同人民群众的联系。加快政协信息化建设，推进协商民主广泛多层制度化发展。实施"科技强检"，推进检察工作现代化。建设"智慧法院"，推动执法司法信息公开，促进司法公平正义。

（4）提高社会治理能力 加快创新立体化社会治安防控体系，提高公共安全智能化水平，全面推进平安中国建设。构建基层综合服务管理平台，推动政府职能下移，支持社区自治。依托网络平台，加强政民互动，保障公民知情权、参与权、表达权、监督权。推行网上受理信访，完善群众利益协调、权益保障机制。

（5）健全市场服务和监管体系 实施"多证合一""一照一码"制度，在海关、税务、工商、质检等领域推进便利化服务，加强事中事后监管与服务，实现服务前移、监管后移。以公民身份号码、法人和其他组织统一社会信用代码为基础，建立全国统一信用信息网络平台，构建诚信营商环境。建设食品药品、特种设备等重要产品信息化追溯体系，完善产品售后服务质量监测。加强在线即时监督监测和非现场监管执法，提高监管透明度。

（6）完善一体化公共服务体系　制定在线公共服务指南，支持各级政府整合服务资源，面向企业和公众提供一体化在线公共服务，促进公共行政从独立办事向协同治理转变。各部门要根据基层服务需求，开放业务系统和数据接口，推动电子政务服务向基层延伸。

（7）创新电子政务运行管理体制　建立强有力的国家电子政务统筹协调机制，制定电子政务管理办法，建立涵盖规划、建设、应用、管理、评价的全流程闭环管理机制。大力推进政府采购服务，试点推广政府和社会资本合作模式，鼓励社会力量参与电子政务建设。鼓励应用云计算技术，整合改造已建应用系统。

三、法治政府

党的十八大把"法治政府基本建成"确立为到 2020 年全面建成小康社会的一项重要目标，党的十八届二中、三中、四中、五中全会对加快建设法治政府进一步做了部署。2015 年 12 月，中共中央、国务院印发了《法治政府建设实施纲要（2015—2020 年）》，这是我国法治政府建设进程中具有里程碑意义的纲领性文件。

（一）法治政府的基本概述

1. 法治政府建设的发展历程　从党的十一届三中全会至今，我国法治政府的建设历程主要经历了起步、确立和全面推进三个重要的历史发展阶段。

（1）起步阶段（1978 ～ 1988 年）　从依政策办事到依法律办事。党的十一届三中全会提出"有法可依，有法必依，执法必严，违法必究"的十六字方针，重新确立了法律在社会治理中的最高地位，自此，我国才从真正意义上进入法制建设的轨道。1987 年党的十三大强调"法制建设必须贯穿于改革的全过程"，这在党的最高文件上确立了依法办事的方针政策。

（2）确立阶段（1989 ～ 1999 年）　依法行政，规范政府行为。以 1989 年《行政诉讼法》的颁布为起点，标志着我国法治政府建设进入到了以约束行政权力、规范政府行为为重点的阶段。1993 年八届全国人大一次会议通过的《政府工作报告》，正式以政府文件的形式确定了依法行政的原则。党的十五大明确提出了依法治国基本方略，1999 年 3 月，依法治国基本方略被写入宪法，依法行政作为行政机关行使权力的基本准则确立了起来。

（3）全面推进阶段（1999 ～至今）　全面推进依法行政，建设法治政府。1999 年 11 月，国务院发布了《关于全面推进依法行政的决定》，明确"依法行政是依法治国的重要组成部分"，标志着我国法治政府建设开始进入了全面规划和整体实施的新阶段。2004 年 3 月，国务院发布了《全面推进依法行政实施纲要》，提出"全面推进依法行政，经过十年左右坚持不懈的努力，基本实现建设法治政府的目标"。党的十八大提出到 2020 年全面建成小康社会时，要实现"依法治国基本方略全面落实，法治政府基本建成"的目标，尤其是 2015 年 12 月，中共中央、国务院印发了《法治政府建设实施纲要（2015—2020 年）》，标志着建设法治政府作为建设法治国家的主体工程，依法行政作为依法治国的主要环节得以全面推进。

2. 法治政府的基本内涵与特性　"法治政府"不同于"法制政府"。"法治政府"的完整涵义应当是依"良法"而严格行政的政府。根据学者郭学德的观点，"法治政府"是一个全新的行政法治理念和行政法治目标。它不仅要求政府要严格依法行政，政府的设立和运作要依据法律，政府的立法行为和执法行为要严格遵守法律，从而实现政府组织和行为的合法化、规范化和程序化，而且要求整个政府及其行为要体现"法治"的价值理念，即体现民主、公平、正义、权利保障和权力制约等价值理念。杨海坤对法治政府的特性从以下几个方面进行了深入分析。

（1）法治政府的有限性　"政府法治论"认为一个法治的政府应当在有限的范围内保留行政权天生的主动性和能动性。在多元利益组织化的今天，对行政权力的规制不应当影响政府在社会公平、社会福利和公共服务等职能上的发挥。

（2）法治政府的民主性　公共权力的本质是由共同体的成员各让渡出一部分自己的私权力组成，以此来调控和保卫共同体的秩序。因此只有公共权力在产生和运作中代表和体现了所有共同体成员的利益，才能证明自己的合法性。

（3）法治政府的复合性　法治政府作为法治国家的子概念，其在公域的推行必然包括整个法治国家建设的跟进，法治政府在治理手段上必然是一种复合的治理方式。法治政府在公法领域的推行势必依靠法治国家的推行，并和法治政党、法治社会等概念互为前提和基础，这样一种复合的治理模式是建设法治政府乃至整个法治中国的基本治理手段。

（4）政府与公民关系的平等性　若政府与公民关系不平等，则不仅公民对政府难以形成行政监督的关系，行政合作、行政给付、行政指导等一系列行政法律关系均难以维系。

（二）法治政府建设的总目标

《法治政府建设实施纲要（2015—2020年）》明确提出法治政府建设的总目标是"经过坚持不懈的努力，到2020年基本建成职能科学、权责法定、执法严明、公开公正、廉洁高效、守法诚信的法治政府"。

1. 职能科学　政府需要做到有所为，有所不为，最大限度地减少对市场、社会和个人等微观事务的干预，而应该在公平市场环境的营造、公共服务和公共产品的提供、社会公平正义的维护等方面实现由"全能型政府"向"有限型政府"转变。政府所管辖的范围、所行使的权力、所应承担的责任等都必须通过法律形式予以明确，并严格遵照法律的要求来推进。

2. 权责法定　根据我国宪法和法律，行政机关是权力机关的执行机关，其职权是人民通过法律授予的。权责法定要求依法明确政府及其职能部门职责的范围，确定应该做的事项。对于法律明确应该做的事，行政机关必须有作为，如果不作为或乱作为，就要追究法律责任。权责法定的宗旨就是要保障政府在履行职责时不缺位、不错位、不越位。

3. 执法严明　"天下之事，不难以立法，而难以法之必行。"行政机关的执法意识、政府能力和执法水平高低，将在很大程度上影响中国法治化建设的进程。严格是执法基本要求，规范是执法行为准则，公正是执法价值取向，文明是执法职业素养，这些要求构成了一个有机统一的整体。

4. 公开公正　公开是公正的保障，公正是公开追求的目标。公开就是要求行政机关在履行自身职能时，除涉及国家秘密、商业秘密和个人隐私外，应当按照法定程序向当事人或社会大众公开所有信息。公正，不仅要求行政机关应当按照法律、法规规定的条件、种类、幅度范围实施行政管理，而且要求行政机关的行政行为必须符合法律的意图或精神，符合公平正义等法律理性。

NOTE

5. 廉洁高效　"公生明，廉生威"，干部清廉、政府清正、政治清明是现代社会对政府的最基本要求。廉洁，就是要求行政机关工作人员不谋私利、不贪污腐败，干干净净做事，清清白白做人，堂堂正正为官。高效，包括行政人员办事效率与行政机关权力运行的高效，以及以最小的投入取得最大的效益等几个方面。

6. 守法诚信　行政机关的守法包括实体守法和程序守法。实体守法就是指行政权力运行要符合法律法规和规章制度所规定的实施机关、条件、幅度、方式等实体内容；程序守法就是指行政机关的权力运行必须符合法律法规和规章制度所规定的程序，包括具体的步骤、方式、时间和顺序等。无论是出现实体违法还是程序违法，行政机关都必须承担相应的法律责任。诚信原则要求行政机关及其人员在制定公共政策时要保持相对稳定，不能出现朝令夕改；在发布信息时必须真实、全面、准确和及时，等等。一旦多次出现"失信"，就容易破坏政府的公信力，陷入"塔西陀陷阱"。

（三）法治政府建设的基本思路

1. 依法全面履行政府职能　法治政府首先要落实在政府职能的法定上，要从法律制度上明确政府应该做什么、不该做什么，能做什么、不能做什么。这就要求政府做好以下几方面的工作。

（1）认真履行政府职能的目标　坚持政企分开、政资分开、政事分开、政社分开。宏观调控、市场监管、社会管理、公共服务、环境保护等职责要依法全面履行。

（2）深化行政审批改革　一方面要做好"减法"工作，继续取消和下放行政审批等事项，凡是市场可以自行有序调解的，公民、法人、其他组织能够自主决定的，行业及相关机构可以自律的，行政机关都要尽量不设行政许可。另一方面是要进一步规范和改进行政审批行为。对于保留的行政审批事项，必须做到目录化、编码化管理，同时要加快审批和监管平台建设，支持并鼓励有条件的地方开展相对集中行政许可权改革试点。

（3）大力推行各类清单管理制度　要大力推行权力清单、责任清单、负面清单制度并实行动态管理。一是要明确国务院部门推进权力清单、责任清单的重点领域及省市县三级政府部门公布权力清单、责任清单的要求和时限。二是要进一步完善负面清单的管理模式。负面清单作为一种市场准入管理模式，需要切实遵循"法无禁止皆可为"的原则。

（4）优化政府组织结构　一是要完善行政组织法律制度和行政程序法律制度，大力推进政府机构、职能、权限、程序、责任等法定化。二是要在大部制改革、理顺部门职权关系、优化工作流程等方面深化行政体制改革。三是要创新行政管理方式，实现"柔性化"管理。四是要明确中央和地方各级政府间的权力划分。要给予地方政府足够的权力，充分发挥它们的积极性和创造性。

2. 推进行政决策的科学化、民主化和法治化　行政机关的决策水平关系到能否正确履行政府职能及建成法治政府的总目标。

（1）进一步健全依法决策机制　要完善重大行政决策程序制度，明确决策主体、事项范围、法定程序、法律责任，规范决策流程，强化决策法定程序的刚性约束。

（2）提升社会大众参与决策的实效性　要明确大众参与的重点领域和对象范围，并为他们参与决策提供物质、技术及其他相应的保障，对于重大的民生决策要推行民意调查制度。

（3）大力提高专家行政决策的论证质量　要合理定位专家的角色，建立相应的保障机制，树立专家参与决策意识，充分发挥其作用，从而提高专家参与决策、论证决策的质量。具体说来就是要做好三个环节：选好专家、用好专家、待好专家。

（4）严格决策审查和责任追究制度　在坚持集体讨论决定的基础上，要建立重大决策行政决策合法性的审查机制，在决策程序、权限、内容等方面进行全面审查；同时，需要对决策进行科学评估后，就针对重大决策的决策主体建立终身责任追究制及责任倒查机制。

3.加强对行政权力的制约和保障　权力的滥用是建设法治政府进程中最容易也是最经常发生的问题，需要从各个环节加强对行政权力的制约和保障。

（1）要进一步健全行政权力的制约和监督体系　一是要把权力关进"制度的笼子"。起草法律法规和规范性文件，使得各级政府部门的职责权限定位准确、边界清晰、权责一致、各司其职、各负其责，依照法定权限和程序行使权力。二是要加强行政程序制度建设，严格规范做出各类行政行为的主体、权限、方式、步骤和时限。

（2）加强内外监督体系的建设　一是加强政府内部层级监督。要改进上级行政机关对下级行政机构的监督，建立健全常态化、长效化的监督机制。二是完善外部监督机制。行政机关必须自觉接受党内监督、人大监督、司法监督和社会大众的民主监督。

（3）全面推进政务公开　要坚持以公开为常态、不公开为例外原则，推进决策公开、执行公开、管理公开、服务公开和结果公开。对于人民群众普遍关心、涉及人民群众切身利益的领域要成为公开的重点。要进一步拓展公开渠道，加强互联网政务信息数据服务平台和便民服务平台建设，在进一步提高公开效率的同时，要进一步明确政府信息公开的范围和内容。

（4）进一步完善纠错问责机制　"政之大本，在于刑赏；刑赏不明，政何以成。"要进一步明确问题范围、程序，加大问责力度，增强问责的针对性、时效性和可操作性，从而促进问责的制度化和规范化。对于违反廉政建设责任制的地方、部门和单位，既要追究主体责任、监督责任，又要严肃追究领导责任，从而坚决纠正行政不作为、乱作为。

4.建立健全法治政府建设的保障机制　"空谈误国、实干兴邦。"法治政府的建设是一个系统的过程，也是一个相对漫长的过程，需要得到全面的制度保障。

（1）完善依法行政制度体系的建设　完善政府立法体制机制，重视行政组织法治的完善，切实保证职权法定原则的贯彻；加强重点领域政府立法、提高政府立法公众参与度、加强规范性文件监督管理、建立行政法规规章和规范性文件清理长效机制。

（2）组织保障和落实机制　首先是要加强党对法治政府建设的领导作用；其次是要落实第一责任人的责任制；最后是要强化考评和检测督促机制，即要把法治政府建设的成效纳入政绩考核指标，作为衡量各级政府和领导工作实际的重要考量，并以此来进一步推动法治政府建设的进程。

（3）全面提高政府工作人员的法治意识和能力　一方面需要通过各种形式加强对政府工作人员的法治教育培训，并在实践中加强锻炼以提升他们的法治思维和依法行政能力；另一方面就是加强制度建设。在干部考核评价机制中，把法治素养和依法能力作为考察干部的重要标准，也成为公务员上岗、晋升、奖惩的重要参照指标。

四、国家治理现代化

党的十八届三中全会提出了"推进国家治理体系和治理能力现代化"这个重大课题，并作为全面深化改革的总目标。国家治理体系和治理能力是一个国家制度和制度执行能力的集中体现，两者是一个有机整体，相辅相成，治理体系搭建好了，治理能力才能提高；治理能力提高了，治理体系才能充分发挥效能。治理体系现代化和治理能力现代化的关系是结构与功能的关系，硬件与软件的关系。

（一）国家治理体系现代化

国家治理体系现代化是指国家治理体系实现制度化、科学化、规范化和程序化，从而把中国特色社会主义各个方面的制度优势转化为治理国家的效能。它具有丰富的内涵，并呈现出以下几个主要特点。

（1）系统性　国家治理体系是在中国共产党领导下管理国家的制度体系，包括经济、政治、文化、社会、生态文明和党的建设等各领域的体制机制、法律法规安排，是一整套紧密相连、相互协调的国家制度，是一个系统性的制度。

（2）时代性　要以时代的精神推进治国理政，用新的制度体系来实现新的治理目标。推进国家治理体系现代化正是符合了时代发展的要求，很好地做到了与时俱进的时代精神，体现了制度的现代化。

（3）民主性　国家治理说到底就是对人的服务和管理，根本上需要依靠人的参与。在推进国家治理体系现代化的进程中，必须动员各类社会组织和公民个体积极参与政府的治理工作或进行自治，以进一步推动我们党全心全意为人民服务的根本宗旨的实现。

（4）创新性　国家治理体系突出了治理主体的多元性和社会及公民的参与，强调了遵循市场规律前提下政府与社会的协商和互动，标志着国家与社会关系从传统管理开始向交互关联与合作共赢转变，是处理政府与市场、政府与社会关系的理论的重大创新。

（二）国家治理能力现代化

国家治理能力是运用国家制度管理社会各方面事务的能力，主要表现为治理的措施、方针、方法的科学正确和高效率。国家治理能力也是一个全方位的能力综合体，我们可以从不同的角度对其能力的构成进行分析。

（1）从国家治理主体的主观能动性上看，主要包括国家意志力、国家执行力、政府凝聚力、政府发展力、政府创新力、政府变通力、政府沟通力、政府协调力、国家纠错力等方面的能力。

（2）从履行国家治理过程诸功能对执政党和政权能力的要求来看，可将其分为接纳参与能力、政治整合能力、精英录用能力、战略规划能力、法律实施能力、资源提取能力、监管能力、再分配能力、维持团结能力、政治沟通能力、政治合法化能力、政治革新能力及体制机制创新能力。

（3）从国家治理的层次领域划分来看，包括行使公共权力的能力、履行国家职能的能力、制定公共政策的能力、提供公共产品的能力、分配社会资源的能力、应对突发事件的能力、维护社会稳定的能力、促进社会发展的能力、处理国际关系的能力等。

（三）国家治理现代化中治理要素的转变

作为一个完整的体系，国家治理体系和治理能力现代化包含多个方面治理要素，著名法学家姜明安从五个方面概括了国家治理现代化进程中治理要素的转变。

1. 国家治理主体实现由单一向多元的转变　传统国家治理的治理主体只能是统治阶层，普通民众是无法与统治阶级分权的。而在现代社会的条件下，由于民主法治的推进及现代科技的发展，使得人民直接参与国家治理成为可能。国家治理主体的这种多元化趋势在各种形式和领域的国家管理转型中均表现出来，如听证会、论证会、网上讨论、政府购买服务等。

2. 国家治理客体实现由被动向主客体互动的转变　传统国家治理以"民"为治理客体，现代国家治理中"民"不再是纯粹的被动的治理客体，而主要是治理主体。治理对象不只是经济、市场，还有社会、生态环境；也不只是现实世界，还包括虚拟世界。另外，在传统国家治理中，国家与社会是一对相互对立的关系，如何管控好社会是国家治理的根本目标所在。而现代国家治理能力建设的重点，需要做到既实现社会有效服务国家，又实现国家有效服务社会，形成良好的治理格局。

3. 国家治理目标实现由以统治秩序为本向以人为本转变　我国在计划经济时代，国家治理坚持"以阶级斗争为纲"，主要追求的是对被统治阶级专政的政治秩序。改革开放以后，我们在国家治理方面坚持"以经济建设为中心"，但"唯 GDP 论"也盛行一时。现代国家治理目标应该是以人为本，追求人的可持续发展、自由、幸福。无论是经济、政治、社会、文化和生态环境的治理，其最终目标均应是国民的福祉。

4. 国家治理方式实现由恣意、神秘化向透明、规范化转变　传统国家治理方式的主要特征是专断、恣意、多变和神秘化。现代国家治理的方式则要求程序化、规范化，要求公开、透明、公正、参与、协商和诚信。

5. 国家治理手段实现由人治、权术之治向法治、文明之治转变　传统国家治理手段多采用人治、礼治或权势权术之治。现代国家治理手段的选择不仅要考虑其有效性，而且要考虑其正当性和文明性。现代国家治理的基本手段是民主、法治和科学。

（四）国家治理现代化实现的途径

国家治理现代化是一个系统工程，需要从内容到形式，从内部到外部，甚至从历史到现实等多角度来推进。

1. 全面准确把握国家治理现代化的内容　国家治理现代化涉及诸多领域，甚至可以说涵盖了国家、社会和民众的方方面面。从横向的覆盖内容来看，它包括了经济、政治、文化、社会、生态、国防和军队建设，以及党的治理现代化。这七个方面的治理现代化建设不是孤立片面进行的，而是作为一个大系统中的若干子系统既相对独立又相互协作来推进国家治理现代化建设。

2. 加强党的领导，转变党治国理政的方式　中国共产党作为中国特色社会主义建设事业的领导力量，始终是中国国家治理体系变革的推动力量。党的十八大报告明确指出"要更加注重改进党的领导方式和执政方式，保证党领导人民有效治理国家"，尤其要处理好党的领导、人民当家做主与依法治国之间的关系。

3. 注重国家治理的法制化和制度化，明确各治理主体的责任　国家治理现代化建设的最主要特点在于其治理的整体性与系统性，这势必导致其过程的复杂性，从而涉及党、政府、社会组织、私营部门及公民在内的所有主体，以及全部的政治、经济和社会过程。仅仅从宏观上看，推动国家治理体系的现代化，既要改革不适应社会发展需要的各种体制、机制、法律、法规，又要不断创新，促进各方面制度更加科学完善，实现国家的治国理政制度化、规范化、程序化。

NOTE

4. 培育治理主体按制度办事、依法办事的意识与能力 为了实现国家治理体系和国家治理能力的现代化，不仅要不断完善和改革现有的体制机制、法律法规，而且要使这些体制机制、法律法规切实运行并且发挥作用，这其中就涉及包括党和政府在内的多元治理主体要增强按制度办事、依法办事的意识和能力。

5. 妥善处理国家治理的基本关系 准确把握全面深化改革的总目标，必须从纷繁复杂的事物表象中把准改革脉搏，把握全面深化改革的内在规律，特别是要把握全面深化改革的重大关系，处理好制度自信与完善发展的关系、道路坚守与治理现代化的关系、体系建构与能力提升的关系、总体目标与具体目标的关系、总体目标与根本目的的关系。

6. 注重制度的顶层设计 要坚持顶层设计与摸着石头过河相结合，推进治理制度创新。由于我们现在的改革是在揭露了问题后再去解决问题，这容易导致改革的"碎片化"。顶层设计就是立足增强改革的系统性、整体性、协同性。同时，必须坚持"实践是检验真理的唯一标准"思想，把多年来成功的做法上升到全局的高度，把地方特别是基层的经验上升到国家政策层面。

复习思考题

1. 在比较新公共管理与新公共服务理论的基础上，谈谈我国的公共管理改革如何科学借鉴这些理论成果。

2. 如何把网络化治理的相关理论应用到我国公共部门的改革实践中？

3. 结合国外非营利组织的改革趋势，谈谈如何加快我国事业单位分类改革。

4. 请阐述我国电子政务和电子政府建设与依法治国间的关系。

5. 请结合治理和善治理论有关知识，试分析"十三五"期间如何加快推进我国国家治理现代化建设。

参考文献

[1] 蔡小慎. 公共行政管理学 [M]. 大连：大连理工大学出版社，2015.

[2] 陈永国. 公共管理定量分析方法 [M]. 上海：上海交通大学出版社，2006.

[3] 陈振明. 公共管理学 [M]. 北京：中国人民大学出版社，2006.

[4] 陈振明，孟华. 公共组织理论 [M]. 上海：上海人民出版社，2006.

[5] 程样国，韩艺. 国际新公共管理浪潮与行政改革 [M]. 北京：人民出版社，2007.

[6] 丁煌. 西方行政学说史 [M]. 武汉：武汉大学出版社，1999.

[7] 高力. 公共伦理学 [M]. 3版. 北京：高等教育出版社，2012.

[8] 郭济. 中国公共行政学 [M]. 北京：中国人民大学出版社，2003.

[9] 何精华. 现代行政管理原理与方法 [M]. 上海：上海社会科学院出版社，2011.

[10] 侯志山. 行政监督与制约研究 [M]. 北京：北京大学出版社，2013.

[11] 胡税根. 公共管理学 [M]. 北京：中国社会科学出版社，2014.

[12] 黄达强，刘怡昌. 行政学 [M]. 北京：中国人民大学出版社，1989.

[13] 金太军. 政府职能梳理与重构 [M]. 广州：广东人民出版社，2002.

[14] 雷叙川. 公共管理的方法与技术 [M]. 成都：西南交通大学出版社，2007.

[15] 李道平. 公共关系学 [M]. 北京：高等教育出版社，2010.

[16] 李国正. 公共管理学 [M]. 桂林：广西师范大学出版社，2016.

[17] 黎明. 公共管理学 [M]. 2版. 北京：高等教育出版社，2016.

[18] 刘建军. 领导学原理：科学与艺术 [M]. 4版. 上海：复旦大学出版社，2013.

[19] 刘熙瑞. 公共管理中的决策与执行 [M]. 北京：中央党校出版社，2003.

[20] 毛寿龙. 西方政府的治道变革 [M]. 北京：中国人民大学出版社，1998.

[21] 倪星，付景涛. 公共管理学 [M]. 2版. 大连：东北财经大学出版社，2014.

[22] 彭文贤. 行政生态学 [M]. 台北：三民书局，1988.

[23] 齐明山. 行政管理学 [M]. 北京：中国人民大学出版社，2010.

[24] 邱霈恩. 领导学 [M]. 4版. 北京：中国人民大学出版社，2014.

[25] 石书伟. 行政监督原论 [M]. 北京：社会科学文献出版社，2011.

[26] 宋大涵. 建设法治政府总蓝图 [M]. 北京：中国法制出版社，2016.

[27] 苏保忠，张正河. 公共管理学 [M]. 北京：清华大学出版社，2015.

[28] 孙柏瑛. 公共部门人力资源开发与管理 [M]. 3版. 北京：中国人民大学出版社，2014.

[29] 谭功荣. 西方公共行政学思想与流派 [M]. 北京：北京大学出版社，2008.

[30] 滕玉成，于萍. 公共部门人力资源管理 [M]. 3版. 北京：中国人民大学出版社，2012.

[31] 汪荣有. 公共伦理学 [M]. 武汉：武汉大学出版社，2009.

［32］王大海．公共管理学［M］．北京：北京师范大学出版社，2009．

［33］王德高．公共管理学［M］．2版．武汉：武汉大学出版社，2014．

［34］王乐夫，蔡立辉．公共管理学［M］．北京：中国人民大学出版社，2015．

［35］王名．非营利组织管理概论［M］．北京：中国人民大学出版社，2002．

［36］魏娜．公共管理的方法与技术［M］．2版．北京：中国人民大学出版社，2011．

［37］吴爱明．公共管理学［M］．武汉：武汉大学出版社，2012．

［38］吴东民，董西明．非营利组织管理［M］．北京：中国人民大学出版社，2003．

［39］吴涛．公共领导者的战略领导力研究［M］．北京：中国法制出版社，2013．

［40］吴志华．公共部门人力资源管理改革［M］．北京：高等教育出版社，2011．

［41］夏书章．行政管理学［M］．5版．北京：高等教育出版社；广州：中山大学出版社，2013．

［42］习近平．关于党风廉政建设和反腐败斗争论述摘编［M］．北京：中央文献出版社；北京：中国方正出版社，2015．

［43］谢文新，白歌乐．执政能力建设：行政伦理学案例分析［M］．武汉：华中师范大学出版社，2014．

［44］徐双敏．公共事业管理概论［M］．北京：北京大学出版社，2013．

［45］徐双敏．公共管理学［M］．2版．北京：北京大学出版社，2014．

［46］徐双敏，李明强．行政管理学［M］．3版．北京：科学出版社，2016．

［47］许才明，曾维涛．公共行政学［M］．北京：人民邮电出版社，2010．

［48］许海清．国家治理体系和治理能力现代化［M］．北京：中共中央党校出版社，2013．

［49］严新明．公共管理学［M］．北京：科学出版社，2016．

［50］应松年，薛刚凌．行政组织法研究［M］．北京：法律出版社，2002．

［51］俞可平．增量民主与善治［M］．北京：社会科学文献出版社，2003．

［52］曾维涛，许才明．行政管理学［M］．2版．北京：清华大学出版社；北京：北京交通大学出版社，2014．

［53］张成福，党秀云．公共管理学［M］．北京：中国人民大学出版社，2007．

［54］张创新．公共管理学概论［M］．北京：清华大学出版社，2015．

［55］张军涛，曹煜玲．公共管理学［M］．北京：清华大学出版社，2015．

［56］张康之，李传军．行政伦理学教程［M］．3版．北京：中国人民大学出版社，2015．

［57］张康之．寻找公共行政的伦理视角［M］．2版．北京：中国人民大学出版社，2012．

［58］张锐昕．电子政府与电子政务［M］．2版．北京：中国人民大学出版社，2016．

［59］张伟．领导者论［M］．上海：上海交通大学出版社，2008．

［60］赵清文．公共危机管理中的伦理问题［M］．北京：人民出版社，2013．

［61］赵秋成．公共部门人力资源管理［M］．北京：清华大学出版社，2014．

［62］周志忍．当代外国行政改革比较研究［M］．北京：国家行政学院出版社，2003．

［63］竺乾威．公共行政理论［M］．上海：复旦大学出版社，2008．

［64］朱立言．行政领导学［M］．北京：中国人民大学出版社，2004．

［65］朱立言，谢明．公共管理概论［M］．北京：中国人民大学出版社，2015．

［66］祝小宁．公共管理中的思想政治工作［M］．成都：电子科技大学出版社，2002．

［67］［澳］欧文·E·休斯著.张成福，王学栋译.公共管理导论［M］.3 版.北京：中国人民大学出版社，2010.

［68］［澳］欧文·E·休斯著.彭和平译.公共管理导论［M］.北京：中国人民大学出版社，2001.

［69］［美］彼得·F·德鲁克.管理：任务、责任、实践［M］.北京：中国社会科学出版社，1989.

［70］［美］布坎南.自由、市场和国家［M］.北京：北京经济学院出版社，1988.

［71］［美］布坎南、塔洛克.同意的计算——立宪民主的逻辑基础［M］.北京：中国社会科学出版社，2000.

［72］［美］丹尼斯·缪勒.公共选择［M］.北京：商务印书馆，1992.

［73］［美］古德诺.政治与行政［M］.北京：华夏出版社，1987.

［74］［美］弗雷德里克森著.丁煌，方兴译.新公共行政［M］.北京：中国人民大学出版社，2011.

［75］［美］H·乔治·弗雷德里克森.公共行政精神［M］.北京：中国人民大学出版社，2013.

［76］［美］杰克·瑞宾，托马斯·D·林奇著.丁学东译.国家预算与财政管理［M］.北京：中国财政经济出版社，1990.

［77］［美］肯尼斯·约瑟夫·阿罗.社会选择：个性与多准则［M］.北京：首都经济贸易大学出版社，2000.

［78］［美］里格斯著.金耀基编译.行政生态学［M］.台北：台湾商务印书馆，1985.

［79］［美］R.J.斯蒂尔曼.李方译.公共行政学［M］.北京：中国社会科学出版社，1988.

［80］［美］斯蒂芬·戈德斯密斯，威廉·D·埃格斯著.孙迎春译.网络化治理：公共部门的新形态［M］.北京：北京大学出版社，2008.

［81］［美］特里·L·库珀.行政伦理学：实现行政责任的途径［M］.5 版.北京：中国人民大学出版社，2010.

［82］［美］威廉·科恩著.陆丽云译.领导者的艺术［M］.北京：光明日报出版社，2001.

［83］［美］威廉·N·邓恩.公共政策分析导论［M］.北京：中国人民大学出版社，2002.

［84］［美］文森特·奥斯特罗姆.美国公共行政的思想危机［M］.上海：上海三联书店，1999.

［85］［美］希拉·默尔·贝瑟尔著.刘艳霞译.领导者必备的 8 项素质［M］.北京：电子工业出版社，2010.

［86］［美］詹姆斯·麦格雷戈·伯恩斯著.常键译.领导学［M］.北京：中国人民大学出版社，2013.

［87］［美］詹姆斯·W·费斯勒，唐纳德·F·凯特尔著.陈振明，朱芳芳译.行政过程的政治［M］.北京：中国人民大学出版社，2002.

［88］［美］珍妮特·V·登哈特，罗伯特·B·登哈特著.丁煌译.新公共服务：服务，而不是掌舵［M］.北京：中国人民大学出版社，2004.

［89］［日］小林忠嗣.办公室和间接部门的全面质量管理［M］.北京：机械工业出版社，1990.

［90］［英］大卫·希尔弗曼.如何做质性研究［M］.重庆：重庆大学出版社，2009.

［91］包国宪，王学军.我国政府绩效治理体系构建及其对策建议［J］.行政论坛，2013（6）：1-7.

［92］曹益民.建立健全中国特色的公共决策三咨询机制［J］.中国行政管理，2001（1）：21-23.

［93］陈国权，徐露辉.论政府的公共性及其实现［J］.浙江社会科学，2004（4）：38-42.

［94］陈国强，张洁.转变中的公共行政范式——从官僚制行政走向后官僚制行政［J］.浙江社会科

NOTE

学，2002（4）：9–12.

［95］陈剩勇，于兰兰．网络化治理：一种新的公共治理模式［J］．政治学研究，2012（2）：108–119.

［96］丁煌．当代西方公共行政理论的新发展——从新公共管理到新公共服务［J］．广东行政学院学报，2005（6）：1–5.

［97］丁志刚．论国家治理能力及其现代化［J］．上海行政学院学报，2015（3）：60–67.

［98］付强，贾旋．政府在公共管理中的地位与作用［J］．中国行政管理，2004（1）：39–42.

［99］改革杂志社专题研究部．中国事业单位分类改革轨迹及走向判断［J］．改革，2012（4）：5–15.

［100］高卫星．公共行政的范式转换与价值嬗变［J］．郑州大学学报（哲学社会科学版），2006（3）：13–16.

［101］高卫星．试论生态文明建设中的政府责任［J］．河南社会科学，2009（3）：78–81.

［102］宫笠俐，王国锋．公共环境服务供给模式研究［J］．中国行政管理，2012（10）：68–71.

［103］顾丽梅．新公共服务理论及其对我国公共服务改革之启示［J］．南京社会科学，2005（1）：6–13.

［104］郭学德．"法治政府"的基本内涵及特征［J］．学习论坛，2005（7）：5–8.

［105］何植民，齐明山．网络化治理：公共管理现代发展的新趋势［J］．甘肃理论学刊，2009（3）：110–114.

［106］胡晓东，朱立言．绩效反馈：美国（联邦）政府公务员绩效管理的创新性路径［J］．中国人力资源开发，2014（14）：18–23.

［107］胡威．中国公务员制度研究：历程回顾、前沿问题与未来展望［J］．中国人民大学学报，2013（5）：151–155.

［108］胡仙芝．治理理论与行政改革［J］．中国行政管理，2001（1）：43–44.

［109］江必新．国家治理现代化基本问题研究［J］．中南大学学报（社会科学版），2014（3）：139–148.

［110］姜明安．国家治理现代化过程中国家治理要素的转变［J］．法制与社会发展，2014（5）：42–44.

［111］姜晓萍，郭金云．我国政府部门实施质量管理体系的探索［J］．北京行政学院学报，2004（2）：4–8.

［112］康伟．公共管理研究领域中的社会网络分析［J］．公共行政评论，2014（6）：129–151.

［113］蓝志勇．也谈公共管理研究方法［J］．中国行政管理，2014（1）：59–64.

［114］李宝元．政府再造、公民社会浪潮与中国公共组织改革［J］．湖南社会科学，2004（5）：27–30.

［115］李克强．简政放权、放管结合、优化服务、深化行政体制改革、切实转变政府职能——在全国推进简政放权放管结合职能转变工作电视电话会议上的讲话［J］．中国机构改革与管理，2015（6）：6–13.

［116］刘晓峰，刘祖云．我国行政学质性和量性研究方法的评价与反思——基于2006～2008年部分期刊文章的样本分析［J］．甘肃行政学院学报，2010（3）：31–38.

［117］梅煜．我国网络监督的现状以及完善路径［J］．人民论坛，2013（5）：212–213.

［118］桑学成，周义程，陈蔚．健全权力运行制约和监督体系研究［J］．江海学刊，2014（5）：211–218.

［119］孙柏瑛，李卓青．政策网络治理：公共治理的新途径［J］．中国行政管理，2008（5）：35-39．

［120］施美萍．政府全面质量管理－服务型政府的新理念［J］．华东经济管理，2006（9）：35-37．

［121］唐林霞．生态文明建设中的地方政府职能转变：结构调整与制度因应［J］．行政论坛，2015（5）：48-52．

［122］唐兴霖，尹文嘉．从新公共管理到后新公共管理——20世纪70年代以来西方公共管理前沿理论述评［J］．社会科学战线，2011（2）：35-40．

［123］汪青松．全面从严治党战略构想与"三不腐"机制建构［J］．兰州学刊，2015（6）：27-33．

［124］王和平．完善网络监督的对策探讨［J］．中国行政管理，2010（9）：85-87．

［125］王乐夫，陈干全．公共性：公共管理研究的基础与核心［J］．社会科学，2003（4）：67-74．

［126］王丽莉，田凯．新公共服务：对新公共管理的批判与超越［J］．中国人民大学学报，2004（5）：104-110．

［127］席志刚．国家监察委：点燃政治改革的引擎［J］．党的生活，2016（12）：14-16．

［128］熊光清．中国的网络监督与腐败治理——基于公民参与的角度［J］．社会科学研究，2014（2）：42-46．

［129］许才明．县级政府执行力纠偏问题探讨［J］．广东行政学院学报，2010（3）：32-35．

［130］燕继荣．善治理论3.0版［J］．人民论坛，2011（9）：4．

［131］杨炳霖．"黑堡宣言"于今日中国之意义——对建设公共行政规范理论的启示［J］．公共行政评论，2012（6）：118-141．

［132］杨海坤，樊响．法治政府：一个概念的简明史［J］．法律科学（西北政法大学学报），2016（1）：28-34．

［133］杨晶．国务院关于深化行政审批制度改革加快政府职能转变工作情况的报告［J］．中国机构改革与管理，2014（10）：6-10．

［134］杨立华．公共管理定性研究的基本路径［J］．中国行政管理，2013（11）：100-105．

［135］杨小军，宋心然，范晓东．法治政府指标体系建设的理论思考［J］．国家行政学院学报，2014（1）：64-70．

［136］俞可平．善政：走向善治的关键［J］．当代照顾政治研究报告，2004（9）：16-22．

［137］俞晓波．我国公务员培训现状分析：国际趋势的反思［J］．云南行政学院学报，2012（5）：115-118．

［138］张康之．论公共管理中的责任和义务［J］．社会科学研究，2003（2）：17-22．

［139］张康之．论公共管理中的伦理关系［J］．中国人民大学学报，2003（2）：136-143．

［140］张康之．公共行政："经济人"假设的适应性问题［J］．中山大学学报，2004（2）：167-169．

［141］章勇．构建网络监督与组织监督合力机制的对策［J］．领导科学，2012（12）：9-11．

［142］郑言，李猛．推进国家治理体系与国家治理能力现代化［J］．吉林大学社会科学学报，2014（2）：5-13．

［143］周萌．论政府管理思想的创新——全面质量管理［J］．理论观察，2005（3）：31-33．

［144］周光辉．当代中国决策体制的形成与变革［J］．中国社会科学，2011（3）：101-120，222．

［145］周晓丽．新公共管理：反思、批判与超越［J］．公共管理学报，2005（1）：43-48，90．

［146］朱立言，刘兰华．网络化治理及其政府治理工具创新［J］．江西社会科学，2011（5）：7-12．

NOTE

［147］Alan W.Steiss.Financial Management in Public Organization［M］.CA：Books/Cole，1988.

［148］B. J. Reed and John W. Swain. Public Finance Administration［M］. Thousand Oaks, CA：sage，1977.

［149］Boswell,W.R.，Boudreau，J.W. Employee Satisfaction with Performance Appraisals and Appraisers：The Role of Perceived Appraisal Use［J］.Human Resource Development Quarterly，2000，11（3）:283–299.

［150］Frank Bryan.Readings in American Government［M］.New York：West Publishing Company，1991.

［151］Ronald H. Coase.The Lighthouse in Economics［J］.Journal of Law and Economics，Vol. 1975，18.